多様な現実をとらえ考える

アジアのなかのジェンダー

〔第2版〕

シリーズ〈女・あすに生きる〉㉓

川島典子/三宅えり子 編著

ミネルヴァ書房

はしがき

1　ジェンダーの概念と課題

　アジア諸国と日本とは地理的な隣接国でありながら，その関係は時代により，社会経済の変化や政治的関係，さらには文化や宗教等の交流により大きな変遷を体験してきた。しかし，近年アジア諸国の急速な社会経済の発展，成長とともに，日本においても経済，文化，政治，人的交流等様々な側面において強い関心が寄せられるようになっている。

　こうした動向の中で，各国においては，人間の尊厳や基本的人権の問題などの課題がとみに重要な関心事として取り上げられるようになってきている。

　本書はその中でも重要な課題の一つとして，ジェンダーの問題を中心に論述されている。もともとジェンダーの概念は，社会的，文化的，歴史的にあるいは政治的に形成された性差のことであり，その態様は背景や歴史，文化等の諸要因が深く関わるところであり，その現象形態は国により，圏域により大きな差異があることはいうまでもない。したがって，その現実的な姿は大きく異なるが，その本質的なところでは多くの通底するものがあり，それらを共有することによってジェンダーをめぐる諸問題の解決，緩和の道筋を開拓できると考えられる。いずれにしても，この概念は時代とともに変化し，発展していくものであり，その意味で時間軸の視点を組み込む必要がある。

　一方，人間の社会生活の中で，ジェンダーの根本原因である，偏見，差別，排除，格差，拘束，支配，搾取，暴行など理不尽な事案は数限りなくあり，別言すれば，これは人間としての存在を排除（exclusion）することに他ならないし，その尊厳と人権を著しく蹂躙し，侵害する行為であるといえる。これに対して，歴史的にみても様々な国，組織，団体，体制，集団，個人らは，この事態を重くみて，保護，救済，解放，援助，支援，エンパワーメントを試みてきた。特にジェンダー・ギャップの課題を抱える主として女性の生活を擁護し，

生活の豊饒化を目指して活動し，運動してきた。換言すれば，前者の排除に対する包摂（inclusion）のための努力であり，一連の施策であり，運動であったといえる。この二項対立の概念の間には，いろいろな次元の異なる移行形態が存在し，これらが大まかにいってジェンダーフリーに向けての一連の対策であり，運動であったとすることができる。

　私的なことに言及すると，筆者は自らの生活歴やライフコースを振り返ると，第二次世界大戦前の幼児期においては，封建遺制が濃厚に残存した家族環境に育ち，女性たちに対する偏見，蔑視など男尊女卑が日常生活の諸側面に反映されている環境に育つという「原体験」をもっている。

　他方，第二次世界大戦後は，戦前とは打って変わって民主化が進められ，価値観や人間観が大きく変化し，実母，実姉，女性のお手伝いさん等への対応やその生活のあり方が大きく転換され，女性は一人の人間として尊重され，日常生活における食事，仕事，家族の中の地位，家族経営に関する男女の平等がかなりのスピードで改善され，女性の主体性が大切にされる状況を様々な生活の具体的側面で体験することができた。その意味で筆者は女性の排除と包摂という両極端に立つポールの間を右往左往しながら幼少期を過ごした経験をもっている。

　それは個人の生活歴やライフコースにおける各ステージにおいてもいろいろな変化や発展，時には後退もありうるとみなさなければならない。上記したような筆者の幼児期体験や戦後の民主化の価値観を体験した人間の所見や知見はすぐには，一般化，普遍化できるものではないが，この原体験そのものがジェンダー概念を構成する重要なポイントであるといっても過言ではない。

　このように戦後日本社会の民主化，近代化が進められてきたが，男女平等，就労をめぐる同一労働同一賃金の不実行，賃金格差，機会均等の不平等，昇進，昇格の差別，女性の社会的参画を阻む諸要因，家事・子育ての両立を妨害する諸条件，各種セクハラ等々，理念の高邁さに比して現実は必ずしも進んでいるわけではない。

　このようにジェンダー・ギャップは，絵に描いたようにスムーズに滞りなく改善されたわけではなく，依然として，家庭生活，子育て，介護，就労，教育

等の側面において様々なかたちで課題が残存しており，その解決に向けていろいろな取り組みや実践活動，各種の運動が展開されており，また意識や価値観等においても改善に向けて常に努力を怠ってはならない。特に人間が社会生活において基本的に充足しなければならない基本的要求（basic needs）の面からより具体的にみていく必要があろう。

　ジェンダーの概念が，歴史的，社会的，文化的に形成されたものであるならば，様々に存在するジェンダー・ギャップの問題は，意図的に人為的に改善され，改良が可能であるといえる。

2　社会生活上の基本的要求とジェンダー問題

　すでにこの点について，H. ウイットマーや岡村重夫らは社会福祉の立場から，これら一連の社会生活上の要求を次のように七つの側面に整理し論じている。

　　①経済的安定

　　②職業的安定の機会

　　③家族的安定

　　④保健・医療の保障

　　⑤社会参加ないし社会的協同の機会

　　⑥教育の保障

　　⑦文化・娯楽の機会

　これらの諸要求は別の面からみれば，人間が人間らしく生きていくために不可欠な基本的権利であるといいかえることができる。つまり，ジェンダー・ギャップはこうした社会生活上の諸要求の充足が妨害されたり，侵害されたりしている様態に他ならない。

　このような視点からジェンダーの課題を取り上げると様々な形態や態様の問題点を浮き彫りにすることができる。

　①経済的安定

　近代社会では労働力の商品化が基本となって推進してきたが，その中で女性がおかれた状態の典型的な姿は，その労働力に関する低い評価であり，男女同

一労働同一賃金がうたわれているにもかかわらず，賃金格差は依然として残存し，年金受給額における性差，など様々な側面におけるジェンダー・ギャップがみられる。所得保障の基盤となる賃金のみならず年金における制度上の不備が主として女性に及んでいる実態は重視すべきであり，この解明と改良・改善に向けての努力は一層活発に展開されなければならない。

②職業的安定の機会

就労の機会の平等が叫ばれて久しいが，雇用の機会における差別，育児休業等の施策は開始されたものの職場復帰における不利益，総合職における女性の転勤をめぐる間接的性差別，職位，昇進，昇格等における差別などがある。さらに職業と家事労働の両立，ワーク・ライフ・バランスや働き方の見直しなどに向けて，それを支える保育施設の不備など未解決な問題も多く，依然として就職，就労における男女の平等は必ずしも達成されてはいないし，女性にとってはかなり不利な状況にある。

③家族的安定

家族は生活の基盤としていろいろな役割と機能を果たしてきたが，工業化，都市化の進行とともに家族の規模，形態に大きな変化がみられ，多様化が進んでいる。それに伴ってこれまで家族が果たしてきた様々な機能や役割が空洞化し，外部のシステムへの移行がなされ，外部化が著しく進行している。加えて女性の社会的進出は家族内部のあり方を大きく変化させた。特に家事，育児等の日常生活における男女の役割は変化してきているが，依然として「男は仕事，女は家事・育児」という生活スタイルは根強く残っており，女性の社会的進出を阻んでいるところが多い。また，総じて日本の男性は家事・育児労働への参加が消極的で女性依存の傾向が強い。

また，育児休業制度の利活用も男性においては消極的であり，ほぼ同様の課題としての男性介護も若干増えてはいるもののまだ例外的な側面は払拭できていない。

他方，家族病理である夫婦問題，暴力や DV などは，このところ急速に増えており，ほとんどの場合，圧倒的に女性が被害者の立場におかれている。結果として，母子家庭となったり，単身生活を余儀なくされているのは大部分が

女性である。さらに高齢期における課題として，核家族化や小家族の形態が進む中で，男性配偶者の喪失は長期に及ぶ独身・寡婦状態となり生涯単身生活を営むか，子女の扶養に依存するか，さもなければ施設入所を余儀なくされる。また，高齢者施策が不備な状態の中で，高齢者の介護は主として女性が担当することになり，夫婦のみの家庭においては，いわゆる老―老介護や認知症の配偶者同士が介護する「認―認介護」の問題など，介護の社会化が介護保険制度によってようやく整備されたものの，依然として制度の間隙やそれをカバーするために家族・親族の介護に依存せざるを得ない不完全かつ深刻な状態が続いている。このほかにも家事労働に関する無報酬の課題，家庭経営における女性の参画，意思決定への関与の弱さなど枚挙にいとまがない。

　④保健・医療の保障

　心身の健康の維持は生活全体という角度から論じるべきであるが，ここではジェンダーの視点から取り上げるとすれば，いろいろな局面が浮き彫りにされてくる。特に家事労働が機械化され，負担が軽減されたとはいえ，食事，洗濯，買い物，掃除，近所づきあい，町内会の役割等多方面にわたる家事労働が必ずしも欧米のように軽減されてはいない。加えて出産等による心身の過重負担は，核家族等においては，全面的に女性の負担になり，肉体労働に加えて育児をめぐる諸問題はストレスの原因になり，心身の不健康を招来する大きな原因となっている。特に日本の男性は家事労働への参加が消極的で家族運営に果たす役割が少ない。そのため専業主婦はあらゆる家事労働を一手に引き受け処理しなければならない状態であり，健康を損なう背景にもなっている。その点，欧米における家事，育児等に係る過重な負担は，ようやく社会的な施策に移行させるシステムが整備され，かなり社会化されているといえるが，未だその不備は課題として残されたままである。

　一方，健康診査など予防への参加もあまり積極的ではなく，総じて受診率が低く，疾病の発見が遅れるために受療期間が延長する傾向がみられる。さらに受診における健康保険制度の利用に際して，専業主婦などにおいては，過重な一部自己負担を回避するために治癒しないままに放置してしまう場合が稀ではない。

⑤社会参加ないし社会的協同の機会

　社会的動物である人間は一定の規範やルールを法や条例として制度化して，相互の利益が守られるような仕組みを長期間かけて構築してきた。しかし，現実はこのルールから逸脱した行為や反社会的行為は減るどころか増加の傾向にある。この場合，やはり女性が被害を被ることが多く，それらは上記したように家庭で発生する事案から，学校，職場，地域等まで広範に及んでいる。その内容も傷害，暴行，殺人に至るものまで広範多岐に及ぶが，特に女性の被害としてセクシャル・ハラスメント，上司の権力によるパワー・ハラスメント，各種性暴力，強姦など枚挙にいとまがない状況であり，これらの防止対策は形式上整備されつつあるが，多様な生活場面を考えると，実質上の具象化に向けての一層の努力が強く希求されているところである。

⑥教育の保障

　戦後の義務教育制度の整備による義務教育の機会はほぼ充足されてきているが，社会教育や生涯学習等における場と機会の平等は，必ずしも十分なものであるとはいえない。しかし，日本の高度経済成長以降，高等教育の進捗は目覚ましく，特に女性の高等教育，とりわけ大学（短大を含む）への進学率は男性を凌駕している。また，中高年層の社会教育場面における参加は，地域による格差はあるが，女性の参加の機会が急速に増えている。逆に男性は仕事に忙殺されてこれらの場と期間がかなり制約されている。さらにより高度な教育として大学院教育が取り上げられているが，女性の就学が増加傾向にあり，学位取得も徐々に増えているのが現状である。

⑦文化・娯楽の機会

　これは上記の教育の保障と重複するところが多いが，昨今の豊かな社会を反映して身近なところでの趣味，娯楽への参加あるいは自主的な活動の種類と範囲が大幅に広がりつつある。また，旅行ブームの影響で国内のみならず海外旅行にも女性の積極的な参加がみられるようになっている。

　一方，文化の創造，開発に関わる活動も活発化し，地域格差はあるが女性の積極的参加がみられるようになっている。ただ，日本におけるこれらの支援施策が十分整備されていないため，これらの場と機会を確保するために，自己負

担が重くのしかかることが多く，経済階層性が影響し，とりわけ女性の負担には，階層間格差がみられるところである。

　これまでの文化娯楽は，ともすると，贅沢というイメージがあり，香り高い文化に接するという生活の豊饒化（enrichment）には未だ抵抗感がある。ジェンダーの視点からすれば，こうした考え方は可能な限り速やかに軽減，解消していくために努力をしなければならない。

　このように，社会生活上の基本的要求という視点からジェンダー・ギャップをみていくと未だ多くの局面で様々な課題が残存していることがわかる。このほかにも例示できていない側面でジェンダー・ギャップの問題点が存在し，個別にみていると，さらに多様な課題を析出することができる。と同時に，近年の様相は多様化，複合化，重篤化する傾向にある。さらにアジアなどにおいては人身売買をめぐる深刻な実態があり，予断を許さない現実がある。

　あらためて読者自らが自らの生活場面や日常生活を省察し，意識的に自覚をし，「気づき」を試みるとさらなる課題が明確化できるものと思われる。

3　今後の課題と対応

　第二次世界大戦後における日本の近代化と民主化の推進により，男女の平等や同権が声高に叫ばれ，その一部は女性の参政権，同一労働同一賃金，教育における機会均等に反映されてきている。特に男女共同参画社会基本法（1999年制定，施行）においては，人権尊重，社会制度や慣習における両性の中立であることなど基本法の理念を受けて，国や地方自治体の政策立案，意思決定への共同参画，家庭生活における共同役割分担，性的自己決定等をめぐってその具体化の議論が様々に展開されている。しかし，このように施策の具象化に向けて，ようやく一定の方向性はみえてきたとはいえ，労働，経済，政治，医療，教育，文化などの諸側面において，共同参画の実をあげていかなくてはならない。そのためには，広く国民すべてに対するジェンダー問題の啓発運動による意識改革や情報の共有化を積極的に推進していく必要がある。とりわけ高度情報化社会にあっては，先端情報技術を駆使した「わかる，見えるジェンダー問題」の解明，分析，吟味，解決策の開発，計画の具体化，実践的な戦略戦術の

具象化，さらには予防対策としての教育，開発運動を息長く継続的に展開していかなくてはならない。特に最も身近に実行可能な男女共同参画社会の実現に向けて，日常的活動において推進できる活動や運動が多く存在している。いずれにしてもこれらの運動や活動・事業に通底する理念は，人間の尊厳と基本的人権をいかにして擁護し，実質化していくかにあるといえる。

参考文献

岡村重夫（2005）『社会福祉原論』全国社会福祉協議会出版部，78-82頁。

岡本民夫（2002）「社会福祉と女性」『世界女性文化会議——千年の願い・千年の誓い』世界女性文化会議実行委員会，100-122頁。

岡本民夫（2005）「社会福祉の現状と課題——ジェンダーの視点から」『ジェンダー研究』第9号，日本ジェンダー学会，52-55頁。

岡本民夫（2005）「ジェンダー平等への戦略——ジェンダー社会福祉の現状と課題」欧日研究フォーラム，日本・EU 市民交流記念講演（ローマ大学）。

岡本民夫（2009）「社会保障・社会福祉の拡大とジェンダー視点」冨士谷あつ子・伊藤公雄編著『日本・ドイツ・イタリア 超少子高齢社会からの脱却——家族・社会・文化とジェンダー政策』明石書店，221-237頁。

冨士谷あつ子・岡本民夫編著（2007）『長寿社会を拓く』ミネルヴァ書房，第1章及び終章，9-22頁，345-349頁。

吉川弘之ほか（2001）『男女共同参画社会・学術研究叢書3』財団法人日本学術協力財団。

岡本民夫（同志社大学名誉教授）

アジアのなかのジェンダー

——多様な現実をとらえ考える——
第2版

目　次

　　＊記名のないコラムは章担当者執筆。

第1章　ジェンダーを考える視座

1　女性学とジェンダー学の関係

　今日の若者の多くは，「ジェンダー学」という研究領域については聞いたことがあっても，「女性学」ということばや研究領域についてはほとんど聞いたことがないかもしれない。しかし，1990年頃まではジェンダー学は存在せず，女性学しか存在しなかった。1960年代後半以降，アメリカを中心に発達した女性学は，長い間「当然」，「自然」，「常識」とされてきた社会の慣習や規則，さらには学問を「性」という視点から徹底的に探究する学問領域である。そして，女性学はそのような社会の慣習，規則，学問がいかに男性中心で，男性の視点からの分析・考察に偏っていたか，また，いかに女性の存在や視点が抜け落ちていたかという問題を指摘してきた。女性学は決して廃れたわけではなく，今日でも研究所や科目の名称に使われたり，その学問領域に関する著書の出版もされたりしている（例えば，井上，2011；千田，2009）。

　一方で，ジェンダー学のほうが主流化してきていることは否めない。女性学とジェンダー学は別物という見方もあるかもしれないが，前者の下で研究対象とされてきたテーマが，今日では後者の下で扱われることが少なくない。女性学とジェンダー学は大部分で重なっているのである（レナード，2000）。ジェンダー学が主流化する背景には，女性学の中で，研究が進めば進むほど女性学が扱う「女」とは誰を指すのか，多様な女性が存在するにもかかわらず，一律に「女」とくくってしまうことは問題なのではないかという批判がなされるようになったことがある。それに何よりも，女に関わる諸問題は女自身というよりも，男と女の関係にこそ原因があるため，その関係性を指す「ジェンダー」に着目しようという動きが次第に強まっていったことも大きい。そのような動き

は，女性だけではなく，フェミニストの思想に好意的な男性のプロフェミニストや，女性学に比べて過激ではなく，アカデミックなイメージがあることにとっつきやすさを感じた若手研究者などにも支持されていったのである。ジェンダーということば自体が，男にも女にも偏らない利便性の高いことばであったことも無視できないだろう[3]。

しかし，そのような状況の下，ジェンダーの概念自体は評価しつつも，あくまで女性学にこだわり続け，それがジェンダー学に取って代わられることに危惧し続ける研究者もいる[4]。いいかえれば，それほど女性学が果たした役割を抜きにしてジェンダー学を語ることはできないのである。それは「ジェンダー」を語る場合も同じである。本章では，女性学の誕生とジェンダー学の主流化の歴史を辿る中で，ジェンダーの定義と課題について検討を試みる。

2　第1波フェミニズムから第3波フェミニズムへ：第2波フェミニズムの中で生まれた「女性学」

「フェミニズム」と聞くと即座に過激なフェミニストの面々や彼女らの言動を思い出し，「フェミニズムについては関心がない」といって，本節を読み飛ばそうとする人がいたり，一部の若者のように，「女らしい（フェミニンな）女性たちの活動」と誤解する人もいるかもしれない。いずれにしても，筆者は「女」あるいは「男」，さらには「ジェンダー」について深く理解するには，これまでアメリカやイギリスを中心とする先進諸国で起こった女性解放運動の3つの波，すなわち，第1波フェミニズム，第2波フェミニズム，そして第3波フェミニズムの時代的背景と意義を理解しておくことは不可欠である。その中でも，女性学という学問領域とジェンダーという概念が誕生した第2波フェミニズムの理解は特に重要である。なぜなら，現代の男，女，ジェンダーのどれもが，歴史的産物であるため，これらの歴史を理解しない限り，現況も深く理解することはできないからである。回りくどいが，ジェンダーについて理解しようと思えば，女性学を，女性学を理解しようと思えば，男と女の歴史について知る必要があるのである。

1　第1波フェミニズム

　第1波フェミニズムは，アメリカやイギリスを中心に1880年代から1920年代にかけて出現したと考えられている。しかし，そのきっかけは，1789年のフランス革命であるといわれている。フランス革命によりフランス人権宣言が採択されたが，その権利は男性のみに与えられるものであり，女性には与えられなかったことに女性らが反発して，抗議運動を展開したのである。そのような女性運動が時を経て1880年代以降，欧米諸国で展開されていったのである。[5]当時のフランスやイギリスなどの欧米諸国では，法的にも女性は露骨に差別されており，家庭内では夫に絶対的な権力が与えられ，夫が妻との離婚を申し立てることはできても，その逆の場合はできなかった。

　そのような男性の「私的な領域」での権力は「公的な領域」にも通じるものがあり，例えば「まともな政治的判断ができるのは男性のみ」，「高度な教育が必要なのは男性のみ」などの理由から，男性は，政治参加したり，大学教育を受けたりすることはできても，女性は到底無理であった。第1波フェミニズムは，このような男性のみに認められていた数々の権利を女性らが獲得しようとした運動であった。[6]第1波フェミニズムの「重要な意義は，参政権，教育と職業の機会，財産所有の法的権利，婚姻，離婚その他の権利を勝ちとる闘争を経て，『私的』家父長制から『公的』家父長制へ視点を転換させたこと」（ピルチャー・ウィラハン，2009，66頁）にあった。

2　第2波フェミニズム

　第2波フェミニズムは，1960年代後半にアメリカで始まり，ヨーロッパ諸国や日本をはじめとする，世界各国に広がった。第1波フェミニズムの主要な目的が女性の参政権をはじめとする法的な権利の獲得にあったならば，第2波フェミニズムの目的は女性を家父長制社会の抑圧から解放することにあった。具体的には，「女らしさ」が賛美される社会的背景や性別役割分業に象徴される男女をめぐる伝統的価値観や慣習，さらに女性自身の意識など，社会を支えている考え方自体を問う運動が，書物の出版や成人教育コース（adult education course）を通じて次々に展開されていった。[7]その際，特に重要な役割を果たし

たのが，1970年にアメリカのサンディエゴ州立大学で初めて開講されて以降，アメリカ，イギリス，オーストラリア，日本の大学などで次々と開講されていった女性学である[8]。

　ジェンダーを理解する上での女性学の位置づけは，すでに本章の冒頭で述べたとおりであるが，そもそも女性学とはどのような学問だったのだろうか。ここでは女性学についてもう少し詳しく述べておこう。女性学は，従来の学問が，男性中心の，男性の視点からの分析・考察に偏っており，女性の存在や視点が抜け落ちていたという問題を指摘した。アメリカ，イギリス，韓国，日本など，多くの国々では，長い間，大学は男性が学問するところであり，女性にはそのような高等な教育は不要であると考えられ，女性の入学は一部の例外を除きほとんど認められていなかった[9]。そのため，高度な知識を得て，研究者になれるのは必然的に男性に限られていた。その結果，哲学，政治学，歴史学などあらゆる分野での分析や考察は男性からの視点に偏っている上，「たとえばお産の歴史やパートタイム労働者の待遇，女性雑誌の影響や，家事労働の性格等々，女性が主としてかかわる領域の問題は，学問の対象とするに値しないとみなされてきた」（井上，2011，8頁）という問題があった。このような状況を背景に，女性学は，従来の学問を女性の視点から捉え直すこと，これまで「取るに足らない問題」または「周縁的な問題」とみなされ，研究の対象とされてこなかった領域を研究することに尽力してきた学問領域なのである。

　一方で，1980年代以降，第2波フェミニズムと女性学は，欧米の白人・中産階級・異性愛・健常者の女性が，自らの経験をあたかも「女性一般」の経験として取り扱い，運動や研究を進めているのではないか，そしてそのような行為によって，それ以外の多くの女性たちを排除しているのではないかという批判が湧き上がった。特に黒人女性らを中心にそのような批判が行われ，彼女らは，白人女性が自らの経験を普遍的なものとして扱うことのほか，白人女性が人種的特権，階級的特権に無自覚であること，人種による差別や抑圧の存在に無関心であることなどを訴えた。その後，ヒスパニック系やアジア系などのエスニック・マイノリティ，労働者階級の人々，同性愛者，障がい者，高齢者など様々な女性らの間でも同様の批判がなされた。また，同時期に，欧米諸国をはじめとする「豊かな

先進国」のフェミニストに対し，それ以外の国や地域の女性から批判の声が上がった。前者は，自らの「進んだ思想」によって，後者の遅れた国や地域の女性らを解放するかのような主張をする傾向があったからである（江原，1997）。

③ 第3波フェミニズム

　1970年代以降，女性学やジェンダー学の領域では人種，民族，セクシュアリティなどに関わる差別や女性間格差，さらには女性の貧困など実に多様なテーマが研究の対象とされてきた。第2波フェミニズムの中で，すべての女性を「女」というカテゴリーの中でひとくくりにしてしまうと，ある一部の女性のイメージで女性が捉えられてしまい，女性の中の多様性あるいは相違点が不可視化されてしまうという批判が女性の中から湧き上がったことに後押しされて，1990年代初頭以降，有色女性たちが中心となって運動を展開している。

　一方で，社会では依然として「男」と「女」の性別二元論が強力に作用していることは紛れもない事実であることから，男女をめぐる社会の諸問題に現実的に対処することを目的として，その二元的な捉え方を放棄しないまま，「女」の中の人種，階級などやそれらに伴う経済格差などにも敏感になるアプローチを模索したり（例えばG. スピヴァク），二元的な捉え方からは距離をおいて，その捉え方からでは排除されてしまうセクシュアル・マイノリティの問題を重視したりするなど，研究者の間でも思想や研究対象の捉え方が多様化してきている。

　このような理由から，第3波フェミニズムを定義するのは至極困難である。あえて定義するとすれば，「第2波フェミニズムの功績を認めながらも，白人・中産階級・異性愛・健常者主義に陥っていた第2波フェミニズムの限界を批判し，階級やセクシュアリティなど様々な観点から女性の生き方を改善することを目指すフェミニズム」となるだろうか。また，第3波フェミニズムの特徴として，「女性の連帯を目指すのではなく個人的な動き」（荒木，2006，55頁）であることや，自分たちの政治的メッセージを広く伝えるために，インターネットをはじめとするマスメディア，ポピュラー・ミュージック（またはポップ・ミュージック），映画などのポピュラー・カルチャー（またはポップ・カルチャー）を活用することがある（ビルチャー・ウィラハン，2009）。

3 「ジェンダー」の誕生と定義をめぐる議論

　本章で中心的に取り上げる「ジェンダー」概念は，第2波フェミニズムの進展とともに登場した。わが国のフェミニズムをリードしてきたパイオニアの一人である上野千鶴子は「ジェンダー」の登場について以下のように説明している。

　　「ジェンダー」はもともと性差を表す文法用語だが，70年代フェミニズムは，自然的とされ，したがって変えることのできないとされた性差を相対化するために，この用語をあえて持ち込んだ。今日，フェミニズムのなかでは「セックス」は「生物学的性別」，「ジェンダー」は「社会的文化的性別」を指す用語として定着している。（上野，1995，1頁）

　先ほども述べたように，第2波フェミニズム期には，特に女性学の中で，男女間にみられる不平等や支配・被支配関係，差別・被差別関係など男女の取り扱いや権力の非対称性に関わる様々な研究が行われた。性役割意識をはじめとする男女の行動様式や男女間に発生する権力関係は，性器や性染色体のかたちなどの身体的・生物学的特徴の違いによって区別された性別，すなわち「セックス（sex，生物学的性別）」にのみ規定されるのではなく，人が生まれついた社会や文化がもつ「男の子は男の子らしく」という期待や「女の子は〜すべき」という規範によって規定されるということを明らかにしていくために，「ジェンダー」という視点がもち込まれたのである。

　このように，わが国では上野（1995）が「ジェンダー」を「社会的・文化的性別」と明記して以来，新聞における「ジェンダー」の登場頻度が飛躍的に増え（山口，2006），「ジェンダー＝社会的・文化的性別」という定義が広まるようになった。しかし，昨今ではそのような定義に対する批判も含めて「ジェンダー」については様々な議論が展開され，さらに広い意味で解釈されるようになっている。以下では「ジェンダー」概念がもともとどのようにして誕生し，広まっていったのか，そしてその解釈をめぐってどのような議論がされてきたのかについて整理する。

　まず，「ジェンダー」という概念を最初に規定したのは，精神科医および心理

学者であったロバート・ストーラーだといわれている（小倉，2001；高橋，2003）。「ジェンダー（gender）」はもともとラテン語で「分類」を意味するが，ドイツ語やフランス語などヨーロッパの言語で名詞や代名詞を性別化して分類する文法的性別を示す用語として使われてきた。ストーラーは，1960年代初頭にその用語を活用して，生物学的な性の差異を「セックス（sex）」，その上に構築される社会的・文化的な差異（男性性，女性性）を「ジェンダー（gender）」と規定した。[10]その後，この用語が女性学の中で普及するようになったきっかけは，イギリスの社会学者で，主婦や家事の研究で著名なアン・オークレーが1972年に『セックス，ジェンダー，社会（*Sex, Gender, Society*）』を刊行したことだった。オークレーは，その中で社会でジェンダーの差異が誇張されすぎる傾向を非難し，「セックスとジェンダーという用語を使って，男女の役割や傾向性の違いが，生物学的に宿命づけられたものではなく，社会的・文化的に構築されたものであることを明らかに」（井上，2011，16頁）することを試みたのである。

　しかし，1980年代以降，「セックス」や「ジェンダー」の捉え方をめぐって様々な議論が展開されるようになる。例えば，井上輝子は「セックス」と[11]「ジェンダー」を区別することに疑問を呈した上で，ジェンダーの新しい解釈を提示する。少し長くなるが引用しよう。

　　　セックスとジェンダーを分けて，ジェンダーの改革のみを目標化すると，あたかもセックスは，人間の手で変化させることができない「自然」であるかのようにみなされかねないことになる。だが，人間の身体を性器の違いによって二分してとらえること自体が，近代の生物学や生理学などの研究を通じての認識法であり，時代により社会により変化しうるものである。つまり，セックス自体が社会的・文化的に構築されたものである。（中略）このように考えると，セックスもジェンダーに含まれることになり，セックスとジェンダーを区別することは，意味がなくなってくる。むしろ，ジェンダーを広く「性別や性差に関する知（知識・認識）」と定義することで，社会通念化した男女間の歴史や思い込みの構造などを分析の俎上に載せることが可能になった。（同上，16-17頁）

井上がここで「人間の身体を性器の違いによって二分して捉えること自体が，

近代の生物学や生理学などの研究を通じての認識法であり，時代により社会により変化しうるものである」と述べていることに着目しよう。これまで述べたように，ジェンダーが社会や文化における性別や性差の関係性を問う概念であり，かつ社会的・文化的に構築されたものであるという解釈が成り立つことについてはある程度理解できるだろう。一方，なぜセックスについてもいえることなのかわかりづらいという人は少なくないだろう。井上が意味することを補足しよう。

　現代社会では，通常，人は「男」か「女」のどちらかに分類される。分類するのは，産科医あるいは助産師，用いられる分類法（あるいは認識法）は赤ちゃんの外性器の目視である。新生児の外性器がペニスであれば「男」，膣であれば「女」に瞬時に分類される。出産を終えた母親に「おめでとうございます。女の子さんですよ」というようなことばかけがされるが，まさにそれが現代社会における人の分類法である。しかし，ここには2つの問題がある。一つは「男」か「女」かの2つの分類しかないこと，もう一つは分類法が外性器の目視でしかないということである。まず，そもそもなぜ人を「男」か「女」かに分けることになったのだろう。生まれたての新生児の身体にはそれぞれ異なるかたちの外性器がついており，それがたまたま多くの場合にペニスか膣かの2種類であったということ，そしてそれぞれの性器をもつ人を「男」，「女」と呼ぶようにしたということ，今ほど科学技術が発達していない時代にあっては，その方法以外に男女の分類法がなかったということだろう。

　しかし，科学技術が発達した今日では，人を「男」か「女」に分類する方法は，実にたくさんある。例えば，性染色体（通常，男性ならXY，女性ならXX，まれに3つの性染色体をもつ人もいる），性腺（精巣や卵巣），内性器（副精巣や卵管・子宮），外性器（ペニスや膣），性ホルモン（エストロゲンやテストステロンなど）によるものである。よって，もし厳密に「男」か「女」かに分けるのであれば，本来は外性器の目視のみではなく，これらを複合的に用いる必要がある。実際，一人の人について，外性器以外についても調べていくと，外性器の目視法で「女」と判断された人でも，性腺やホルモン量の検査では「男」と判断される場合がある。もし現代社会で「男」か「女」かを判断する方法が外性器の目視ではなく，性腺やホルモンの検査であったならば，その人は「女」ではな

く，「男」と判断されていたことになる。さらに，厳密性を重んじて様々な方法を複合的に用いて判断を下すというのであれば，その人は「両性具有（インターセックス）」ということになるだろう。

　以上のように考えると，結局は井上がいうように，男女の分類法も時代により社会により変化する可能性は十分ある。同時に，分類法が異なれば，「男」か「女」か以外の分類が設けられる可能性も十分ある。実際に，わが国の母子手帳には，「男」，「女」の他に，「不明」が加えられている場合がある（母子手帳を交付する自治体の判断による）。約1500から2000人に 1 人の割合と極めてまれではあるが，性別が不明のまま生まれてくる新生児がいるためである。同様の動きは他の国々でもみられる。例えば，オーストラリア政府は，2011年にパスポートの性別欄に男性を示す「M」と女性を示す「F」の他に，中間あるいは未確定を示す「X」を設け，いずれかを選べるようにする方針を打ち出した。セクシュアリティやセクシュアル・アイデンティティに基づく差別をなくすねらいがあるという（CNN.co.jp, 2011）。この例からも，セックスがジェンダーと同様，社会的・文化的に構築されたものであり，絶対的ではないことがわかる。

　伊田広行も「セックス」と「ジェンダー」の区分について，「……実は境界が曖昧です。セックスといえどもその中にはインターセクシュアルの人がいることに表れているように，男女 2 区分が絶対的に存在しているとはいえません」（伊田，2006，15頁）とその問題について注意を喚起する。伊田は，これまで述べてきたジェンダーの定義をめぐる問題点も踏まえつつ，ジェンダーはかなり広い意味で使われているとし，次の 4 つにまとめている。

①単なる性別としてのジェンダー

②社会的性別・性質としてのジェンダー

③規範および参照枠組みとしてのジェンダー

④「性に関わる差別／被差別関係，権力関係・支配関係を示す概念」としてのジェンダー（そうした性に関わる差別・支配関係を解消することをめざすもの，という意味を含む）

　その上で，①〜④のそれぞれについて，詳しく解説をしているが，伊田のことばを用いて簡単にまとめると，①は，単純に「性別・性差」の意味，②は，

「社会的・文化的に形成された性別・性差・男性／女性のあり方」の意味，③は「男／女はこうであるべきだという規範」および「男女への社会的期待や処遇が差異化される参照・準拠枠組み」の意味，④は「性に関わる差別／被差別関係，権力関係・支配関係を示す概念」の意味で使われているということであり，④にはさらに「そうした性に関わる差別・支配関係を解消することをめざすもの」というニュアンスが含まれているということである。

　伊田の貢献は，ジェンダーが実に広い意味で使われていることを具体的に示し，整理したことにある。しかしその行為は同時にジェンダーは本当にそれらの意味だけで使われているのだろうかという新たな疑問を投げかける。実際，山口智美は，ジェンダーを「社会的・文化的性差」とするのは誤訳で「社会的・文化的な性のありよう」という意味であると述べ，「問題になるのは，ジェンダー間の関係性や，そこにおける権力の働きである」（山口，2006，281頁）とする。「社会的・文化的な性のありよう」とは，ことばは短いが，それが示す範囲は実に広い。山口の定義に関連して，伊田も「『ジェンダー』を『性に関わる差別・被差別関係』ととらえるだけだと，『ジェンダーの視点』の意味するものが，『差別・支配関係の視点』となって，差別をなくしていくという目標の側面が不明瞭になる」とし，「ジェンダー概念には，性差別をなくすことの意味も含」まれると考える（伊田，2006，14-15頁）。この両者に共通するのは，特に問題視すべき点は性に関わる差別・被差別関係を含め，ジェンダー間の関係性やそこにおける権力の働きであると考えていることである。しかし，ここでさらなる疑問が湧いてくる。ここでいうジェンダー間の関係性を構築している主体は「男」と「女」のみなのかということである。

　そのような疑問の原因をうまく説明しているのが社会学者の千田有紀である。千田は「女性学は，女性に『ついて』の学問ではなく」，「『性』という視点を獲得すると，わたしたちが当たり前だと思っているこの社会がどのように異なって見えるのかを，提示する学問」（千田，2009，viii 頁）であると述べている。その上で，フランスの言語学者フェルディナン・ド・ソシュールの言語は，音韻においても，概念においても差異だけが意味をもつという考え方を応用して，女性学を上記のように捉える理由を以下のように述べる。

　　「女」という性のあり方から，この社会を問い直すということは，当然のようにもう片割れの「男」の性のあり方をも問い直すことになるでしょう。この社会では，「女」は「男」でないものを指し，「男」とは「女」でないものを指します（ポスト構造主義的な思想潮流を受けて，この男女の関係性をまとめて「ジェンダー」と呼びます）。男女の性の定義が相互に依存しているがゆえに，どちらかの性のあり方だけを問いなおすことは，原理的に不可能です。(同上)

　社会では，依然として身体の性と本人の性自認が一致している「男」と「女」以外の人々は「性同一性障害（Gender Identity Disorder：GID)」として扱われているのが現状である。女性学およびジェンダー学においても，「女」に関する研究や，「男」と「女」の関係性に関する研究が最優先されてきた経緯がある。しかし，千田が指摘するように，「男」あるいは「女」のあり方だけを問い直すことは，原理的には不可能である。また，「性同一性障害」に分類されている人々が自身の思いを声にするにつれて，そのような人々の存在が広く認識されるようになってきている。トランスジェンダーの存在についても同様である。「男」と「女」のみに関心を払い，そうではない人々の存在を事実上無視しながら研究を続けることの限界あるいは問題が露呈しているのである。第2波フェミニズムの中で有色女性をはじめとする多様な背景をもつ女性らが，女の多様性について声を上げてから，第3波フェミニズムやクィア・スタディーズ[12]を通じて，セクシュアリティやセクシュアル・アイデンティティなど，これまで不問に付されてきた課題が議論されるようになったことにより，ジェンダーをどう定義するかが改めて問われている[13]。

　　このような動きの中で，「男」や「女」という分類自体をなくすべきだという声もある。「男」や「女」という本質主義的な捉え方自体に問題があるというわけである。しかし，政治，経済，家庭などでは依然として「男」と「女」という2つの分類のみが用いられ，それらを前提とした法律，制度，慣習には問題が山積している。もともと女性学はそのような問題を指摘し，研究するために誕生したという経緯があり，現在は女性学だけでなく，ジェンダー学もそれを主な目的としていることから，女性学やジェンダー学はそのような分類に

問題があることを認識しつつも，それらの分類を手放さずに使い続ける必要がある。男性学も同じような状況にあるといえるだろう。千田は女性学について説明する上で，ジェンダーを「男女の関係性」と定義しているが，女性学のみならず，男性学を進めていく上でもこの定義は有効である。

　一方で，ジェンダーをもっと広く捉える必要が生じていることを考慮すれば，ジェンダーを「男女の関係性」と限定的に捉えるのではなく，山口の「社会的・文化的な性のありよう」や井上の「性別や性差に関する知（知識・認識）」と捉えるほうが望ましいかもしれない。「男」や「女」を明らかにせずに「性」，「性別」，「性差」を用いても，実際には多くの場合において「男」や「女」に関わる事象を指すことに変わりはないが，それらの分類に違和感をもつ人々を包含する余地が生まれる。ただし，女性学やジェンダー学，さらには男性学にとっては，主な研究対象が曖昧になったり，先述の伊田，山口，千田をはじめ，多くの研究者らが問題視する男女（間）の「関係性」や「権力の働き」が不可視化されるという問題がある。さらに，山口や井上の定義については，「性」とするか，「性別」や「性差」とするかという点や，ジェンダーを研究の対象として第三者的に捉えるか，人を主体として捉えるかなど，重要な違いがある。

　以上の議論から示唆されることは，ジェンダーを定義するという行為は，女性学，ジェンダー学，男性学，クィア・スタディーズなどそれぞれの領域がなぜ存在するのか，なぜ棲み分けをしているのかなど，個々の領域の存在理由について，個々の領域の中で，あるいは領域を超えて確認することを要求するということである。そのような確認作業を通じて，異なる領域間で合意が取れるジェンダーの定義を追い求める必要があると考えるのか，あるいはそれぞれの領域の目的を遂行するためには，たとえ問題があるとしてもそれぞれの領域の中で独自にジェンダーを定義するほうが有効と考えるのかなど，個々の領域のスタンスが明らかになるだろう。そのような意味で，千田が女性学に関する説明の中で，ジェンダーを「男女の関係性」とシンプルに定義していることは示唆に富む。

4　今後の課題

　女性学，ジェンダー学，男性学，クィア・スタディーズはそれぞれの小さな領域の中では一定の成果を上げてきた。しかし，先述のように第2波フェミニズム以降，特に第3波フェミニズムが出現したり，クィア・スタディーズが台頭してきたことにより，セクシュアリティやセクシュアル・アイデンティティなどこれまで不問に付されてきた課題が議論されるようになった。その結果，ジェンダーをどう定義するか改めて問われている。「男女平等」や「ジェンダー・フリー教育」に対するバックラッシュが激化し，女性学やジェンダー学を牽引してきた第一世代が定年を迎えて次々と学術界を去っていく中で，女性学やジェンダー学が失速しているようにもみえる。一方で，女性学やジェンダー学からは距離を置きつつ，ジェンダーの観点から研究を行う研究者は依然として多数存在する。

　このようにジェンダーに関わる諸事情には変化があったが，「ジェンダー＝社会的・文化的性別」という主流の定義だけは，20年近くの間，ほぼ修正を加えられないまま使い続けられ，曲解されてきた。その間，セクシュアリティやセクシュアル・アイデンティティについて議論されるようになったこともあり，ジェンダーに関する新たな定義が次々と生まれた。しかし，定義のしかたには大きな隔たりがみられ，結果としてどの定義が適切なのかわかりづらくなった。さらに，ジェンダーの定義は，女性学やジェンダー学などの領域が，社会問題の解決と密接に関わっていることから，研究者のみでなく，行政関係者なども使用する。そのことを考慮すれば，わかりやすくて実用的であることが重要であるようにも思われるが，その是非に関する議論も活発ではない。このような状況が続けば，法律，制度，慣習などにおける男女の問題，さらにはセクシュアリティやセクシュアル・アイデンティティに関わる問題の研究や解決はますます遅れるだろう。

　ジェンダーの定義と女性学，ジェンダー学，男性学，クィア・スタディーズなどの学問領域の存在理由は実は密接に関係している。この点を考慮しつつ，

女性の人生とセカンドチャンス

　現代社会は，雇用構造の変化や家族の変貌などを背景に，不確実性が高まり，将来を見通した生活設計をすることが，ますます難しくなってきている。学校から職場への移行がスムーズに進み，その職業キャリアの成熟，また家族形成が多くの人にとって当たり前であり，さらに子どもの養育や持ち家取得，あるいは円滑な老後生活を目標にした標準的な生活設計が意味をもつような時代はすでに過去のものになっている。

　特に今日では，学校から職場への移行の困難や，非正規労働の増大が著しい。このために，初期キャリア形成の重要性や，転職などを通じた，企業の境界にとらわれない「境界のないキャリア」があらためて強調されている。これは男女ともに当てはまるが，女性の人生はもともと単線型ではなく，男性のような企業内部でのキャリア成熟は期待されていなかった。特に家族の中での固定的役割の影響から，初職の継続期間は短く，たえずキャリアの修正を迫られてきたともいえる。現代はそのような女性の初職すら不確実になり，また結婚や子育ての機会も不安定になりつつあるわけである。

　このような状況の下で，女性の初期キャリアの形成，つまり社会人となる時点での最初のチャンスをどのようにつかむかということと，その人生の軌跡に応じた，多様な社会参加のセカンドチャンスの獲得が極めて重要になっている。

　だが，日本社会はこのようなセカンドチャンスを多様には用意していない。上記のような雇用構造の変化の中でも，年齢や性別による差別は厳然としてある。このため，女性たちは，雇用者としての職場への参加だけでなく，起業やNPOなどのルートから，そのセカンドチャンスを生かそうとしている。国立女性教育会館の調査「女性のNPO活動の現状と課題」（2008年）によれば，生涯学習への参加や，これを介したNPOでの活動が，人的ネットワークを広げ，現状への満足感を高めているという。日本女子大学現代女性キャリア研究所の事例集「セカンドチャンス」は17の事例が起業やNPO設立に動いた女性たちの経験であるが，いずれもセカンドチャンスは自ら拓くしかないと述べている。また，最近では各地の女性センターが起業のためのスキル講座を提供している。これらの動きは，女性のエンパワーメントにつながるだけでなく，日本が多様なセカンドチャンスを用意する社会へ変貌する一つのきっかけを与えることになろう。

（岩田正美）

セクシュアリティやセクシュアル・アイデンティティなどの従来のジェンダーの定義に揺さぶりをかける古くて新しい課題をどのように捉え，扱うのかについて議論を深めることが重要である。

注

(1)　その他にも「ジェンダー論」，「ジェンダー研究」と呼ばれている。本章では「ジェンダー学」と呼ぶ。

(2)　後述するように本章では「ジェンダー」を男と女の関係に限定しない。

(3)　しかし，スコット（2004）は，現実には，欧米の社会学において，"gender"という用語はほとんどの場合，「女性」と同義で使用されているとしている。

(4)　例えば，イギリスの著名なフェミニストの一人であるD. レナードは，ジェンダーということばは，女性の諸問題について敏感ではない人々にまで使われていることから，「ジェンダー学は，男女間に不平等が実在するという感覚を失った活動と結びついていることになる」（レナード，2000，55頁）ため，「『ジェンダー学』という用語は，フェミニズム／女性学の政治的活動の中枢の崩壊を意味する」（同上，56頁）と述べ，「女性学」が「ジェンダー学」に取って代わられることを警戒している。

(5)　しかし，その要求は通らなかった。それどころか，ナポレオン時代には女性の地位はさらに低下した。1804年のナポレオン民法典の中の「女は子どもを産むために男に与えられる男の所有物である」という文言からも明らかなように，女性は男性に絶対的に服従すべき存在であった。

(6)　世界で初めて女性の参政権が認められたのはニュージーランドで，1893年に認められた。アメリカでは1920年，日本では1945年に認められた。

(7)　詳細については，レナード（2000）を参照のこと。

(8)　日本では1976年に和光大学で開講されたのがはじまりである。

(9)　高等な教育を受けたい女性たちは「学位を授与できない」女子セミナリーや女学校などで学ぶしかなかった。これらの国々には今も女子大学が現存するが，それらのいくつかは当時のセミナリーや女学校であり，その後大学に昇格したのである。

(10)　ストーラーは1964年に発表した論文の中ですでにジェンダー・アイデンティティ（性自認）の概念を提示し，「本人が自らをどの性（sex）に属すると考えているか，すなわち，自らを女性，男性のいずれと考えているのかについてのセルフ・イメージ」と定義していたという。詳細については高橋（2003）を参照のこと。

(11)　井上は，アメリカから日本に「女性学」を輸入した，いわば日本の代表的女性学研究者である。1976年に和光大学で女性学を担当したのも井上である。

(12)　クィア学会（2007）によれば，クィア・スタディーズとは「性と身体，そして欲望のあり方にかかわる諸規範を問いなおそうとする，批判的／批評的な学術探求の総体」である。それと同時に，「既存の『性の規範』から外れた多様なジェンダー表現や性的・文化的実

践，および，この規範を問い直し続けてきたレズビアン・ゲイ・バイセクシュアル・トランスジェンダー運動やフェミニズムなどの多様で広範なアクティビズムや学問的探求の蓄積の上にうまれた学問領域である」。

⒀　さらに山口（2006）は，「男女平等」や「ジェンダー・フリー教育」に対するバックラッシュが従来のジェンダーの定義に揺さぶりをかけているとする。

⒁　さらに難解だが的確だと思われるジェンダーの定義として，ロバート・コンネルによる「性と生殖の舞台をめぐって構築される社会関係の構造であり，諸身体間の生殖上の区別を社会過程に関連づける（この構造に制御された）一連の実践である」（コンネル，2008，22頁）というものがある。

⒂　井上は，ジェンダーを解釈するのは人であり，その解釈はその人自身の経験や知識に基づいて行われることから，個人差があるということを考慮しているのだろう。

引用文献

荒木菜穂（2006）「バックラッシュの時代における第3波フェミニズムの政治性」神戸大学国際文化学会『国際文化学』第14号，47-62頁。

伊田広之（2006）「ジェンダーについての整理」日本女性学会ジェンダー研究会編『Q&A男女共同参画／ジェンダーフリー・バッシング──バックラッシュへの徹底反論』明石書店，11-21頁。

井上輝子（2011）『新・女性学への招待』有斐閣。

上野千鶴子（1995）「差異の政治学」井上俊・上野千鶴子・大澤真幸・見田宗介・吉見俊哉編『ジェンダーの社会学』岩波書店，1-26頁。

江原由美子（1997）「視座としてのフェミニズム」江原由美子・金井淑子編『フェミニズム』新曜社。

小倉千加子（2001）『セクシュアリティの心理学』有斐閣。

河野信子（2003）「第三の性からみたジェンダー」『環』Vol. 12，藤原書店，296-297頁。

クィア学会（2007）「クィア学会　公式サイト」http://queerjp.org/　2015年2月5日アクセス。

コンネル，R.／多賀太監訳（2008）『ジェンダー学の最前線』世界思想社。

スコット，G. W.／荻野美穂訳（2004）『ジェンダーと歴史学』平凡社。

千田有紀（2009）『ヒューマニティーズ　女性学／男性学』岩波書店。

高橋さきの（2003）「生命科学とジェンダー」『環』Vol. 12，藤原書店，286-295頁。

ピルチャー，J.・ウィラハン，I.／片山亜紀訳者代表・金井淑子解説（2009）『キーコンセプト　ジェンダー・スタディーズ』新曜社。

レナード，D.／西尾亜希子訳（2000）「イギリスにおける女性学の流れ」冨士谷あつ子・伊藤公雄監修，日本ジェンダー学会編『ジェンダー学を学ぶ人のために』世界思想社。

山口智美（2006）「『ジェンダー・フリー』論争とフェミニズム運動の失われた10年」双風舎編集部編『バックラッシュ！なぜジェンダーフリーは叩かれたのか』双風舎，244-282頁。

CNN.co.jp (2011) "Australian passports now offer gender option 'X' for intersex peole", http://news.blogs.cnn.com/2011/09/15/australian-passports-now-offer-gender-option-x-for-intersex-people/　2014年11月23日アクセス。

（西尾亜希子）

第2章 社会保障におけるジェンダー

1 ジェンダーの視座から読み解く社会保障

　日本の社会保障制度は，社会保険，公的扶助（生活保護），社会福祉，社会手当て，医療および公衆衛生からなっている。社会保険には，年金保険，医療保険，失業保険，労働災害補償保険があり，年金保険と医療保険は，国民のすべてが加入する国民皆年金皆保険体制をとっている。

　本章では，わが国の公的社会保障制度においてジェンダー・ギャップを呈している様々な課題を，主に年金保険と育児や介護に関する社会保障制度に焦点を絞って論じ，税制におけるジェンダー・ギャップについても述べる。さらに，海外の年金保険，育児休業制度などにもふれ，わが国との比較を試みたい。

　将来のライフコースにおいて，予測できる一般的な出来事としては，就職，結婚，子育て，再就職，両親の介護等が，予期せぬ出来事としては，配偶者との離別，不況による突然の解雇等が考えられるであろう。そのいずれのシーンにおいても，私たちの生活を保障し，女性も男性もともに幸せに生きることができるように構築されるべき公的社会保障制度とは，どうあるべきなのか。また，それらの社会保障制度を持続可能なものにしていくためには，どうするべきなのか。本章では，その具体策をジェンダーの視点から論ずる。

2 少子高齢社会における社会保障制度の課題

1 人口構造の推移がもたらす問題と女性就労者への期待

　わが国の合計特殊出生率は，2005年に1.26と過去最低を更新するとともに，人口も2004年をピークとして減少に転じ，人口減社会に突入した。2006年から

2008年の合計特殊出生率は，前年を上回っていたが，2009年には前年同様1.37と横ばいとなり，2013年も1.43と低い水準にあって，長期的な少子化の傾向が続いている⁽³⁾。しかも，日本の高齢化のスピードは欧米諸国の倍以上であり⁽⁴⁾，アジア諸国と比べても高齢化率は極めて高い⁽⁵⁾。2014年現在の高齢化率は，すでに25.1％を超えている。

　2012年に発表された国立社会保障・人口問題研究所の『日本の将来推計人口』によると，現在の少子高齢化がこのまま続けば，50年後の2060年には，わが国の人口は，8674万人となり，1年間に生まれる子どもの数は，現在の半分以下の50万人を割って，高齢化率は約40％を超えるという。1990年には1人の高齢者を約5人で支えるピラミッド型の人口構造だったのが，現在は，1人の高齢者を3人で支えており，2055年には1人の高齢者を1人で支える完全逆ピラミッド型の人口構造になると推計されている（図2-1参照）。

　このような状況において，社会保障制度の体系を持続可能なものにしていくことは容易なことではない。介護保険制度が予防重視型に改正されたように，高齢者の健康を保持し支出を抑えると同時に，消費税等の租税の税率を上げ，社会保険の財源を負担する就労人口を増やすことが不可欠だ。そのためには，高齢者も含めた幅広い世代の就労を促進し，現役世代が正規雇用で働けるような雇用の場を確実に創出する必要がある。

　と同時に，女性の正規雇用者を増加させることが，今後，必須条件になると筆者は考えている。現在，わが国の女性で，結婚し出産しても正規雇用で働き続けている者は，約4割にすぎない⁽⁶⁾。北欧諸国では，平均約7割から8割の女性が定年まで働き続けている⁽⁷⁾。もしも，日本の女性の約7割が定年まで正規雇用で働き続ければ，現在よりも約3割増しの就労人口から社会保険料を徴収することが可能になる。総務省統計局の「労働力調査」によると，2012年現在の女性の就労人口は2804万人（前年差38万人増）であるから，2804万人の3割に当たる約841万人分の社会保険料を現在より多く徴収できる計算になる。

　したがって，今後，女性が定年まで働き続けることができるようにするために，子育て支援策や在宅介護サービス等を充実させ，昇進差別等の女性差別のない雇用環境を整えることが，持続可能な社会保障制度を維持する上で，非常

図 2-1　日本の人口構造の推移（人口ピラミッドの変化）

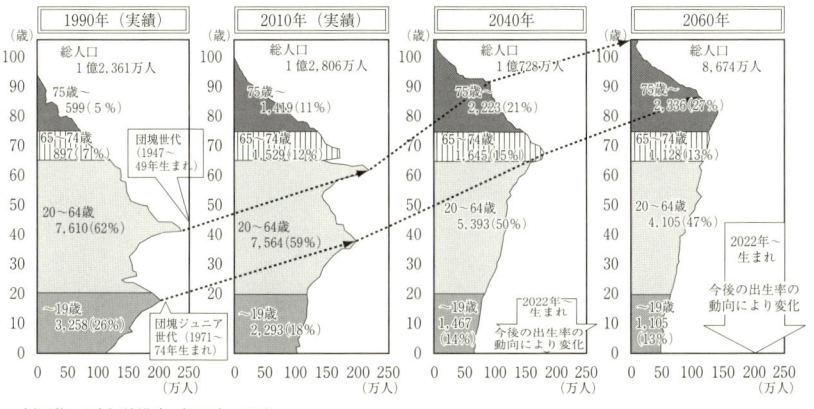

（出所）厚生労働省（2014）26頁。

に重要な鍵となってくるであろう。

　ちなみに，2013年現在の女性労働力率は，非正規雇用者も入れると65.0％に
のぼる。しかし，わが国の女性雇用者は，約 7 割が非正規雇用者である[8]。正規
雇用者も，結婚・出産を経て定年まで働き続ける女性の割合が，いまだ過半数
を超えないのはなぜなのであろうか。次項では，その要因を時代の変遷ととも
に読み解く。

2　産業構造の変容による家族形態・労働形態の変遷と女性の就労

　日本の産業構造は，戦前から現在に至るまでに第 1 次産業から第 2 次産業へ
と重点を移してきている。戦後の窮迫期には，再び第 1 次産業の就業人口は全
就業者数の半数に達したものの，1950年代から1970年代にかけての高度成長期
以降，第 2 次，第 3 次産業にとって代わられることになった[9]。第 2 次産業，第
3 次産業の発展は，雇用者の増加をもたらし，就業人口の約 7 割を雇用労働者
が占めるようになる。労働人口は農村部から都市部へと流入し，核家族化が進
んだ。

　家族の小規模化は，家族機能にも変化をもたらした。三世代同居家族（拡大
家族）が多かった時代には，家族内で助け合いながら行っていた育児や介護を，

主婦一人の手に委ねることになり，子育て真っ最中の女性を家庭に縛りつけることになったのである。また，高度経済成長期や，その後の石油ショックによる不況を乗りきるために仕組まれた日本型雇用慣行[10]は，男性が外で働き女性は家を守り，夫を妻が内助の功によって支えて家事や育児に専念するという性別役割分業を生んだ。

これらの歴史的経緯と社会背景が，結婚前には就労するが，結婚・出産と同時に仕事を辞めて家庭に入り，子育てを終えてからまた再就労するという日本女性固有のM字型就労[11]の形態を生むことになる。しかも，1960年代以降，既婚女性向けのパート労働が始まったことを契機として，結婚・出産後の再雇用者の多くが，低賃金・短時間労働の非正規雇用者となった。しかし，1986年に男女雇用機会均等法が施行されて以降，女性の社会進出は確実に進み，性別役割分業に基づく雇用差別は，法制上は改善された。だが，前述したように，今もなお，女性の雇用者の過半数は低賃金で不安定な非正規雇用者なのである。

このように，結婚・出産後の女性が労働市場へ参加する機会を阻害している要因は，現行の社会保障制度や税制が性別役割分業を前提として設計され，夫が単独で働く核家族をモデルとして設計されていることに起因している部分が大きい。例えば，次節で述べる年金保険制度も家族単位で設計されているし，医療保険制度は一定の所得以下の配偶者，高齢の親，子どもを被扶養家族とし，保険料は世帯主が払うという方式が採用されている。第5節で述べる税制には，配偶者控除の制度があって，扶養控除等も，夫一人が働く核家族を前提としている[12]。この配偶者控除こそが，専業主婦が，正規雇用に就かず，非正規雇用の枠の中で収入を制限して働こうとする大きな要因にもなっているのである。

［3］ わが国の社会保障制度の課題と今後の展望

以上，社会保障をジェンダーの視座から論ずるために，産業構造の変容とともに家族形態と家族機能が変化した結果，専業主婦が増え，性別役割分業の概念が定着して，子育てをある程度終えた後も非正規雇用でしか働けていない女性が多い経緯について述べた。

国民から徴収する租税と社会保険料を財源とするわが国の社会保障制度を持

図2-2　M字カーブ解消による女性の労働力人口増加の試算

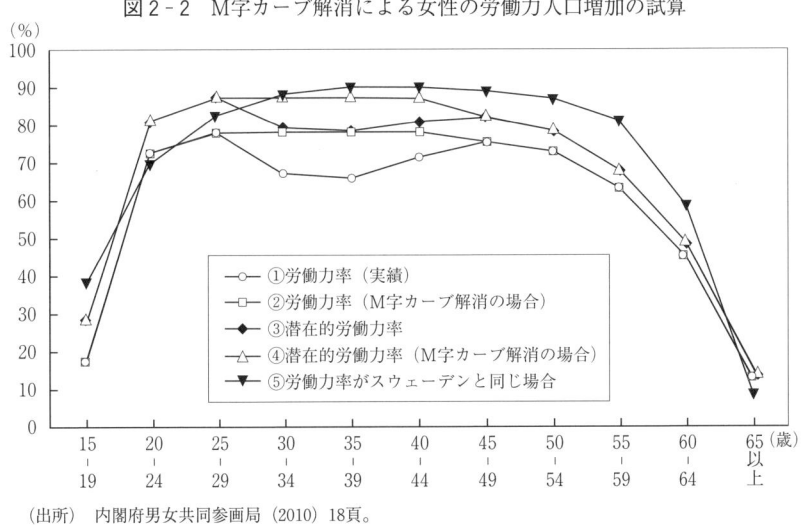

（出所）　内閣府男女共同参画局（2010）18頁。

続可能なものにしていくためには，若年層の雇用環境を整え非正規雇用者を減らして所得格差をなくし，子育て支援策などの少子化対策を早急に行うことが，まず肝要である。また，社会保障の財源を確保できない限界集落がかかえている課題を乗り越え地域格差をなくすために，道州制の導入等を視野に入れることも検討されている。

　しかし，前述したように，結婚・出産後も正規雇用で働き続ける女性が北欧諸国なみに増えれば，確実に徴収できる社会保険料は増加する。内閣府の白書によれば，女性の就労希望人口は，342万人にのぼるという。仮に，希望者すべてが就労できた場合，女性の労働力人口は，2009年の女性労働力人口に対し約12％増加する。さらに，いわゆるM字型就労の解消を図った場合の労働力人口の増加について試算を行った結果，M字カーブ解消により女性の労働力人口は，約5％増加する。潜在労働力率を前提にM字カーブが解消した場合には，約16％増加する。これらの試算をグラフにしたものが図2-2である。この図2-2のM字カーブを解消した潜在労働力率は，労働力率がスウェーデンと同じ場合に限りなく近いカーブを描いている。

　こうした試算から，わが国では，女性の就労者が増加する潜在的な余地が大

いにあることが読みとれる。これらのデータは，M字型就労の解消を試み，女性の労働者を増加させることによって，少子高齢化による人口構造の変化が労働人口の減少に与える影響を緩和させ，社会保障の体系を持続可能なものにすることに貢献できる大きな可能性を秘めていることを示唆している。[13]

　もちろん，そのためには，地方も含め，雇用の創出を図ることが第一義であることも忘れてはならない。また，近年，今まで一定職種に限られがちだった女性の職種の幅が広がり，営業職や企画担当に女性社員を登用する企業が増えつつあることは，将来への光のみえる朗報である。

　ところで，2014年5月に増田寛也元総務相らの民間機関がまとめた試算によると，2040年には全国の約半数の自治体が消滅する危機に直面するという。その要因の一つとして，出産可能年齢にある女性の地方における雇用が望めないがゆえの都市部への人口流出等があげられる。地方の若年層，殊に女性の雇用創出は，喫緊の課題なのである。また，M字型就労のMの2番目の山を越えた後の年齢の女性の，正規雇用による再雇用も地方では非常に難しく，これも乗り越えなければならない課題の一つであろう。

　まずは，女性の雇用創出に努め，地方においてもすべての年代の女性が正規雇用に就けるようにすることが，持続可能な社会保障制度を維持し，経済を活性化する最良の近道なのかもしれない。政府は，地方創生を最重要政策課題とし，2014年に地方再生関連法案を可決して，「まち・ひと・しごと創生本部」を開設した。2015年1月には地方創生のための予算として，1兆円の予算を計上している。地方で女性の雇用を創出することは，決して容易ではないが，今後の地方創生の展開に期待したい。

3　年金保険制度におけるジェンダーの諸相

［1］日本の年金保険制度の概要

　次に，本節では，日本の社会保険制度の柱である年金保険制度の概要を述べ，年金保険におけるジェンダー・ギャップについてふれた上で，海外の年金保険制度との比較を試み，現在の日本の社会保障制度におけるジェンダー・ギャッ

プを解消する展望を示唆する。

　わが国で国民年金法が制定されたのは1959年で，1961年には国民皆年金が実現した。国民年金には，基礎年金として，老齢基礎年金，障害基礎年金，遺族年金の3種類がある。その他，自営業者等のみの独自給付として，付加年金，寡婦年金，死亡一時金等がある。

　現在の日本の公的年金制度は，全国民（20歳以上60歳未満の者）が加入し，基礎的給付を行う国民年金（基礎年金）と，それに上乗せして報酬比例の年金を支給する被用者の厚生年金保険および共済年金からなる。民間被用者は厚生年金保険に，公務員等は共済保険組合に加入する。また，自営業者等に対する上乗せ年金としては，国民年金基金制度，確定拠出型年金制度（個人型）があり，厚生保険年金の上乗せ年金としては，厚生年金基金制度，確定給付企業年金制度，および確定拠出年金制度（企業型）がある。

　このように，わが国の年金保険制度は3階建ての体系となっていて，その1階部分は全国民が加入する国民年金（基礎年金）であり，2階部分は厚生年金や共済年金，さらに3階部分として厚生年金基金や適格退職年金，確定拠出年金といった企業年金がある。

　なお，企業年金に関しては，2014年に，厚生年金基金の財政的問題をふまえ，「公的年金制度の健全性及び信頼性の確保のための厚生年金保険法等の一部を改正する法律」が施行された。厚生労働省は，今後，少子高齢化が進展する中で，老後の所得保障を安定的なものにしていくためには，公的年金に加え，企業や個人の自助努力による企業年金を充実させていくことが重要であるとし，2014年度税制改正大綱において，企業型確定拠出年金の拠出限度額の引き上げも認めている。

　国民年金の対象は，第1号被保険者（20歳から60歳までの自営業者，自由業等の者および学生），第2号被保険者（就職後から70歳未満の厚生年金，共済年金加入者），第3号被保険者（20歳から60歳未満の厚生年金，共済年金の加入配偶者）に分けられている。第3号被保険者は無拠出であるが，この設定こそが，わが国の年金保険制度が個人ではなく家族単位で設計され，しかも男性のみが単独で働き妻（加入配偶者）は経済的に自立していない専業主婦である核家族を想定して設計

されたものであることを物語っている。ただし，第3号被保険者制度の課題については，見直される方向にありつつある（注22参照）。

　第1号被保険者の保険料は，月額1万4420円（2008年現在）で，老齢基礎年金の場合，保険料納付期間，保険料免除期間，合算対象期間を合計した受給資格期間が25年以上ある者が65歳になった時に，一律，年額約78万円（月額約6万5000円）が支給される。この年金額は，20歳から60歳に達するまでの40年間（480カ月）の保険料納付を条件に支給され，未納期間や免除期間があれば，その期間に応じて減額される。なお，2012年から議論された「社会保障と税の一体改革」に伴い成立した「年金関連4法」に基づき，国民年金の受給資格期間は，消費税を10％に引き上げる時期に合わせて，現在の25年から10年に短縮される予定である。

　また，遺族基礎年金は，死亡した者の妻で子と生計を同一にしている場合，死亡した者の子（18未満の子），または20歳未満で障がいのある子に対し，妻には年額約78万円，第1子と第2子には1人につき約22万円，第3子以降は1人につき約7万円を加算した額が支給されている。自営業者については，独自給付である寡婦年金として，夫が死亡した場合に，60歳から65歳まで夫に支給されるはずであった老齢基礎年金の4分の3の額が支給される。さらに，死亡一時金として，第1号被保険者としての保険料を3年以上納付した者が，老齢基礎年金，障害基礎年金のいずれも受給しないで死亡し，その遺族が遺族年金を受給できない場合に，保険給付期間に応じて約12万円から約32万円の額が支給される。

　なお，2014年に「社会保障と税の一体改革」に伴い成立した「年金関連4法」の一つである「公的年金制度の財政基盤及び最低保障機能の強化等のための国民年金法等の一部を改正する法律（年金機能強化法）」により，2014年から，遺族基礎年金は，父子家庭へも支給されることになった。また，同法によって，産休期間中の厚生年金保険料の支払いが免除されたことは，わが国の年金保険制度におけるジェンダー・ギャップを解消する第一歩となったといえよう。

　ところで，国民年金の給付費の財源は，基礎年金については保険料と国庫負担によって賄われているが，公的年金の財源は少子高齢化による人口構造の変

化により厳しい局面を迎えている。加えて，国民年金の保険料を納付しない未納者が近年，若年層を中心に増加していることも大きな問題となっている。今後は，消費税等を増税するだけでなく，男性中心に考えられていた財源徴収の設計を改めて，女性の正規雇用者の負担を期待する方向へも方針転換すべきである。[17]

2　年金保険制度におけるジェンダー・ギャップ

　では，現在の時点で65歳になった時に受給する年金額は，女性と男性とでは，どちらが多いのだろうか。わが国の年金保険制度が，ジェンダー・ギャップの全くない制度であるとするならば，男女ともに受給額は同額でなければならないはずだ。しかしながら，その受給額の平均は女性のほうが明らかに少なく，厚生年金では男性の平均年金額に対する女性の平均年金額の比率は約6割で，国民年金でも約8割である。[18]

　その要因は，前節で述べた専業主婦神話と日本女性固有のM字型就労によって正規雇用者が少なく厚生年金への加入率が低いこと，育児だけでなく介護によっても離職せざるを得ず就労期間が短いこと等にある。パート労働等の非正規雇用者は賃金も低く，厚生年金が適用されない場合も多い。ただし，短時間労働者の厚生年金加入や健康保険加入に関しては，すでに，「社会保障と税の一体改革」による「年金関連4法」に，適用拡大を行うことが盛り込まれており，今後は状況が変わってくることが予想される（注22参照）。

　いずれにせよ，仮に基礎年金である国民年金の部分が，ほぼ同額であったとしても，2階部分に相当する厚生年金の受給額は，結婚・出産後，家事や育児労働に専念し正規雇用に就いていない専業主婦や介護によって離職せざるを得なかった女性と，60歳定年まで働き続けた男性の受給額には大きな差がある。

　厚生老齢年金は，就労時の給料と就労期間および年金保険加入期間が影響するため，結婚前に正規雇用に就いていても女性であるがゆえに低賃金であった場合や，結婚退職したために就労期間が短かった女性には，不利な仕組みになっている。また，育児期間終了後うまく正規雇用に就けても，育児のために正規雇用を離れたいわゆるM字型就労の底に当たる時期の分，厚生年金の受給

額を減額されている女性も多い。しかも，現行の制度（2015年現在）のままでは，被用者としての期間が25年以下であった場合，老齢厚生年金の受給資格を失う[19]。なお，これらのジェンダー・ギャップを克服する方策の一つとして，2014年より産休期間中の厚生年金保険料が免除されたことは，既に述べた通りである。

こうして専業主婦をしていたがゆえに老齢厚生年金を余り受給できず，夫と死別してから国民年金と遺族年金のみで暮らさなければならなくなった途端に，生活保護を受給せざるを得なくなる高齢女性は少なくない。現在，日本人の平均寿命は，男性よりも女性のほうが約6年長い。仮に，同い年の夫と結婚したとすると，平均寿命まで生きる女性は約6年間寡婦として暮らさなければならないことになる。専業主婦としてのみ生きてきた女性の年金額は遺族年金を受給したとしても決して十分な額ではないため，持ち家がなく家賃を払わなければならない場合は，貯蓄や固定資産でもない限り，その生活は非常に苦しいものになる。このように，専業主婦であることや，パートタイム労働の雇用形態を選択することが，決して得にはならない仕組みを現行の年金保険制度は有している。

かつての国民年金制度も，女性にとっては不利な点が多い制度だった。1985年の年金保険制度改正時以前の国民年金制度では，被用者の妻の国民年金加入は任意であり，任意加入していない妻の場合，離婚時は無年金になり，障害年金の保障もなかった。改正された現行の制度では，被用者の妻にも国民年金の加入を義務づけ，妻の個人名義の基礎年金を支給している。その際，第3号被保険者である妻の保険料負担はなく，夫が加入する被用者年金制度全体で負担する。しかし，一見，専業主婦にとってはありがたくみえるこの措置も，女性は家を守るものという性別役割分担を担っているため経済的自立はしていないだろうという前提に立った措置であって，決して平等な観点から設計されているものではない。

また，厚生年金に関しても，2004年の改正時に離婚時の厚生年金の分割が認められ，婚姻期間中の夫婦の保険料納付記録の合計2分の1を限度として夫の厚生年金を妻が得ることができるようになった[20]。逆にいえば，この改正より以

前は，専業主婦はどんなに夫のために家事や育児をがんばろうとも，その家事労働や育児労働は全く金銭的には評価されていなかったことになる。

　大沢真理は，日本の年金保険制度について「標準的な被保険者として想定されたのはもちろん男性である。被保険者の扶養家族たる妻は，被保険者が享受する保障に付随的にあるにすぎず，個人として医療や年金への資格をもつものではない」とし，そもそもの制度の設計が，女性の経済的自立を無視して構築されていることを指摘している。[21]

　だが，1970年代から約40年の年月を経た現在においては，男女雇用機会均等法（1986年施行）や男女共同参画社会基本法の施行（1999年）等を経て，男女をめぐる状況も少しずつ変遷してきた。男性が単独で働く核家族をモデルとして設計されたわが国の社会保障制度の仕組みは，いまだ変更されていないものの，長引く不況等が招いた深刻な「格差社会」において非正規雇用の就労形態でしか就労できていないのは女性だけでなく男性もまた同様であり，ワーキングプア等の問題も男女共通の課題となってきている。[22]

［3］ ジェンダーの視座からみる海外における年金保険制度と今後の展望

　しかしながら，アジア諸国で公的年金制度が制定されている国は，そう多くなく，そういった意味で日本は社会保障制度においてはアジア諸国を牽引しているといえよう。わずかに，韓国で1964年に医療保険と年金保険が制定され，1973年には国民年金法が施行された（86年廃止）。しかし，この時代の社会福祉法制は，立法はされたものの実行が伴っていなかった。1993年には雇用保険法が制定され，1996年には社会保障基本法施行，1998年にようやく国民皆保険が実現している。

　また，タイでは，1954年に社会保障法（未施行）が，フィリピンでも1954年に民間被用者社会保障法が制定されているが，いずれも専制政治の下で，飴と鞭の政策の飴として制定された社会福祉制度であって，法律があってもほとんど実施されていないのが実情であった。さらに，中国の社会保障制度改革は，1980年代頃から始まり，1990年代末から2000年代初頭にかけて，ようやく基本年金保険制度と基本医療保険制度および失業保険制度，労災保険，育児保険等

の社会保険が創設されている[23]。

　ジェンダーの視座から公的年金保険制度を鑑みた際，年金保険制度の枠内で育児支援を行い，その受給額が育児期間のあったことで減額されたりしないすぐれた制度を施行しているのは，西欧諸国と北欧諸国である。例えば，イギリスの国民年金では，育児期間も年金支給額に反映させ，金銭給付による育児支援を行うようにしている。また，ドイツでは，3歳未満の子どもを養育している期間は保険料を納付しなくてもよく，平均賃金を受給している未納者が10歳未満の子どもを養育する期間については平均賃金の50％から100％の間で年金額を高くしている。すでに，ドイツでは，家事・育児労働を年金額に反映させてもいる。さらに，フランスでは，子どもが16歳になるまでに少なくとも9年間養育した場合は子ども1人につき2年分加入期間に加算されるかたちで年金額が算定されて，3人の子どもを養育した被保険者は男女問わず年金額の10％が加算され，保険料納付期間が30年以上で3人以上子どもを養育した労働者である母親には最高の年金水準が保障されている。

　北欧諸国の取り組みも参考にすべきである。スウェーデンでは，育児のために所得が下がったことで年金額が下がらないようにするために，子どもの出生年の前年の所得額や，16歳から64歳未満の全期間の平均所得の75％の額，現在の所得に基礎額を上乗せした額が，年金制度上の所得とみなされている。さらに，ノルウェーでは，児童手当受給者に年金上のポイントが自動的に加算され，就労せずに育児をしている者には保育ポイントが加算される[24]。また，フィンランドには，そもそも専業主婦という概念がない。すべての社会福祉制度は「働く母親」を基準として設計されている。

　日本でも，2002年に「女性と年金検討会」が開かれた。同検討会は，今後，育児を理由とした休業，退職，短時間労働に伴う年金水準の低下の補填がなされ，将来の年金制度を担う次世代育成のために年金制度の枠内において育児支援が行われる方向に改正されていくべきであると提言している。ドイツやノルウェーのように，育児労働を将来の年金受給額に反映させるという形態で年金保険制度の枠内で育児支援を行うことは，わが国においても少子化をくいとめる一施策として有効であろう。また，賦課方式による年金制度を採用している

日本において，年金制度の枠内で育児支援を行い育児の社会化を目指すことは，不妊症等の特別な要因がなくても子どもを産まないままで，公的社会保障によって老後の扶養を受けるフリーライダーを阻止し，少子化の促進をくいとめることにもつながる。

こうして，年金保険制度による子育て支援を行うことは，少子化対策として有効であるだけでなく，女性の労働市場回帰への一助ともなって，やがては持続可能な社会保障制度を構築することにも貢献するであろう。

4　育児と介護に関する社会保障

［ 1 ］ 介護保険制度の概要

ところで，今後のライフコースにおいて，育児と介護の問題は，男女ともに避けては通れない問題である。殊に，産む性をもって生まれた女性と育児は切り離せない。また，介護保険制度が施行されてから後も，わが国における主な介護者の過半数は女性である。このように，育児期間と介護による離職の危機を逃れ，女性の労働参加を促進するためには，育児支援と介護を社会で支える社会保障制度や社会福祉制度が不可欠になる。

そこで本節では，介護を社会で支える社会保険制度である介護保険制度と，社会福祉制度である育児・介護休業法，児童福祉法による子育て支援策の概要について述べ，海外の施策と比較することによって今後の展望について論ずる。

まず最初に，介護保険法の概要について述べる。介護保険制度は，核家族化による家族の介護機能の脆弱化や，介護の長期化による家族の介護負担の増大，老 - 老介護などの社会背景に伴い制定された。要介護高齢者の介護者で最も多いのは，配偶者であり，次が子と子の配偶者であるが，そのうちの約 7 割は女性である。介護のために離職した者に占める女性の割合も約 7 割で，介護問題は大きなジェンダー・ギャップを呈している問題である。男女雇用機会均等法施行以降，女性の社会進出が進んだ今，仕事も家事も育児も介護も女性だけが担うことは，現実の問題として不可能である。そこで，社会で介護を支えることを目的として2000年に施行されたのが，介護保険制度であった。

こうして，「要介護者の自立支援」，「利用者本位」，「社会保険方式」を制度成立の理念として制定された介護保険制度は，市町村を実施主体（保険者）としたわが国初の制度でもある。被保険者は現在のところ40歳以上の者であり，そのうち65歳以上の者を第1号被保険者，40歳以上65歳未満の者を第2号被保険者としている。2015年4月現在，利用者負担は1割であるが，合計所得が一定以上の者は2割負担になる予定である。一方で，最も所得が低い約600万人分は保険料を軽減率55％で減らすという。保険料は，第1号被保険者で年額18万円以上の年金を受給している者は年金から天引きされるかたちで，年金額18万未満の者は市町村が直接徴収する。第2号被保険者は，給与から天引きされるかたちで徴収されている。

　保険給付のうち，要介護者に対する「介護給付」には，居宅サービスとして「訪問介護」等の訪問サービスと，「通所リハビリテーション」等の通所サービス，「短期入所生活介護」等の短期入所サービス，「福祉用具貸与・販売」等が，居宅介護支援の施設サービスとして，「介護老人福祉施設（特別養護老人ホーム）」，「介護老人保健施設」等を利用することができる。

　このように，介護保険制度が制定されたことによって，在宅介護が比較的容易になり，女性の介護者は徐々に減ってきている。

　介護保険制度は，5年に一度改正されることになっている。2006年に施行された改正介護保険制度は，予防重視型に改正され，介護給付の他に軽度の要介護者と要支援の高齢者が利用できる介護予防のための「予防給付」と，小規模多機能型施設等を利用することができる「地域密着型サービス」が新設された。さらに，健康な高齢者（一次予防事業対象者）とハイリスク者（二次予防事業対象者）への介護予防事業として「地域支援事業」が新たに設けられ，在宅介護支援センターから移行した「地域包括支援センター」等で介護予防事業が行われることになった。[27]

　また，2011年の改正では，「介護予防・日常生活支援総合事業」が加えられた。要介護状態にない一次予防事業対象者とハイリスク者である二次予防事業対象者および要支援者を対象とするこの事業は，「地域支援事業」を継続する中で，介護予防や，配食・見守り等の生活支援サービスを提供する事業である。

具体的には，「介護予防普及啓発事業（講演会の開催，パンフレットの配布や予防に関する教室の開催等）」，「地域介護予防活動支援事業（ボランティアの養成や地域活動の実施，自主グループの活動支援等）」に分けられる。厚生労働省は，同事業を導入することによって，地域における社会資源と地域の絆の発見，コミュニティづくり，および地域包括ケアシステムの構築や地域活力の向上に資するとしている。

　2014年には，要支援者を対象とした介護保険の予防給付（介護予防に関するサービスである訪問介護，通所介護）も，「地域支援事業」へ移行するべきだということ等が議論され，問題になった。この件に関しては，まだ是非の議論が必要だと思われるが，当面は2014年に提出された「地域における医療及び介護の総合的な確保を推進するための関係法律整備に関する法律案」によって，「地域支援事業」へ移行する方針である。

　現在，ボランティア人口は女性の方が多く，「介護予防・日常生活支援総合事業」による介護予防を実践する地域のボランティアとしての女性に対する期待は大きい。また，地域の絆やネットワーク（ソーシャル・キャピタル）が豊かな地域ほど健康な高齢者が多いことは，すでに社会疫学の実証的な先行研究によって検証されているが，ソーシャル・キャピタルと健康との関連がより強いのは男性ではなく女性であるという先行研究もある（第4章コラム「介護予防とソーシャル・キャピタル」参照。先行研究については同コラムの参考文献に記載）。今後は，世界一の平均寿命を誇る日本の高齢女性のネットワークを，予防重視型の介護保険制度における介護予防においも活用し，ひいては自らの介護予防にもつなげていくことが望まれる。

２　育児・介護休業法の概要

　次に，育児支援に関する法律として最初に立法されたのは，1991年に男女雇用機会均等法において女性労働者のための休業として規定された「育児休業の規定」（当初は事業主に対する努力義務だった）である。1995年には，介護休業制度を組み込み，現在では，「育児休業・介護休業等育児又は家族介護を行う労働者の福祉に関する法律（育児・介護休業法）」となっている。育児休業法が制

定された当初は，1歳未満の子を養育する者が子が1歳に達するまでの一定期間の育児休業が取得できるとされていた。ただし，当時は，非正規雇用者には適用されなかったし，育児休業中は無給であった。

だが，1994年に雇用保険法が改正され，育児休業前賃金の25％相当額が休業中も給付されることになった。さらに，2000年の改正時には，給付額は40％相当まで上げられ，その後50％に引き上げられたのである。2014年には「雇用保険法の一部を改正する法律」により，男女共に育児休暇を取得しやすくすることができるよう給付割合は67％に引き上げられた。北欧並みに約7割弱にまで給与補償の割合が引き上げられたことは画期的な改正であるが，今後も，さらなる引き上げが望まれる。

また，2005年からは，特別な理由がある場合は，育児休業期間が半年延長可能となり，就学前の子どもの看護のための看護休暇制度（2011年の改正で，就学前の子が1人であれば年に5日まで，2人以上であれば年10日まで病気・ケガをした子の看護のために休暇を取得することができる）が新設され，非正規雇用者であっても，雇用期間が1年以上の者で育児休業取得後も引き続き雇用される見込みがある者に関しては，育児休業の取得が可能になった。[28]

さらに，同法は「深夜労働の制限」（小学校入学までの子を養育し，又は常時介護を必要とする状態にある対象家族の介護を行う労働者が請求した場合において深夜労働をさせてはならない），「時間外労働の制限」（就学前の子を養育し，常時介護を必要とする状態にある対象家族の介護を行うことを労働者が請求した場合においては，1カ月24時間，1年150時間を超えて時間外労働をさせてはならない）ことも定められている。

また，介護による休暇を取得する制度として介護休業制度が制定されており，対象家族1人につき常時介護を必要とする状態に至るごとに1回，通算して93日まで介護休業を取得できることが定められている。なお，介護休業制度も，1年以上勤務し，休暇取得後も引き続き雇用される見込みのある非正規雇用者にも適用される。

さらに，2010年6月の改正では，子育て期間中の働き方を見直すために「短時間勤務等の措置」（3歳未満の子を養育する労働者で育児休養をしていない者につ

いて，1日6時間の短時間労働を申請できる），「所定労働外労働の制限」（3歳未満の子を養育する労働者が請求した場合は所定の労働時間を超えて労働させてはならない）が新設された。仕事と介護を両立させる支援をするために，近年，短期の「介護休暇制度」（要介護状態の家族が1人であれば5日，2人以上であれば年10日まで介護のために休暇を取得することができる）も制定されている。なお，2006年の改正時には，従業員数が100人以下の事業主には，これらの「短時間勤務制度」，「所定外労働制限」，「介護休暇」の適用が猶予されていたが，2012年7月より全ての事業主に対し全面施行された。

また，これらの休暇を労働者が申請したことに関して，事業主は，それを理由に解雇するなどの不利益な取り扱いをしてはならないことも同法には規定されている。さらに，事業主は，労働者の転勤については，育児や介護の状況に配慮しなければならないことも定められている(29)。

だが，介護休暇は休暇中の給与補償が全くなく，取得したくても取得できない者も多い。

また，厚生労働省が2012年に実施した調査によれば，育児休業取得率は女性88％，男性2.6％で男性の取得率は2004年時の0.56％の4倍以上になったものの，まだ5％にも満たない(30)。そこで2010年の改正では，父親も子育てができる働き方を実現するために，父母がともに育児休業を取得する場合は，1歳2カ月（改正前は1歳）までの間に，1年間育児休業を取得可能とする「パパ・ママ育休プラス」を設けた。さらに，父親が出産後8週間以内に育児休業を取得した場合，再度，育児休業取得を可能とすること，配偶者が専業主婦（夫）であれば育児休業の取得不可とすることができる制度を廃止した。

また，この改正と合わせ，「イクメンプロジェクト(31)」をスタートさせ，男性の育児参加を積極的に促進する企業を対象とした「イクメン企業アワード」（コラム「日本版ネウボラと父親の育児参加」参照）を創設した。これらのプロジェクトは，男性が育児に積極的に参加し，育児休業を取得しやすい社会となることを目指している(32)。

いずれにしても，育児休業および介護休業取得には，企業や事業所の理解が必要である。せっかく法律が整備されても，労働者が昇進を阻まれたり閑職に

追いやられることを恐れて，休暇を申請しづらい環境をつくらないような努力をするべきである。

(3) 児童福祉法と児童手当による育児支援の概要

　育児休業法以外に，社会手当である児童手当や児童福祉法によっても育児支援は行われている。児童福祉法は，第二次世界大戦終結後まもない1947年に，戦災孤児等の保護や援護を主な目的として成立した児童に関する福祉全般を定めた法で，社会福祉六法の一つである。子どもに関する様々な相談に応じる「児童相談所」も，児童福祉法に基づいて都道府県および政令指定都市に設置が義務づけられている。また，「保育所」も児童福祉法において，子ども家庭福祉に関わる施設の一つとして定められている。里親制度や児童虐待防止に関する項目も定められているが，本節では，子育て支援に焦点を絞って論ずる。

　児童福祉法は，現在に至るまで何度か改正を重ねている。2003年の改正時には「子育て支援事業」が法定化された。2008年の改正時には，新たな子育て支援サービスとして「家庭的保育事業（保育ママ）」と「乳児家庭全戸訪問事業（こんにちは赤ちゃん事業)」，および，すべての子どもを対象とした「一時預かり事業」，「養育支援訪問事業」，「地域子育て支援拠点事業」が法定化され，2009年より実施された。さらに，2014年より実施された「社会保障と税の一体改革」に伴う「子ども・子育て関連3法」のなかに盛りこまれた「地域子ども・子育て支援事業」により，「放課後児童クラブ」（放課後児童健全育成事業）も定められ，今まで問題になっていた小学校就学後の保育対策も講じられている。[33]

　「保育ママ」のサービスは，女性の労働参加が進むと同時に保育所の絶対数が足りなくなり，待機児童[34]の問題が発生している今日，子育て経験のある一般女性の居宅に就学前の児童を預ける制度で，専業主婦の労働市場開拓にもつながっている。さらに，「こんにちは赤ちゃん事業」は，乳児のいる家庭の孤立を防ぎ，児童虐待を予防して地域社会とつなぎながら保護者の育児不安を解消するために生後4カ月までの乳児のいるすべての家庭を訪問し，様々な不安や悩みを聞いて子育て支援に関する情報を提供する事業である。また，今まで，冠婚葬祭や妊娠等の特別な理由がない限り利用できなかった「一時保育サービ

ス」が，すべての子どもに適用されたことも育児ストレス解消に寄与している。

　加えて，子育てを支援するための金銭給付である「児童手当」，「児童扶養手当」，「特別児童扶養手当」等は，子育て中の家庭を経済的に支えている。「児童手当」は，家庭における生活の安定に寄与することと，次代の社会を担う児童の健全な育成と資質の向上に資することを目的に創設された。所得制限付きの制度であり，支給額は改正の度に変遷を重ねている。

　2012年には「児童手当の一部を改正する法律」が成立し，新しい児童手当制度が施行された。改正後は，所得制限額（例・夫婦・児童2人世帯の場合は年収960万円）未満の場合，中学校修了までの児童を養育している親に，3歳未満は一律1万5000円，3歳以上小学校修了前までは1万円（ただし第3子以降は1万5000円），中学生は一律1万円が支給されている。当分の間，特例として，所得制限以上の場合は一律5000円が支給される。児童手当の支給額は，以前に比べれば，各年代とも5000円程増加しており，3歳未満の児童に関しては北欧とほぼ同レベルに達しつつある。中学生をもつ家庭への給付も行うようになったことも評価できよう。しかし，3歳以上の児童に対する給付額はまだ低く，高校卒業時まで児童手当の給付が続く北欧諸国に比べれば，総支給額は依然として少ない（後掲表2-1参照）。

　また，「児童扶養手当」は，父と生計を同じくしていない母子世帯やそれと同様の状態にある児童に対して支給される。父母が婚姻を解消した児童，父が死亡した児童，父が一定の障がいを有している児童等が対象であるが，近年，父子家庭の負担軽減を図るため，父親にも支給されるようになった。さらに，「特別児童扶養手当」は，障がい児の養育者に支給される手当である。[35]

［4］ そのほかの保育サービス

　以上の育児支援サービスの他に，種々の保育サービスも設けられている。近年，女性の労働形態の多様化とともに，保育ニーズは多様化している。そこで，保護者の長時間の通勤や長時間労働による長時間保育のニーズに対応するために，通常の開所時間である11時間を超えて保育を実施する事業である「延長保育」や，おおむね午後10時ごろまで開所する「夜間保育」を行う民間保育所へ

の予算補助等も行っている。また，保護者が就労していて子どもが病気になった際，自宅での保育が困難な場合，病院・保育所等において病気の児童を保育する「病児・病後児保育事業」も実施しているが，まだまだ足りていない。さらに，パート就労の増大や，育児の孤立化に伴う子どもの保育需要の変化に対応するため，2003年度から週2，3回程度または午前と午後のみ等，必要に応じて柔軟に利用できる保育サービスとして「特定保育事業」も創設している。

　また，幼稚園の通常教育時間（標準4時間）の前後や長期休業中に保護者の要請等に応じて希望者を対象に行われる「預かり保育」を実施する幼稚園に対する支援も行っている。さらに，幼稚園と保育園の連携については，地域や保護者のニーズに応じた設置・運営が求められ，1998年以降，施設の共用化等が推進されて，幼保一体教育を行う方向に向かっている。

　また，1993年度からは，地域の子育て家庭に対する育児支援を行うために，保育所において地域の子育て家庭等に対する育児不安についての相談指導，子育てサークル等への支援を行う「地域子育て支援センター事業」も実施している。

　なお，2014年より「一時預かり」，「病児保育事業」，「放課後児童クラブ」等は，前述の「地域子ども・子育て支援事業」に一元化された。また，2015年からは，「子ども・子育て関連3法案」に基づく「子ども・子育て支援新制度」が施行される。同制度には，「認定こども園」，「幼稚園」，「保育所」を通した共通の給付である「施設型給付」と，6人以上19人以下の子を預かる「小規模保育」や「家庭的保育（保育ママ）」等への給付である「地域型保育給付」が創設されている。新制度によって，今まで「幼稚園」は学校教育法で，「保育所」は児童福祉法に基づくものとして別々になされてきた財源が一体化されることになった。さらに，同制度によって，「認定子ども園」の一つである「幼保連携型認定子ども園」を，学校と児童福祉施設の両方の法的位置づけをもつ単一の認可施設として認可や指導監督等を一本化し，二重行政の課題を解消しようと試みている。

　今後も，保育所不足や，幼稚園の定員割れ等の現状を鑑み，継続して保護者と子どもの立場に立ったよりよい方策が求められている。だが，待機児童問題

を解消し，子育てへの不安解消を一元的に行おうとする現行の取り組みは評価できるものの，些か制度が複雑すぎて，保護者の混乱を招きかねない感もある。今後は，制度政策が変遷しても変わらずに良好なサービスを提供できるような自治体独自の，制度の狭間を埋める連綿としたサービスを構築する取り組み等も必要であろう。

5　北欧における子育て支援との比較

①　フィンランドにおける子育て支援

　一見，充実しているかのように思えるわが国の子育て支援策の数々を羅列したが，それでも日本の少子化が解決しないのは，なぜなのだろうか。その背景には，男性の家事参加時間の少なさや育児参加率の些少さ，女性が家事・育児と労働を両立させることに関する企業の側の無理解等，様々な要因があるだろう（第5章参照）。育児の観点から鑑みれば，最も問題なのは，育児休業の短さにあるのではないか。

　そこで，本節では，日本よりも育児休業の長いフィンランドの公的施策を紹介する。フィンランドの「育児休養制度」は，子どもが3歳になるまで自由に取得することが可能で，取得後は職場復帰する権利が確実に保障されている。しかも，休職中には「自宅保育補助金」が支給される。母親は，各種の保育サービスを利用しながら職場復帰するのがごく普通のこととされ，男性の育児参加も奨励されている。出産後1年で職場復帰することも可能で，これらはいずれも就労者の権利として社会的に定着しているため，同僚や上司の目を気にしながら育児休養制度を利用することはない。

　フィンランドでは，3歳未満の子どもの保育については「自宅保育補助金」または「自治体の運営する保育サービス」のいずれかのサービスを選ぶことができる。「自宅保育補助金」は，育児休養制度との併用が一般的である。さらに，「自宅保育補助金」を受給した母親の子どもが3歳になった際に前職に復帰しない場合は，新たな職業訓練を受け，必ず職を得るような指導もされている。「自治体の保育サービス」は，「保育所」または「家庭保育」のいずれか

表2-1　児童手当（円）の比較

フィンランド		日　本	
第1子	約16,400	3歳未満一律	15,000
第2子	約18,100	3歳以上	
第3子	約21,500	第1・2子	10,000
第4子	約24,800	第3子以降	15,000
第5子以降	約28,200		

（注）　1ユーロ＝164円（2007年4月現在）。
（出所）　高橋（2007）154頁を基に筆者作成。

ら選択できる。「家庭保育」は保育者の自宅で保育が行われ，保育者1人につき子ども4人までを担当する。「保育所」の保育は全日制，非全日制で行われ，夜勤者の子どもには24時間保育も実施されている。

　その他，妊娠・出産の際には，所得階層に関係なく，妊娠154日以上4カ月目までに妊婦健診を受診することを条件として「母親手当」が支給される。「母親手当」の内容は，「母親セット（育児パック）」の物品または現金手当である。「母親セット（育児パック）」の物品には，衣類，タオル，シーツ，おしめ，脱脂綿，おもちゃ，爪切り，水温計，包帯等があり，出産後に必要な物品は，ほとんど揃う。現状では，現金手当よりも「母親セット（育児パック）」のほうが人気が高い。

　さらに，「母親・育児相談所（ネウボラ）」が設置されており，出産準備のトレーニングを男性も一緒に受けることができる（コラム「日本版ネウボラと父親の育児参加」参照）。出産に関しては，育児休養制度とは別に「母親制度」（手当て105日），「両親休業制度」（手当て158日）を取得することが可能である。両親は，この両親休業を分かちあい，取得期間中には約80％の収入が日当金等によって補塡される。また，父親には，母親・両親休業期間中の最後に18日を上限として，母親休業直後の両親休業期間の最終日から起算して180日以内に取得しなければならない「父親休業手当」がある。双子以上の場合は，子ども1人につき60日，母親・両親休業手当が加算される。

　その他「母親／父親・両親日当金」という国民年金庁の管轄下の社会保険制度があって，妊娠・出産および疾病治療の費用等についての補塡が行われる。

また，保育追加法により，17歳までの子どもの養育のために国の負担によって「子ども追加金」が社会手当として支給される。日本の児童手当との比較は，表2-1の通りである。さらに，幼稚園から大学までの公立学校の学費は，すべて無料となっている。

このように，フィンランドでは，妊娠・出産時の不安が軽減され，出産・育児に要する費用を社会保険ないし社会サービスとして国が負担し，育児休業の期間も長く，父親が育児参加しやすい施策がなされ，自治体の保育サービスも充実している。就学後の教育費がかからないことも，少子化を防ぐ大きな要因になっている。日本が学ぶべき点は多い。

［2］ ノルウェーにおける子育て支援と日本のビジョン

ところで，育児休業法を利用したくても育児休暇中の給与が減ることが原因で育児休暇を取得できない母親や，そもそも育児休暇を取ろうとしない父親が多いことも日本の子育て支援策における大きな課題である。そこで，ここでは，母親の育児休暇取得率が100％で，父親も9割以上が育児休暇を取得しているノルウェーの育児休暇制度についてふれる。

ノルウェーでは，出産前の10カ月間に最低6カ月勤務していた女性に対し，給与を100％受け取る場合は47週間（約1年），80％の場合は57週間（約1年2カ月半）の有給の育児休暇を，母親または夫のいずれかが取得することができる。しかも，給付は，出産12週間前から受け取ることができるという。母親は，出産直前に3週間・産後に最低6週間，必ず育児休暇を取得しなければならないことが法で定められている。そのため，母親の取得率は100％である。

1993年からは，父親も育児休暇のうち最低4週間（1カ月）を取らねばならないことが義務づけられた。現在は，父親の育児休暇取得期間は最低12週間（3ヶ月）に延長され，母親と父親の双方が交代で育児休暇を取得することになっている（「パパ・ママクオータ制」）。この「パパ・ママクオータ制」の導入により，父親の育児休暇取得率は急増し，2003年には約9割の父親が取得するに至った。

日本でも，低迷する父親の育児休暇取得率を上げるためには，国の政策とし

日本版ネウボラと父親の育児参加

フィンランドの育児相談所である「ネウボラ」は，フィンランド語でアドバイスの意味だ。このネウボラサービスを日本でも実践し始めた自治体がある。

埼玉県和光市は，2014年10月から和光版ネウボラを始めた。助産院や保育所等に助産師等の専門職を配置して，妊婦の体調や育児不安，および児童手当や医療費助成等の経済的相談にも応じている。また，三重県名張市では，市内15カ所の公民館や市民センターに「まちの保健室」を設置して，看護師等が妊娠・育児の相談にのり，民政委員やボランティアと連携して支援を行っているという。

さらに，千葉県浦安市では，出産時等にフィンランドの「母親セット（育児パック）」のような「こんにちは赤ちゃんギフト」（育児用品）を配布している。

日本にも，妊婦・乳幼児健診，乳児家庭全戸訪問事業（こんにちは赤ちゃん事業），両親学級等，個々の制度による支援はある。しかし，制度上の継続支援がなかったため，育児不安を解消できないままに児童虐待に及んだり，2人目の出産を断念する母親も少なくなかった。だが，2015年現在，フィンランドの「ネウボラ」のように，妊娠時から出産・育児までを一貫して継続支援するサービスを検討する自治体は，29もある。国は，2016年度には150程度の自治体に，日本版ネウボラを設置することを検討中だ。

フィンランドの「ネウボラ」は，父親の指導もしているため，男性の育児参加にも一役かっている。厚労省は，父親の育児休業取得率を，2020年までに13％まで上げることを目標に掲げているが，「イクメン企業アワード」初代グランプリを受賞したK社では，2012年度の男性社員の育児休業取得率が，37.2％だった。

K社は，育児支援制度の概要を案内し，制度の利用による影響（賃金・評価等）を説明することで不安を解消して，制度利用を促進している。男性の育児啓発のためのニュースレターも発行しているという。男性社員を対象として，仕事と育児の両立に関する悩みと解決方法を共有し具体的なノウハウを習得する講座も開催しているし，育児中の社員のランチミーティングも行っている。

筆者が，ノルウェーで育児休暇取得中の男性にインタビューした際には，「父親が育児休暇を取るのは当たり前のことだ」という答えが返ってきた。日本でも行政や民間の切れ目ない育児支援サービスを構築し，不安なく育児を行えて，男性も楽しみながら育児参加できる環境を早急に整備するべきだ。

引用・参考文献

共同通信2014年12月13日配信記事／厚生労働省（2014）『厚生労働白書　平成26年版』283頁／NHK「あさイチ」2015年2月10日

（川島典子）

図 2 - 3　父母ともに育児休業を取得する場合の育児休業給付のイメージ

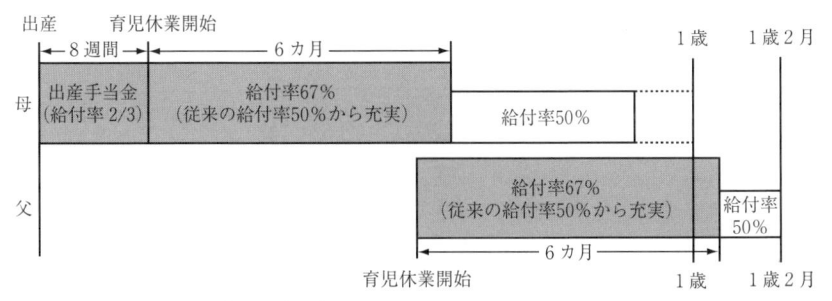

（出所）　内閣府男女共同参画局（2014）15頁。

て，育児・介護休業法に「父親も最低 3 カ月～ 6 カ月以上は育児休暇を取得すること」と明記して義務づけ，公的な補償が終了した後の育児休暇中の給与補償は国の補助金の下に企業も補う等の方策が必要だろう。実際，ノルウェーでは，ほとんどの父親が，国が育児休暇中の給与を100％補償してくれる期間を過ぎてからも母親と交代で育児休暇を取得しており，その間の父親の給与補償は国と企業の双方が行うケースが多くみられる。

　さらに，ノルウェーでは，国民保険制度の一貫として月に約1000クオーネ（日本円にして約 1 万6000円）の児童手当が18歳まで支給され，シングルマザーやシングルファーザーの場合は，その 2 倍の金額が支給されている。

　また，保育サービスに関しては， 1 ， 2 歳児の保育所利用率が低いため（ 1 歳児約 3 割， 2 歳児約 5 割），保育所を利用しない親のために，年間約 7 万円の在宅保育手当が，現金給付として支給されている。これらは，明らかに日本にはない手当てである。

　日本でも，すでに2014年に，育児給付の給付率引き上げ等を内容とする雇用保険法が改正されて以来，父母ともに育児休業を取得する場合を想定した育児休業給付のあり様が提示されている。図 2 - 3 の「父母ともに育児休業を取得する場合の育児休業給付のイメージ」（内閣府）によれば，母親が出産手当金（ 3 分の 2 の給付率）を約 2 カ月取得した後，給付率67％で育児休暇を 6 カ月取得し，その後，父親が 6 カ月間67％の給付率で育児休暇を取得して母親は50％の給付を受けるとすると，夫婦で合算すれば，少なくとも 1 年強は育児休暇を

取得しても暮らしに困らない程度の給付を受けることができることになるのである。

　しかし，1年を過ぎた後3年まで育児休暇を延長することが可能になった場合や，スウェーデンのように母親と父親の双方が育児休暇を交代で取得して小学校就学前まで両親のどちらかが家に居れるようにした場合の給与補償をどのように行うのかは，課題の一つとして残るだろう。国の財源には限りがある。消費税率を引き上げることも肝心だが，ノルウェーのように，企業にもある程度の負担を求めることも必要なのではなかろうか。同時に，育児休暇取得者の給与補償を行った企業には，税制を優遇する等の国の措置も不可欠であろう。

　2014年末に政府がまとめた長期ビジョンによれば，2020年の合計特殊出生率が1.6程度，2030年に1.8程度，2040年には2.07になることを目指せば，いわゆる団塊の世代が後期高齢者となる2025年を迎えても，社会保障制度を維持できるのではないかという。そのためには，国と企業や NPO 法人等の民間の団体等が協力し合い，財政負担も含めた様々な子育て支援の方策を練り，女性が子どもを産んでも働き続けられる施策を構築してくことが肝要である。

6　ともに支える社会保障制度

〔1〕 税制におけるジェンダー・ギャップ

　以上，社会保険制度である「年金保険制度」と「介護保険制度」，子育て期の生活を支援する「育児・介護休業法」，および社会福祉制度である「児童福祉法」と「社会手当」である児童手当の諸相をジェンダーの視点から論じた。前節ではふれなかったが，「医療保険制度」でも，出産については「出産育児一時金」の給付がある等の工夫がなされてきた。2009年10月より「出産育児一時金」は「直接支払い制度」を選択できるようになり，出産後退院時に出産費用を全額支払う必要がなくなった。保険者に負担してもらえる出産費用も，2015年現在約43万円まで引き上げられている。また，わが国の社会保障制度の嚆矢である「生活保護制度」や，社会福祉六法の一つである「母子及び父子並びに寡婦福祉法」は，母子家庭等のひとり親家庭の生活を文字通り保護してい

(38)
る。

　いずれにしても，少子高齢社会の人口構造が呈する問題を克服し，わが国の社会保障制度を持続可能なものにするためには，高齢者も含めた幅広い世代の就労支援を行うことと，女性の就労人口を北欧なみに増やすことが肝要であることを繰り返し述べた。また，女性の就労人口を増加させるためには，育児と労働の両立を図る施策を施行することと，介護による離職を免れるために介護に関する施策を充実させ介護休暇中の給与も補償することの重要性についても論じた。

　しかし，国も施策を講じていないわけではないのに，合計特殊出生率が向上しないのはなぜなのか。なおかつ日本女性固有のM字型就労が解消されないのはなぜなのだろう。

　伊藤公雄によれば，1970年代の女性の労働力率（生活労働人口＝15～64歳を対象にした女性の労働力率）は，日本はフィンランドについで第 2 位であり，3 位のスウェーデンよりも上回っていたという。現在の女性の労働力率はスウェーデンやフィンランドの約 8 割に対して，日本は約 4 割であることはすでに述べた。この差は，いつ，どうして生まれたのだろう。伊藤も筆者らと同様に，戦後日本において女性が主婦化していった経緯を分析し，1970年代から1980年代半ばの矛盾したジェンダー施策の問題点をあぶりだしている。すなわち，国際的なジェンダー平等の動きに表面的に対応するかのように男女雇用機会均等法が施行されると同時に，年金保険制度において前述したいわゆる第 3 号被保険者として専業主婦は年収が130万円以下ならば国民年金の負担なく基礎年金が支給されるようになった制度の矛盾を指摘し，この仕組みが女性を労働参加でもパート労働へと囲い込むことになったという指摘をしているのである。

　また，税制においても，1961年に配偶者控除が導入された後，1980年代に配偶者控除の限度額が何度か引き上げられ，1987年に配偶者特別控除が導入されて，1989年以降，男性稼ぎ主型の世帯では，夫は妻の年収が103万円未満の時に配偶者控除，103万から141万円の時に配偶者控除と配偶者特別控除を受けられることになったことが，専業主婦がフルタイムで労働参加することを抑制するジェンダー・ギャップを生んだとしている。一方で，堀勝洋は，第 3 号被保

険者の就労抑制効果はないとする統計を示しているが，伊藤の見解のほうが一般的であると考えるべきであろう。なお，この第3号被保険者の問題は，すでに縮小方向の検討がなされていることは前述した通りである（注22参照）。

［2］ 参加型社会保障（ポジィティブ・ウエルフェア）

このような流れをくんで，厚生労働省は，2010年に公表した「厚生労働省の目標」において，今後は，社会保障の役割を再定義し，「参加型社会保障（ポジィティブ・ウェルフェア）」という概念の下で現状の政策課題に対応していくとしている。「参加型社会保障」とは，今までの消費型・保護型社会保障ではなく，機会の平等の保障だけでなく国民が自らの可能性を引き出し発揮することを支援すること，働き方や介護等の支援が必要になった場合の暮らし方について本人の自己決定を支援すること，社会的包摂（ソーシャル・インクルージョン）の考え方に立って労働市場，地域社会，家庭への参加を保障することを目指すものであるという。具体的には，年金保険制度に関しては，職業により差がない一元的な所得比例年金と最低保障年金により，職業や多様な働き方に対して公平かつ柔軟に対応したいとしている。

この新しい概念が，何事をも国民の自主性に委ね公的責任を回避する政策になるのではなく，ジェンダーの観点に配慮したよりよい政策になることを願っている。新しい社会保障の体系とは，まさに男女ともに社会や労働市場に参加し，ともに負担して支えるものでなければならない。そのためにも，男性単独稼働型核家族をモデルとして設計された年金保険と税制におけるジェンダー・ギャップを解消することが，まず肝要である。また，より女性の労働力率を上昇させるために，育児休業の期間をフィンランドなみに3年に延長して休業中の給与を少なくとも80％は補償し，休業取得後も前職に確実に復帰できる制度を構築することや待機児童問題を解決し，病児保育所および放課後児童クラブを増やすこと等が，早急の課題であろう。

［3］ 社会保障と税の一体改革と21世紀日本モデル

ところで，2012年5月に本書の初版を出版した後，同年12月に第2次安倍政

コラム

ウーマノミクス

　「ウーマノミクス」とは，「ウーマン」＋「エコノミクス」を合わせた造語である。1999年に，ゴールドマンサックス証券のキャシー松井氏が提唱した概念で，今，日本はもちろん全世界から注目を集めているキーワードの一つだ。

　直訳すれば「女性経済」になるが，その意味合いは「女性の労働力上昇は，少子高齢社会の諸問題を軽減し，日本経済の長期潜在成長力を押し上げる効果がある」というものである。つまりは，本章で取り上げた少子高齢社会における人口構造の変化がもたらす社会保障などの諸問題を解決する鍵になるのは，女性の労働力にあるというのだ。今後の日本の経済成長を支えるのは，女性の企画力であるともいわれている。

　例えば，某メーカーで大ヒットしたノンアルコールビールを開発したのは，女性社員だった。女性のユーザーにニーズ調査をした結果，「妊娠授乳期に飲めるおいしいビールがほしい」という声が多くあったことがきっかけで開発された商品だそうだ。この女性ユーザーのニーズを満たした女性社員が生み出した大ヒット商品は，メーカーに大きな利益をもたらした。

　キャシー松井氏は，2人目の子どもを妊娠中に「ウーマノミクス」という言葉を考えだし，レポートを発表している。本章でもふれた女性労働力率のM字カーブは，日本と韓国特有の特徴だ。松井氏は，仮に日本の女性労働参加率を先進国なみにもっていけたら，どのくらいの潜在成長率を押し上げられるかという分析を2006年に行っている。松井氏いわく「労働人口そのものが女性の参加で約260万人増えると経済成長率，潜在成長率が上がる」という。だが，本章でも唱えた「M字型カーブの底を上げること」は，容易なことではない。本章で述べたように国の子育て支援策をより充実させ，ワーク・ライフ・バランスを図るだけでなく，介護や子育てをアウトソーシングして新しい成長産業にすることも必要だと松井氏はいう。

　「ウーマノミクス」という言葉は，2011年1月にNHKの『クローズアップ現代』でも取り上げられ，大きな反響を呼んだ。しかし，この言葉，実は日本よりもシンガポールなどのアジア諸国で広く受け入れられているという。松井氏の次なる夢は，バングラディッシュに，南，西アジア，中東などのいわゆる教育の機会がない地域の女性を対象とする世界クラスの女子大をつくることだそうだ。それはノーベル平和賞を受賞したパキスタンの少女，マララ・ユスフザイさんの夢にも通ずる。

　次代の世界経済発展の鍵を握るのは女性であり，ここでもアジアが注目されているということの現れだろう。

（川島典子）

権が成立し，女性活用施策が経済再生を促す政策の核となって以降，育児休業中の給与補償は約2割も上がり7割弱まで補償されるに至った。また，育児休暇取得可能期間も3年まで延長することが議論され，「待機児童解消」への取り組みや「放課後児童クラブ」の充実も図られつつある。

　育児休暇の延長に関しては，3年も職場を離れる女性は採用したくないという企業の強い反発も考えられること等から現在は，保留事項となっている。しかし，安心して子育てと労働を両立できるようにするためには，早急に実現を目指すべきであり，1〜3年まで取得可能にする等，ある程度の幅をもたせる施策等が必要であろう。なおかつ，3年育児休暇を取得しても，解雇されたり無理矢理依願退職に追い込まれる等のパワーハラスメントを受けることなく，以前のポストに確実に戻ることができるような企業風土を培うべきである。

　また，同じく第2次安倍政権によって，2014年9月に提出された「女性活躍推進法案（女性の職業生活における活躍の推進に関する法律案）」は，残念ながら2014年末の衆議院解散直前に廃案になった。しかし，2015年度も継続審議の法案となっている。「女性活躍推進法案」は，積極的な女性の登用を促すために数値目標の設定と公表を義務化し，女性の昇進や採用の機会の確保に向けて，就業と家庭の両立が図れる環境整備を行うものである。

　具体的には，従業員が3000人を超える企業や国，地方自治体が，女性の管理職の割合や女性の採用比率等の数値目標を自主的に設定し，「行動計画」を策定して公表するよう義務づける施策である。なお，従業員3000人以下の企業については，以上の事項を努力義務としている。さらに，女性活躍の取り組みが優れた企業を国が認定し，事業入札で受注機会を増やす等の優遇策も盛り込んだ。ただし，国に虚偽の報告をした場合の罰則は定めているものの，数値目標を設定せずに公表しない企業への罰則規定は設けていない等の難点も残る。[43]

　2012年には，少子高齢化が招く社会保障制度の危機を乗り越えるために，消費税率を上げ，社会保障制度そのものを抜本改革する「社会保障と税の一体改革」が閣議決定された。この改革の慣行により，わが国の社会保障の構造は，にわかに変化したのである。すなわち，消費税率の引き上げ等を定めた税制抜本改革法，社会保障制度改革国民会議の設置を定めた社会保障制度改革推進法，

子ども・子育て支援関連3法案（「子ども・子育て支援法」等），年金関連2法案（「公的年金制度の財政基盤及び最低保障機能の強化等のための国民年金法等の一部を改正する法律」，「被用者年金制度の一元化等を図るための厚生年金保険法等の一部を改正する法律」）が，可決・成立した。

社会保障制度改革国民会議の報告書によれば，日本の社会保障制度は，「1970年代モデル」から「21世紀（2025年）日本モデル」へと変換させ，全世代型の社会保障への転換を目指すべきだとしている。つまり，2025年に，団塊の世代が一気に後期高齢者になっても持続可能な社会保障制度のシステム（21世紀日本モデル）を構築すべきだというわけである。そのためには，本章でも記述した男性が単独で働く核家族を基盤として設計された1970年代の社会保障モデルから脱却し，女性も男性とともに働く家族を想定した上で，社会保険料の負担を担う若い世代を産み育てやすくしなければならない。だからこそ，子育て支援策を充実させようというわけだ。

そこで，就労，結婚，妊娠，出産，育児等の各段階に応じた支援を切れ目なく行い，子育てに伴う喜びを実感しながら職業生活と家庭生活との両立を図ることができるよう，「子ども・子育て支援法に基づく保育緊急確保事業」，「子どものための教育・保育給付，地域子ども・子育て支援事業（待機児童解消加速化プランを含む）」，「社会的養護の充実（乳児院，児童養護施設等に入所する子どもの養育環境整備等）」の措置が講じられた。今まで，高齢者支援に偏りがちだったわが国の社会保障制度に，子育て支援の観点が盛り込まれたことは，大きな変化であるといえよう。

新しい子育て支援策では，妊娠・出産・子育ての希望が実現できる社会を目指し，妊婦健診の公費負担，妊娠・出産・人工中絶等に対する相談支援体制の整備，不妊治療に関する相談，ひとり親家庭に対する対策として生活保護の母子加算・父子家庭への児童扶養手当の支給等も行う。また，児童虐待の防止や，子どもの貧困および貧困の連鎖に対する施策，女性保護施策を推進する対策も講じている。

女性保護施策は，主に配偶者からの暴力（ドメスティックバイオレンス：DV）に対する相談・保護支援である。具体的には，被害者の一時保護や民間シェル

ターおよび母子生活支援施設への一時保護委託，婦人相談所における休日・夜間電話相談事業の実施と心理療法担当職員の配置と同相談所の夜間警備体制の強化および法的対応機能強化事業の実施，外国人被害者等を支援する専門通訳者養成研修事業の実施，ストーカー行為に対する相談支援等である。なお，2014年より「配偶者暴力防止法」が一部改正され，生活の本拠を共にする交際相手からの暴力（デート DV）にも，同法が適用されることになった。

また，保育サービスに関しては，「待機児童解消加速化プラン（注34参照）」を策定し，「幼稚園と保育園の良さを併せ持つ認定こども園の制度の改善・普及」や，「小規模保育や家庭的保育（保育ママ）等の充実」を図ろうともしている。2015年からは，一定の研修を受けた子育てが一段落した主婦等による「子育て支援員」制度もスタートさせた。さらに，「親同士の交流や相談の場（地域子育て支援拠点），子どもを一時的に預かってもらえる場（一時預り），保護者が就労等で昼間家にいない小学生の放課後の遊びや生活の場（放課後児童クラブ）の充実」も図っていることは前述した通りである。

企業に対する子ども・子育て支援に関しては，2104年に「次代の社会を担う子どもの健全な育成を図るための次世代育成支援対策推進法等の一部を改正する法律案」が成立し，子育てしやすい雇用環境の整備を行っている企業に対して，現行の認定制度（「くるみんマーク」）に加え，高い水準の取り組みを行う企業に対する新たな認定制度を創設している。

次に，公的年金制度に関しては，「遺族年金の支給対象を父子家庭へも拡大」し，老齢年金の「受給資格期間を25年から10年に短縮（消費税率10％の引き上げに伴い施行）」，等の措置が行われたことも，すでに本文中で述べた。さらに，厚生年金や健康保険に関しても，「短時間労働者に対する適用拡大」が講じられていることも前述の通りである。

医療保険に関しては，財源確保のために現在，特例的措置として70歳から74歳までの患者負担を1割としてきた措置を，2014年以降は，新たに70歳になる者から段階的に2割負担とする措置を行うという。また，2015年より，負担能力に応じた負担をしてもらうため，70歳未満の所得を細分化し，自己負担額をきめ細かく設定する。と同時に，保険料軽減判定所得基準も見直し，保険料の

軽減対象を500万人に拡大した。

　このように，高齢者も若者も健康で年齢にかかわりなく働くことができ，すべての人が持てる力を発揮できる社会を構築するために，社会保障制度によって環境整備を行う(44)ことは，女性も男性もともに輝いて生きることにつながる。

　だが，子育て支援策に今までにない予算を割くこの度の「社会保障と税の一体改革」によって何かが変わっていく予兆はあるものの，まだまだジェンダー・ギャップが解消されていない点も多々ある。女性も男性もともに手を携えて幸せな人生を送り，日本の将来を支えるために，今後のさらなる改革が望まれる。

注

(1)　社会保険方式とは，国民から徴収する保険料を主要財源として給付を行う方式である。

(2)　一人の女性が一生涯に出産する子どもの数を表し，その年次の15歳から49歳の女性の年齢別出生率を合計して算出する。1989年に1.57ショックと呼ばれる戦後最低の数値を示して以来，下がり続けている。人口が長期的，安定的に維持されるために必要な水準とされる数値は，2.07程度である。

(3)　内閣府（2014）6頁。

(4)　高齢化率が7％を超えた社会である「高齢化社会」から，高齢化率が14％を超えた「高齢社会」になるまで，日本は約24年しか要していないのに対し，イギリスが47年，フランスは115年，ドイツは40年と倍以上の月日を要している。

(5)　2005年現在の高齢化率は日本20.1％であったのに対し，中国7.6％，インド4.6％，インドネシア5.5％，フィリピン3.9％，韓国9.3％，シンガポール8.5％，タイ7.5％であった。

(6)　厚生労働省（2014）278頁。

(7)　スウェーデンとフィンランドでは就学前児童をもつ母親の約80％が就労している。

(8)　厚生労働省（2014）291頁。非正規雇用者全体の70.2％が女性。詳細は第3章を参照。

(9)　厚生労働省（2005）5頁。

(10)　終身雇用，年功賃金，企業別労働組合，新規学卒一括採用などが特徴の雇用体系。

(11)　M字型就労の詳細は第3章参照のこと。欧米諸国や北欧諸国の女性の労働形態は，台形型である。

(12)　藪長（2011）19-34頁。なお，配偶者控除は縮小方向にある（注22参照）。

(13)　内閣府男女共同参画局（2010）17-18頁。

(14)　自営業者などの第1号被保険者のみを対象とする独自給付。老齢基礎年金に上乗せされる任意加入の給付で，付加保険料（月額400円）を納付した第1号被保険者が，老齢基礎年金の受給権を取得したときに支給される。年金額は，200円×保険料納付月数。

⒂ 掛け金が個人ごとに明確に分離され，掛け金とその運用収益の合計額をもとに給付額が決定される年金。

⒃ 厚生年金基金は，厚生労働大臣の許可を受けて設立される特別の法人であり，老齢厚生年金の一部（物価スライド制と賃金スライドを除いた部分）を代行し，さらに独自の上乗せ給付を行う。給付に必要な掛け金は事業主から徴収され，事業主と加入者が負担する。厚生年金基金を設立している事業主は政府に対して代行給付に見合う厚生年金保険の保険料の給付を免除され，代行相当分を含め基金が支給する給付に要する掛け金を基金に給付する。

⒄ 川島（2011）108-110頁。厚生労働省（2014）359頁，364頁。

⒅ 萩原によれば，2003年時点平均月額は，国民年金で男性5万8189円に対し，女性4万7988円。厚生年金は，男性19万5840円に対し，女性11万418円である。男性の平均年金額に対する女性の平均年金額の比率は，国共済83.6％，地方共済83.5％，私学共済75.0％（2006年現在）。（萩原，2007，92頁）。

⒆ 藤井（1993）190頁。

⒇ 川島（2011）119頁。

㉑ 大沢（1993）18-21頁。

㉒ 男女ともに非正規雇用者が増大していること等を踏まえ，厚労省は，「非正規雇用者の厚生年金への加入拡大」を進める方針である。さらに，2014年11月7に行われた厚労省の社会保障審議会年金部会では，「第3号被保険者制度」について，将来的に縮小を目指すべきだとの意見が大勢を占めた。政府の経済財政諮問会議は，この問題も含め，女性の働き方に影響を与えている制度見直しに向けた議論を進めている。また，政府税制調査会は2014年11月7日の総会で，「配偶者控除」を見直し，夫婦であれば妻の年収を問わず夫の年収から一定額を控除する「夫婦控除」を創設する等の3案を示した。「夫婦控除」が新設されれば，現行の「配偶者控除」とは違い，控除の適用を受けるために女性が働く時間を制限する必要はなくなる。しかし，控除額や適用条件次第では負担増となる世帯も出てくる懸念もあり，継続して議論が行われているところである。（共同通信2014年11月5日，11月6日配信記事）。

㉓ 萩原（2005）183頁。埋橋・干・徐（2012）34頁。

㉔ 堀（2009）238頁。堀は，年金制度の枠内で育児支援行う具体的な方法として以下の3つをあげている。「①保険給付面での育児支援，②保険料負担面での育児支援，③年金積立金による育児支援」。

㉕ 堀（2009）235-236頁。冨士谷・伊藤（2014）84-119頁。

㉖ 内閣府（2014）28頁。

㉗ 川島（2011）113-116頁。

㉘ 岡本（2007）985頁。厚生労働省（2014）258項。

㉙ 内閣府（2010）87頁，厚生労働省（2014）258頁。

㉚ 川口章「働き方の男女格差と少子化」，冨士谷・伊藤（2014）39頁。

(31)　イクメンとは，育児を積極的にする男性のことである。

(32)　内閣府男女共同参画局（2014）15頁。

(33)　内閣府（2014）42頁。なお，「放課後児童クラブ」と「学童保育」は同意である。2013年，「放課後児童クラブ」は全国で2万1482カ所，登録児童数は88万9205人であった。「子ども・子育てビジョン」では数値目標として，2014年度末までに利用児童総数を111万人にする目標を掲げている。

(34)　2013年現在の待機児童数は2万2741人で，前年度よりも2084人減少しているものの2008年の1万9550人より増加しており，殊に低年齢児（0歳～2歳）の待機児童の割合が高い。国は，2002年より「待機児童0作戦」を，2009年からは「新待機児童0作戦」を推進し，「保育ママ」「一時預かり事業の拡大」「放課後児童対策」「事業所内保育所」（第5章コラム参照）等を始めた。2013年には「待機児童解消加速化プラン」を策定して，2013～2014年の2年間で約20万人分の保育の受け皿の確保を目指し，2017年度末までに約40万人分を確保することを目標にしている（内閣府（2014）37頁，50頁）。

(35)　岡本（2007）485頁。なお，児童手当受給可能年齢を超えた高校生への対策として，公立高校の授業料が2014年度入学者から無償になった（ただし年収910万程度以上の場合は要負担）。私立高校に関しては，公立高校の授業料相当の年額11万8800円が就学支援金として支給される（内閣府（2014）67頁）。

(36)　内閣府（2014）39-140頁。

(37)　高橋（1998）387-394頁。藤井・高橋（2007）9-55, 149-189頁。

(38)　近年，社会保障制度を持続可能なものにしていくために，それぞれの制度を自立型に改正していく傾向にあり，生活保護制度における母子家庭への支援である「母子加算」は2003年に一旦廃止された。その代わり，「母子家庭の母の就業の支援に関する特別措置法」が成立し，「子ども・子育て応援プラン」によって「母子家庭等就業・自立支援センター事業」が定められた。この事業は，母子家庭の就業相談，就業支援講習会の実施，就業情報の提供等，一貫した就業支援サービスを行うセンターを設置する事業で，全都道府県・指定都市に設置することが義務づけられており，2007年現在で99カ所が設置されている。保護するばかりではなく，母子家庭の母親に就労を促し，自立支援を図る事業である。

(39)　伊藤（2011）95頁。

(40)　配偶者に38万円を超える所得があるため配偶者特別控除の適用が受けられない時でも配偶者の所得金額に応じて，一定の金額の所得控除が受けられる。ただし，夫婦の間で互いに受け取ることはできない。

(41)　伊藤（2011）100-101頁。

(42)　堀（2009）419-420頁。

(43)　『産経新聞』2014年10月18日付，5面。

(44)　厚生労働省（2014）250-259頁。

引用文献

伊藤公雄（2011）「男性学・男性研究の視点からみた戦後日本社会とジェンダー」辻村みよ子編『ジェンダー社会科学の可能性　第3巻　壁を超える──政治と行政のジェンダー』岩波書店，95頁，100-101頁。

埋橋孝文・干洋・徐栄編（2012）『中国の弱者層と社会保障──「改革開放」の光と影』明石書店，34頁。

大沢真理（1993）「現代日本の社会保障と女性の自立」一番ケ瀬康子・大沢真理ほか編著『女性と社会保障』東京大学出版会，18-21頁。

岡本民夫ほか編（2007）『エンサイクロペディア社会福祉学』中央法規出版，485頁，985頁。

川島典子（2011）「社会保障制度の体系──年金，医療，介護，労災」成清美治ほか編著『社会保障』学文社，108-110頁，119頁，113-116頁。

川島典子（2013）「ソーシャル・キャピタルに着目した女性活用施策──フィンランドとノルウェーにおける女性支援施策の実態を通して」『日本ジェンダー研究　第16号』日本ジェンダー学会，30-32頁，33-35頁。

厚生労働省（2005）『厚生労働白書　平成17年版』5頁。

厚生労働省（2010）『厚生労働白書　平成22年版』175頁，193頁。

厚生労働省（2014）『厚生労働白書　平成26年版』250-259頁，278頁，291頁，359頁，364頁。

『産経新聞』2011年9月7日付。

高橋睦子（1998）「フィンランドの社会福祉」仲村優一ほか編『世界の社会福祉1　スウェーデン・フィンランド』旬報社，387-394頁。

高橋睦子（2007）「子育て支援と家族の変容──子どもの視点からの福祉社会の模索」『フィンランドの子育てと保育』明石書店，154頁。

内閣府（2009）『少子化社会白書　平成21年版』53頁，129-137頁。

内閣府（2014）『少子化社会対策白書　平成26年版』6頁，37頁，39-40頁，42頁，50頁。

内閣府男女共同参画局（2010）『男女共同参画白書　平成22年版』17-18頁。

内閣府男女共同参画局（2014）『男女共同参画白書　平成26年版』15頁，17-18頁。

内閣府（2010）『高齢社会白書　平成22年版』87頁。

内閣府（2014）『高齢社会白書　平成26年版』28頁。

萩原清子（2007）「社会保障における女性の立場」小田兼三ほか編著『人口減少時代の社会福祉学』ミネルヴァ書房，92頁。

萩原康生（2005）「アジアの社会福祉の歴史」岡本民夫ほか編著『社会福祉原論』ミネルヴァ書房，183頁。

藤井ニミエラみどり・高橋睦子（2007）『フィンランドの子育てと保育』明石書店，9-55頁，149-189頁。

藤井良治（1993）「女性の年金と自立」一番ケ瀬康子・大沢真理ほか編著『女性と社会保障』東京大学出版会，190頁。

冨士谷あつ子・伊藤公雄編（2014）『フランスに学ぶ男女共同の子育てと少子化抑止政策』

　明石書店，39頁，84-119頁。

堀勝洋（2009）『社会保障・社会福祉の原理・法・政策』ミネルヴァ書房，235-236頁，238
　頁，239頁。

藪長千乃（2011）「現代社会における社会保障制度の課題」成清美治ほか編著『社会保障』
　学文社，19-34頁。

（川島典子）

　　雇用問題におけるジェンダー

1　日本女性をめぐる状況

　日本は人間開発指数（HDI）では世界187カ国中17位に位置している（国連開発計画, 2014）。HDI は平均寿命，成人識字率，総就学率，1人当たりの国内総所得（GNI）に基づき計算されていることから，以前よりは順位を下げたとはいえ，日本人は比較的「豊かな」生活を送っていると考えられる。一方，国会議員に占める女性の割合，管理職に占める女性の割合，専門職に占める女性の割合，労働力率，識字率や健康寿命などに基づくジェンダーギャップ指数（GGI）においては，142カ国中104位であった（World Economic Forum, 2014）。通常，HDI が高い国ほど，GGI も高い傾向があるが，わが国は例外的に GGI が低い。GGI は主に政治経済に関する男女間の格差を表していることから，日本女性の社会進出は他国に後れをとっており，雇用や労働に関しても，特に大きな問題を抱えていると考えられる。

　本章では，まず日本の女性労働の特質について述べ，労働に関する法制度や雇用差別について概観する。また，特にわが国固有の問題であると思われるM字型労働力率の現状と要因について検討する。最後に，最近重要視されつつあるワーク・ライフ・バランスやファミリー・フレンドリー施策にも触れ，女性が働きやすい労働環境について考察する。

2　日本の女性労働の特質

　他の先進諸国と比較した場合の日本の女性労働の特質は以下の通りである。

1 男女の賃金格差の大きさ

厚生労働省の調査（2014）によれば，男性の平均賃金に対し女性賃金は71.3％であり，男女の賃金格差は先進諸国の中で極めて大きい。また，日本は年齢が高くなると男女間給与格差が大きくなるという際立った特徴がみられる。

このように男女の賃金格差が大きい要因として，女性にパートタイム労働者が多いことや男女間の職種や職階の違いがあげられるが，これらがすべての要因ではない。短時間労働者では女性の賃金は男性の92.0％であるが，正社員・正職員では74.0％であり，より男女差が大きい（厚生労働省，2013a）。企業の規模別にみると，大企業ほどフルタイム労働者の賃金格差は大きく，また，たとえ同じ年齢で入職し，同じ職種経験があったとしても，女性の給与は男性よりも低いという賃金体系が存在している（中田，2002）。したがって，日本の男女給与格差の本質はパートタイム労働者対正社員という雇用形態の差異や職種の差異に基づいているのではなく，正社員の男女間で明らかに賃金格差が存在していることにある。

女性の給与が男性よりも低く設定されている理由としては，世帯主である男性が家族全員を養うべきであるとする家族賃金思想や統計的差別[2]など多様な要因が指摘されているが，政府や企業のトップなど具体的に賃金決定をする場に女性が少ないことも要因の一つではないかと考えられる。

2 M字型労働力率

日本女性の労働力率は，1960年頃までは比較的高い水準を示しており，アメリカ，イギリス，スウェーデンなど他の先進諸国に比べても明らかに高水準であった。しかし，その後，日本女性の労働力率はわずかしか上昇せず，現在では他の先進諸国よりも低水準であり，国内では80年代以降女性の社会進出が進んだといわれてきたが，他の国と比較すると，あまり進んでいない。

年齢別では，30～35歳の女性の労働力率が急激に減少し，M字型曲線を描くことがよく知られているが，1975年と2013年の『労働力調査長期時系列データ』を比較してみると，75年時点では25～29歳が谷になっているのに対し，2013年では30代が谷になっている。また谷の部分の底が上昇しており，20～30

図3-1　女性の年齢階級別労働力率

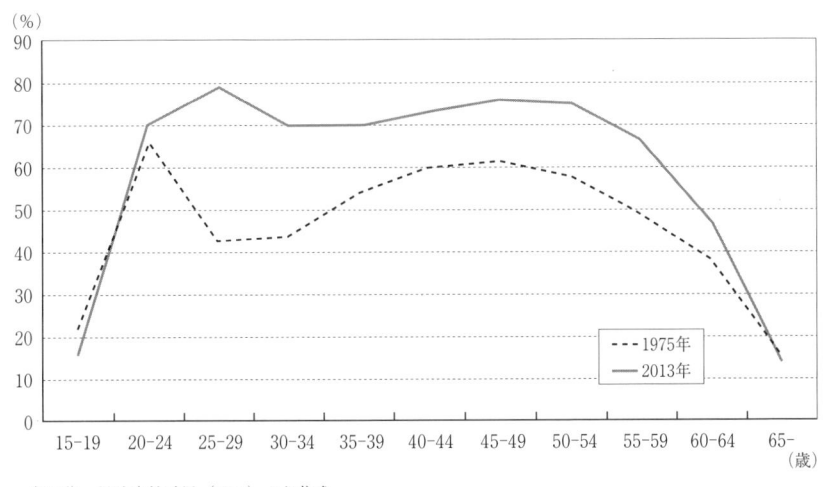

(出所)　総務省統計局 (2014) より作成。

代の女性の労働力が大幅に増加している (図3-1参照)。しかし, 末子年齢別にみると, 未就学児のいる女性の労働力率はほとんど増加しておらず, 労働力増加の背景には未婚・非婚者の増加や少子化の影響があることが考えられる。M字型労働力率に関わるより詳細なデータやその背景にある要因については, 第5節で詳述する。

3 性別職務分離の大きさ

　男女別の割合をみると, 女性割合の高い職業は事務職とサービス業であり, 男性割合の高い職業は生産・労務作業, 運輸・通信業, 保安, 管理的職業である (総務省統計局, 2013)。特に管理的職業で働く女性は極端に少ない。また企業規模に関しては, 男性に比べ女性は中小規模企業で働く割合が高い。以上のように, 職種によって男女比率は異なり, 女性が集中している職業の労働条件は一般に劣っている傾向がみられる。例えば, 専門職であっても, 近年は男性の就業割合も少しずつ増加していはいるが, 看護師や保育士のような女性職といわれる職業は低い格づけである。

　また女性の就業分野には, 若年層では大企業・事務職比率が高いが, 中高年

層では中小企業・サービス・製造職比率が高いという特徴があり，出産・育児期を中心とする中断期をはさんで，若年層と中高年層で仕事の質が大きく異なる（武石，2009a）。従来，年功序列型雇用制度が一般的であった日本社会では，一度離職すると，再雇用の際，評価が下がるという傾向がみられるが，特に女性の場合は，再就業の際，男性以上に評価が下がり，正規雇用されることは難しくなり，また希望職種に就業することも難しいと考えられる。

［ 4 ］ 女性の非正規雇用者比率の高さ・女性パートタイム労働の独特さ

雇用者に占める非正規雇用者の割合は，男性は22.1％に対し女性は57.5％となっており，女性は非正規雇用者の方が多い。また，非正規雇用者の70.2％が女性であり，依然として女性，特に中高年女性の非正規雇用者比率は高い（総務省統計局，2013）。

日本のパートタイム労働者の特徴は，必ずしも短時間労働者にあるわけではなく，勤務時間もほぼ正社員並みの「疑似パート」が多数存在していることである（竹中，2004；中囿，1999；本田，2010）。また正社員との賃金格差も大きく，単なる「短時間労働者」というより独特な存在であると考えられる。

その上，昨今の経済状況を反映し，パートタイム労働者をめぐる状況はより厳しいものになっている。厚生労働省の実態調査（1995，2001）によれば，パートタイム雇用で働く理由として「家計補助」型が最多であるのは変わりがないが（95年は53.5％，01年は53.1％），「生活維持」型が増えている（95年は33.8％，01年は47.3％）。また「余暇時間を利用するため」は減少した（95年は27.0％，01年は22.9％）。本来，パートタイム労働者は残業の義務は負っていないはずだが，「残業」[3]した女性パートは29.7％，その平均残業時間は 1 カ月で9.3時間であることが報告されている（厚生労働省，2006a）。

このように，以前は「余暇を有効に使いたい」，「自分のおこづかいがほしい」などの理由で働いていた主婦パートが，1990年代以降は正社員並みの働きを求められ「基幹化」されるようになった（本田，2010）。実際，これまで短大卒・高卒女性の正社員が担っていた仕事が，低処遇の非正社員によって代替されるようになるという例も多くみられる（木本，2008）。パートタイム労働者の

低賃金については，合理的な説明はできないので，女性であるパートタイム労働者の「身分」が低賃金の理由であるとしか考えられない（中囿，1999）。つまり，労働時間などの労働条件や職務内容が必ずしも低賃金の理由であるとはいえない現状がみられるということである。

　パートタイム労働者がおかれている過酷な状況は職務に関することだけではない。労働政策研究・研修機構の調査（2006）によれば，夫婦間の家事・育児の分担状況は，妻が正社員の場合，「夫婦で平等に分担する」と「夫が担当する」を合わせると32.1％にのぼり，「妻が担当する」は37.7％であった。これに対し，非正社員の場合は，「夫婦平等・夫担当」はわずか14.6％，「妻担当」では70.7％であった。専業主婦の場合は，「夫婦平等・夫担当」は11.0％，「妻担当」では83.3％となっており，パートタイムとはいえ働いているにもかかわらず，専業主婦の場合とあまり変わらない。おそらく夫の側に「パートタイマーだから一人前の労働者とはいえない」，「それほど大変ではないはずだ」などの先入観があり，それが妻の負担を一層重くしていると考えられる。そのような状況を反映してか，パートタイム労働者は，フルタイム労働者や専業主婦に比べ，自分の生活や夫婦関係に満足していないようである。例えば，平山・柏木（2005）が実施した調査によれば，世代にかかわらず，①フルタイム群は「個人としての自己実現」をより強く感じており，「調和的な夫婦関係」をもっており，生き方満足度が有意に高い。②専業主婦群は「調和的な夫婦関係」はもっているが，「個人としての自己実現」はあまり感じていない。③パートタイム群は「個人としての自己実現」，「調和的な夫婦関係」ともに低いという結果がみられた。

　パートタイム労働者の問題は，女性の雇用問題の中でもより大きなウェイトを占めつつあり，状況も深刻化しているので，早急な改善対策が求められる。2008年4月パートタイム労働法が改正され，通常の労働者と同視すべき短時間労働者に対する差別的取り扱いを禁止するとともに，通常の労働者への転換を推進するための措置が企業に義務づけられた。2011年に実施された『パートタイム労働者総合実態調査』によれば，「不満・不安がある」と回答した割合は54.9％と，2006年調査時の63.9％より減少している（厚生労働省，2012）。また

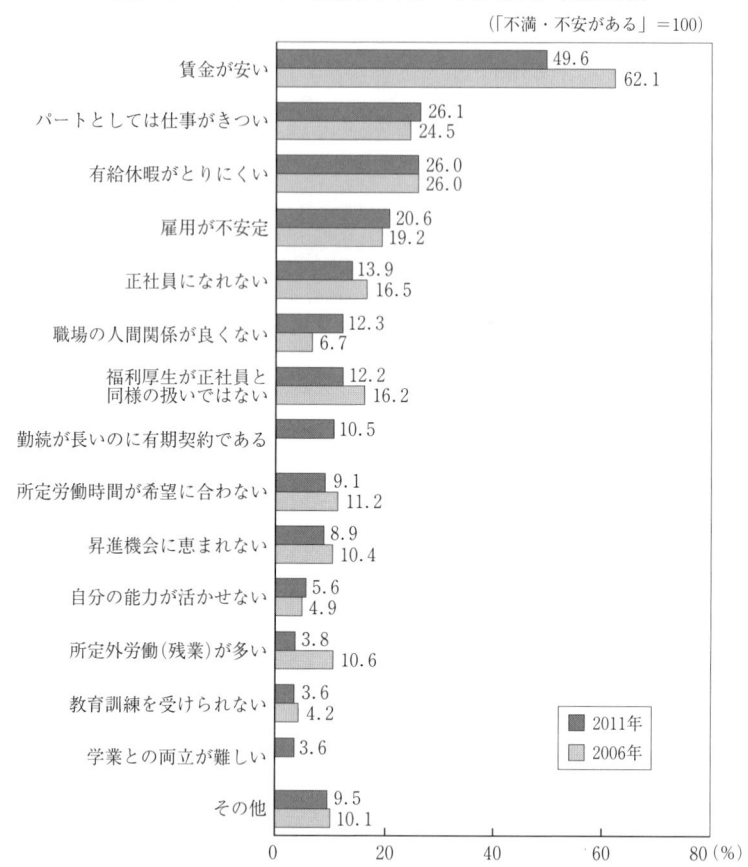

図3-2　パートタイム労働者の不満・不安の内容（複数回答）

（「不満・不安がある」＝100）

項目	2011年	2006年
賃金が安い	49.6	62.1
パートとしては仕事がきつい	26.1	24.5
有給休暇がとりにくい	26.0	26.0
雇用が不安定	20.6	19.2
正社員になれない	13.9	16.5
職場の人間関係が良くない	12.3	6.7
福利厚生が正社員と同様の扱いではない	12.2	16.2
勤続が長いのに有期契約である	10.5	
所定労働時間が希望に合わない	9.1	11.2
昇進機会に恵まれない	8.9	10.4
自分の能力が活かせない	5.6	4.9
所定外労働（残業）が多い	3.8	10.6
教育訓練を受けられない	3.6	4.2
学業との両立が難しい	3.6	
その他	9.5	10.1

（注）1：2006年は「勤続が長いのに有期契約である」及び「学業との両立が難しい」について
調査をしていない。
2：2011年の「職場の人間関係が良くない」は，2006年では「正社員との間の人間関係が
良くない」として調査している。
（出所）厚生労働省（2012）第5-2図。

不満・不安の内容を見ると，「賃金が安い」や「正社員になれない」は低下しており待遇の改善が見られるが，「パートとしては仕事がきつい」や「職場の人間関係が良くない」は上昇しており，労働環境が以前より過酷になっているとも考えられる（図3-2）。2014年改正パートタイム労働法（2015年4月施行）では，差別的取扱いが禁止される労働者の範囲が拡大されている。

⑤ 高学歴女性の労働力率の低さ

25〜64歳の女性の労働力率は，OECD 加盟国において，女性全体で65.1％，大学・大学院卒女性で79.9％であるが，日本は女性全体で63.3％，大学・大学院卒女性では66.9％である（OECD, 2010）。多くの国では，高学歴を身につけた人ほど働き続ける傾向が強いが，日本ではそのような傾向がみられない。また，かつて日本では，大学・大学院卒女性は卒業後すぐの有業率は高いものの，結婚や出産，育児を機に早期に労働市場から退出したまま，その後も復帰しないという特徴があった。しかし，現在では学歴による顕著な違いは見られなくなってきている（厚生労働省, 2009）。

3　女性雇用に関する法制度

① 男女雇用機会均等法

1972年に成立し施行された「勤労婦人福祉法」は，女性の地位向上を求める国際的な動きを背景に，1985年に全面的に改正され，「男女雇用機会均等法（以下，均等法）」となり，1986年4月から施行されることになった。この法律では，募集・採用，配置・昇進についての女性差別や妊娠・出産を理由とする解雇が，努力義務として禁止された。ただし，同法の基本理念は，女性労働者の職業能力の開発・促進，再就職支援など，女性労働者の福祉の増進を図ることを目的としていたため，全体として差別禁止法というよりは，むしろ女性労働者福祉法としての性格を色濃く残したものであった（奥山, 2009）。

1997年に均等法が改正され（99年施行），募集・採用，配置・昇進の男女差別が禁止規定になり，賃金差別の禁止規定と合わせて，ようやく雇用に関するあらゆる面での男女差別を禁止する法律が整備されたことになる（浅倉, 2004）。改正均等法の意義としては以下の点があげられる。①募集・採用，配置・昇進における差別的取り扱いが，「努力義務」から「禁止」へと強化された。②紛争の調停開始に当たり，紛争当事者の一方申請を認め，申請したことによる不利益扱いを禁止した。[4]③企業の積極的差別是正措置（ポジティブ・アクション[5]）に対して，国による援助が規定された。④セクシュアル・ハラスメント防止の

ために，事業主の配慮義務が規定された。⑤妊娠中・出産後の女性労働者の健康管理措置が，義務規定に改正された。ただし，この改正は女性に限定して差別を禁止したものであり，男女両性に対する差別の禁止という規定にはなっていないことと，間接差別禁止の規定がないことが問題点として残された。そこで，2006年，均等法は再び改正された（2007年施行）。この改正では，男女双方に対する差別が禁止されるとともに，採用時に合理的な理由なしに転勤要件を設けるといった間接差別の禁止など性差別禁止の範囲が拡大され，2014年には採用時だけでなく，全労働者を対象に，昇進や職種変更でも転勤の可否を条件とすることを禁じた。それ以外に，妊娠・出産などを理由の解雇禁止が強化され，その他の不利益な取り扱いが禁止された。また，男女労働者に対するセクシュアル・ハラスメントの防止対策が強化された。これにより，雇用における性差別の禁止に関する法律としては，欧米諸国のそれと遜色のない法的枠組みと内容を構築することができたと考えられる（奥山，2009）。しかし2012年日本労働組合総連合会の調査時点でもセクシュアル・ハラスメントで被害を受けたとする者の割合は女性雇用者全体の17.0％あり，さらに妊娠・出産を機に配置転換などの嫌がらせを受けるマタニティ・ハラスメントが新たに問題になるなど，さらなる遵法意識が求められている。

　女性雇用者（パートタイムを除く）の平均勤続年数は，1992年の7.4年から2012年には8.9年へと1.5年伸びている（厚生労働省，1992；2013a）。この結果をみる限り，均等法は一定の効果を上げているといえるだろう。ただ，前述したように，M字型就労の傾向は消えることはなく，依然として結婚・出産を機会に退職する女性は多い。女性労働者を支援する法的枠組みが強化されたにもかかわらず，それが十分な成果を上げていない背景には，実際には制度が有効に機能していない，または利用しづらいことが考えられる。今後は各企業の運用面の改善にまで踏み込んだ対策や法的強化が必要になるであろう。

2 労働基準法の改正

　均等法が改正され，雇用面における男女平等が確保されるに至り，労働基準法の女性保護規定も1998年に改正された（99年施行）。この改正は，女性の妊

娠・出産に関する母性保護に対しては一層の充実を図る一方，その他の一般女性保護は，男女に平等に機会を与えるという観点から，基本的には解消しようという意図でなされたものであった。これにより，女性の時間外と休日労働および深夜業の規制が撤廃された。また時間外労働については，これまでの年間上限150時間から，男女同一基準の年間上限360時間に引き上げられた。ただし，育児・介護休業法の改正により，小学校就学前の子どもの育児や介護を行う労働者に対しては，深夜業制限の制度が導入された。また，多胎妊娠の産前休業が10週から14週に拡大された。それ以外には，裁量労働制の拡大や変形労働制の規定の拡大など，いくつかの規制緩和が行われた。年間上限360時間というのは，国際的にみても格段に多く，「ワーク・ライフ・バランス」や「ワーク・シェアリング」などへの流れとは正反対である。従来の男性基準を変えないままで女性の労働条件を男性並みにし，男性基準に女性を同一化させたことは明らかに世界の流れに逆行したものと受けとめられている（竹中，2004）。

4　女性の雇用にまつわる差別

　日本女性たちの多くは，ジェンダーによる性差別を背景に，短い勤続，定型的または補助的な仕事，低賃金という3要因が連動する職場の中で働き続けてきた（熊沢，2000）。雇用にまつわる差別は多様であるが，ここでは採用差別と昇進差別の現状に関するデータを検討する。

1 ）採用差別
　コース別雇用管理は，均等法施行の際に大企業を中心に導入され，現在では多くの企業が採用している。女性雇用に関する調査によれば，コース別雇用管理制度導入企業割合は，5000人以上規模企業で46.8％，1000〜4999人規模で44.5％，300〜999人規模で31.7％，100〜299人規模で17.5％，30〜99人規模で7.5％であり，企業規模が大きい場合，半数の企業が，いわゆる総合職，一般職というコース別雇用管理制度をもつ（厚生労働省，2013b）。全国転勤ありの総合職にほとんど男性を採用している企業は72.0％（転勤なしの場合は56.8％）で

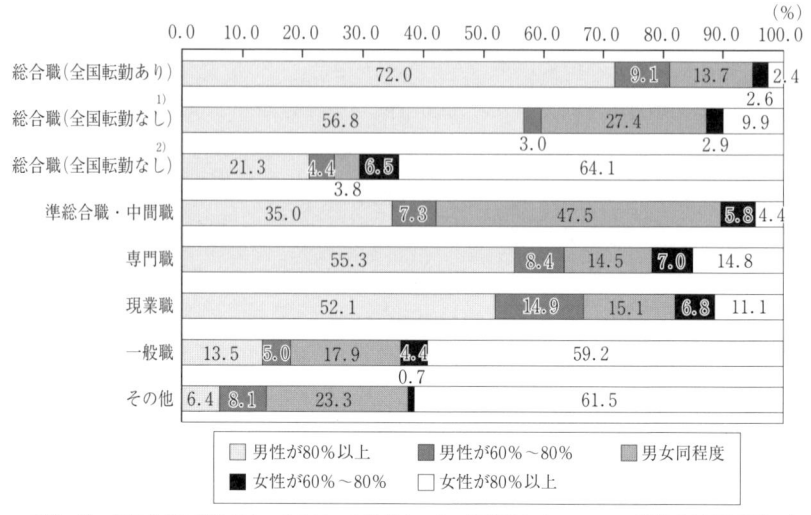

図3-3 コースの種類, コース別雇用管理制度のある企業における採用状況別企業割合

(注) 1) 転居を伴う転勤がないまたは一定地域内のみの転勤があるコースで, 処遇は全国的規模の転勤のあるコースに相当。
　　　 2) 転居を伴う転勤がないまたは一定地域内のみの転勤があるコースで, 処遇は全国的規模の転勤のあるコースとは別に規定。
(出所) 厚生労働省 (2013b) 図9。

ある一方, 一般職にほとんど女性を採用している企業は59.2％にのぼる。また, 現業職にほとんど男性を採用している企業は52.1％, ほとんど男性の専門職を設定している企業は55.3％であった (図3-3参照)。たとえ「男女とも採用」と公表していたとしても, 実際の総合職の女性採用割合は極めて低い。コース別雇用管理制度導入企業129社において, 総合職女性の割合は5.6％にすぎず, 2005年の5.1％からあまり変化していない (厚生労働省, 2005；2011)。また, 総合職に占める女性の割合が1割以下である企業が80.3％を占め, 5割を超える企業はわずか1.6％であるが, 2008年時点では3割を超える企業はなかったので, わずかではあるが女性総合職は増えていると考えられる (厚生労働省, 2008；2011)。しかし, 総合職採用者に占める女性の割合は2008年では16.9％であったが, 2011年では11.6％に減っている。

　以上のように, コース別雇用管理制度は性別雇用管理として機能している部分が大きいので, 「間接差別」に当たるとして問題視されており, 男女間賃金

図3-4 就業者及び管理的職業従事者における女性割合

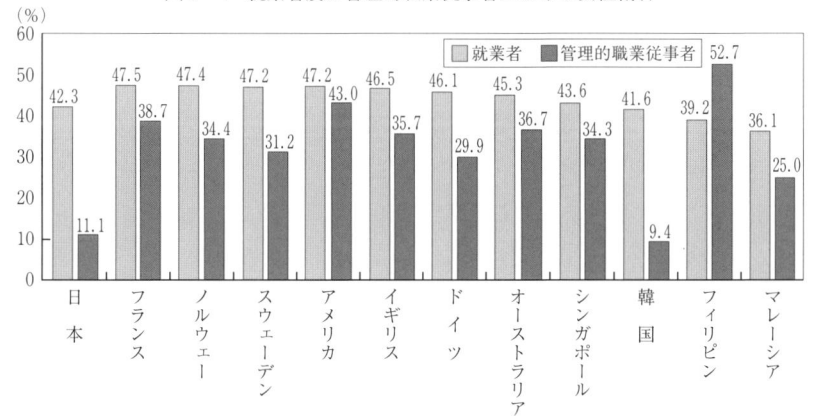

（注） 1：総務省（2012）「労働力調査（基本集計）」，独立行政法人労働政策研究・研修機構「データ
　　　　　ブック国際労働比較2012」より作成。
　　　2：日本は2012年，オーストラリアは2008年，その他の国は2010年のデータ。
　　　3：総務省「労働力調査」では，「管理的職業従事者」とは，就業者のうち，会社役員，企業の
　　　　　課長相当数以上，管理的公務員等をいう。「管理的就業従事者」の定義は国によって異なる。
　　　4：総務省「労働力調査」では，2012年1月結果から，算出の基礎となる人口が2012年国勢調
　　　　　査の確定人口に基づく推計人口（新基準）に切り替えられている。
（出所）　内閣府男女共同参画局（2013）第1-特-3図。

格差の一因になっているともいわれている。

② 昇進差別

　厚生労働省の調査（2013b）によれば，企業規模10人以上の民間企業におけ
る管理職の女性割合は，係長12.7％，課長6.0％，部長3.6％である。以前より
増えてはいるが，依然として少数であり，役職が上がるほど女性割合が減少し
ている。また，女性管理職を有する企業の割合をみると，係長レベルで35.2％，
課長レベルで28.6％，部長レベルで12.9％である。未だ女性は職場で影響力の
ある地位についていないといえる。

　他国との比較では，管理職に占める女性の比率は，日本では11.1％であり，
これは30～40％に達している欧米先進諸国より低いだけでなく，フィリピン，マ
レーシア，シンガポールなどのアジア諸国よりも低水準となっている（図3-4）。
　また，女性管理職全体の人数は増えているのに，女性管理職を有する企業の

割合は全く増えていないことが報告されており，もともと女性管理職のいた企業ではさらに女性の登用を進めようと人数を増やしているのに対し，これまで女性管理職のいなかった企業では新たに登用しようという動きがみられず，企業の二極化が進んでいるのではないかという分析がなされている（樋口，2007）。

　女性管理職が少ない理由として（複数回答），「必要な知識や経験，判断力等を有する女性がいない」とする企業が46.9％と最も高く，次いで「勤続年数が短く，管理職になるまでに退職する」30.9％，「将来管理職に就く可能性のある女性はいるが，現在，管理職に就くまでの在職年数を満たしている者はいない」29.7％となっており（厚生労働省，2006b），いずれも女性の経験不足を問題にしている。しかし，2010年の調査では，「女性の活躍を推進する上で問題点はない」と回答した企業は30.6％にのぼり，また「女性の勤続年数が平均的に短い」を問題点としてあげた企業は24.6％と，女性の経験不足を問題にする傾向は減少していた（厚生労働省，2010a）。一方，「家庭責任を考慮する必要がある」（42.1％），「時間外労働，深夜労働をさせにくい」（29.8％）という回答もみられ，依然として「女性は使いにくい」と考えている企業も多い。また2012年の調査では，ポジティブ・アクションに取り組まない理由として「既に女性は十分に活躍していると思うため」をあげた企業が47.6％と最も多かった（厚生労働省，2013b）。2014年11月，女性活躍推進法案は衆議院で廃案になったが，それでも政府は引き続き，女性支援政策を推進するとしている。この政策が，真の意味で，女性の活躍や幸福をめざしているのか，男女ともに働きやすい社会の実現を目標としているのかについて，注意深く見守っていく必要があろう（コラム「ダイバーシティと女性管理職の登用」参照）。

5　M字型労働力率の背景

［1］子どもをもつ女性の現状

　2010年の調査では，1985〜89年に出産した女性の就業継続率は24％，2005〜2009年出産の場合26.8％であり，あまり増加していない（国立社会保障・人口問題研究所，2010）。厚生労働省が実施した縦断調査では，第1子出産半年後に就

コラム

ダイバーシティと女性管理職の登用

　日本の管理的職業従事者に占める女性の割合は，いまだ11.1％でしかない。

　内訳は，国の審議会の女性委員34.1％，地方公共団体の審議会29.8％，専門委員20.1％で，公務員は国家公務員3.0％，都道府県公務員6.8％，政令指定都市11.3％，市区12.4％，町村11.4％，企業の課長級6.0％，部長以上3.6％である。

　ノルウェーでは，企業の女性管理職の割合を4割以上にする法律を施行しており，国営企業に限って言えば，女性管理職の割合は40％を超えている。

　日本政府も，「2020年までに指導的地位に占める女性の割合を30％にする」という目標をたてた。東京証券取引所では，女性役員数を企業統治報告書（コーポレート・ガバナンス）に記載することを上場企業に促し，HPで公開する予定だ。安倍政権成立以降，女性の就業者数は約53万人増加した。

　たとえば，9割が女性社員のN生命保険では，課長級以上の女性管理職を2014年現在の2割増しにすることを決めている。2013年度ファミリー・フレンドリー企業部門厚生労働大臣優良賞を受賞したMY生命も2017年をめどに，内勤女性の管理職比率を現在の1割弱から2割に引き上げるという。D生命保険では，すでに18％が女性管理職であり，S生命でも女性管理職の割合は16％だ。

　2012年には，当時の野田総理の肝入りで，「女性の活躍促進による経済活性化行動計画～働くなでしこ大作戦～」も策定された。この行動計画の具体的施策は，①女性の活躍促進状況の「見える化」総合プランの策定，②女性の活躍など人材の多様性を活かす経営（そのためのワークライフバランスの推進）に取り組む企業の表彰制度の創設（「ダイバーシティ経営企業100選」），③女性の起業・創業促進のための具体的施策の推進，④主婦向けインターンシップ事業の推進，である。

　ところで，企業戦略の一環としての「ダイバーシティ（多様性）」とは，女性や外国人などの多様な人材を登用し活用することを指す。経済産業省の「ダイバーシティと女性活躍の推進～グローバル化時代の人材戦略報告書～」（2012年）によれば，ポジティブアクションに取り組む企業は，全体ではまだ21.6％であるものの，従業員5000人以上の企業では4社に3社が取り組んでいるという。

　過去5年間で女性管理職の比率が大幅に増えた企業では，経常利益が高くなり，株式市場での評価も高まる傾向にあったと同報告書には記載されている。ダイバーシティと女性管理職登用の推進に寄せられる各界の期待は大きい。

参考文献・資料
内閣府男女共同参画局（2014）『男女共同参画白書平成26年版』41頁／経済産業省HP各局主要政策／『産経新聞』2014年7月14日3面／NHK時論公論2014年5月16日「アベノミクスとウーマノミクス」

（川島典子）

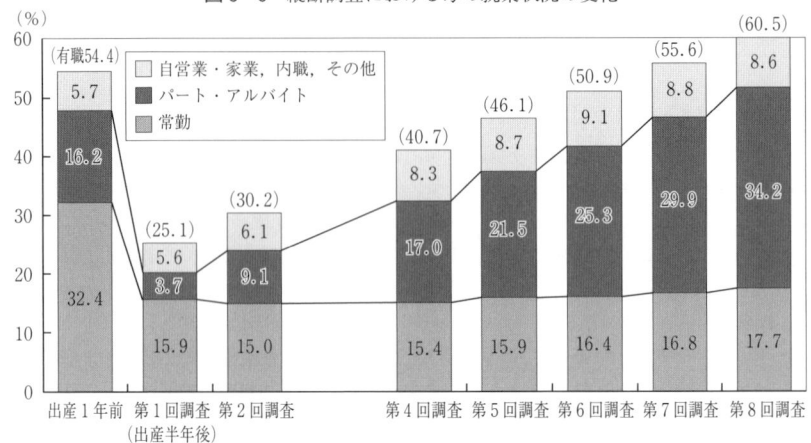

図3-5 縦断調査における母の就業状況の変化

(注) 1：母と同居している，第1回調査から第8回調査まで回答を得た者（総数3万1920）を集計。
   2：第3回調査は母の就業状況を調査していない。
   3：「常勤」は「勤め（常勤）」，「パート・アルバイト」は「勤め（パート・アルバイト）」である。
(出所) 厚生労働省（2010b）図3。

業している女性は25.1％であったが，8年後には60.5％の女性が何らかの形で働いていることが報告されている（厚生労働省，2010b）。ただしその内訳をみると，常勤の割合は変化せず，パート・アルバイトが増加している（図3-5参照）。これらのデータから，家事・育児と仕事の両立がいかに困難であるか，また，一度退職すると希望しても再就業するのは容易ではないことが読み取れる。

2 就業継続の要因

①女性を取り巻く状況要因

女性が就業を継続する，あるいは，離職する要因については，多くの調査・研究が実施されている。1982〜2002年の「就業構造基本調査」のデータに基づき分析を実施した武石（2009a）は，全国規模では，親が同居していること，夫が自営であること，夫の年収が低いこと，夫の労働時間が短いこと，女性本人の学歴が高いことが，女性の有業率を高める要因として抽出されたことを報告している。

　全国的なパネル調査の分析結果[10]（樋口，2007；2009）では，妻の勤め先が大企業であるほど，さらには民間企業より官公庁のほうが，また妻本人の労働時間が短いほうが妻の離職率は低いことが報告されており，妻の就労状況や職場の就労継続支援制度の充実度が就労継続に影響を与えていることが示された。この調査でも，親と同居，あるいは準同居[11]している世帯のほうが，妻の離職率は低いことが明らかにされており，公的サポートの少ない現在の日本において，親のサポートがいかに重要であるかがわかる。[12]

　また経済状況との関連では，出産後2年目で正規雇用を続けている人は，均等法成立前の20.5％から均等法成立後は33.0％に上昇していたが，バブル崩壊後には27.9％に低下し，無業者が増加したことが報告されている（樋口，2007；2009）。これらの結果から，失業率の変化も再就職率に影響を与えていることがわかり，失業率が約3％上昇すると均等法の影響は相殺されてしまうと警告されている。また夫や夫の親の就労に対する考えや，女性自身の母親の就労意識なども影響を与えており，多様な要因が女性の就労継続・退職に関わっていることが示唆されている。

　②女性の就業意識

　周囲のサポートや就労状況だけでなく，女性本人の就業意識が就労継続にとって重要な要因であることを指摘した研究もある（小坂・柏木，2007；武石，2009b；冨田・脇坂，1999）。これらの研究結果には，女性自身の現在の就労や子育てに対する意識のみならず，卒業して働き始めたときにもっていたキャリアプラン（将来働き続けるかどうか）が，その後のライフコースに影響することが示されている。そのため，就業を継続するためには，あるいは，自分のキャリアに対して満足感をもつためには，若い女性に自分のキャリアや将来について主体的に考える機会を与えることが重要であると考えられる。また，女子大生を対象にした調査によれば，彼女らの金銭感覚は非現実的であり，将来のパートナーに経済的に依存する傾向が見られたが，同時に，キャリア教育の影響で考え方や態度が変化するという結果も示された（Nishio & Matsunami, 2012）。さらに，将来，仕事を退職・中断するか継続するかには「経済的自立心」が関連していることも示唆されているため（松並・西尾，2013），若い女性を対象に，

経済や金銭教育を含むキャリア教育を実践する必要があると考えられる。

　3 　非正規雇用を選択する要因

　女性のライフプランニングに関する調査（内閣府男女共同参画局，2007）によれば，子どもが3歳以下の時期は「働きたくない」という女性も多いが，子どもが小学生になると9割以上の女性がなんらかの就業を希望している。だが現実には，子どもが大きくなっても働いていない女性も多い。また働いている女性は「パート・アルバイト」が主であり，その傾向は子どもの年齢が高くなっても変わらない。その背景としては，夫の労働時間が長すぎるために妻が一人で家事・育児を負担しなければならないことと，妻自身が正規雇用になった場合に予測される勤務時間の長さが影響していると考えられる。

　実際，共稼ぎの夫妻では，平日の夫の収入労働時間は9.33時間であるのに対し，妻は5.55時間，夫の家事労働は0.19時間に対し，妻は4.02時間であると報告されている（総務省統計局，2006）。また，平日の午後8時に仕事をしている者の比率は，独身男性の4人に1人，独身女性の5人に1人であり，未就学児がいる家庭では，父親の3人に1人が午後8時に仕事をしている。一方，なんらかの仕事をもつ母親の割合はいまや8割近くを占めてはいるが，末子が高校生になっても，大多数は午後8時には仕事をしておらず，家事・育児が母親のみに負わされているという現実が浮き彫りになっている。このような状況で正規雇用者として働く場合，女性でも残業は当然であり，企業へのコミットメントを求める働き方を要求されるため，出産後は，出産前のようには働けないと思う女性が多いと考えられる（永瀬，2008）。

　川口（2008）は，企業が正規雇用者を拘束する程度が強く，保育所などの家事・育児代替サービスが充実していない社会では，夫婦の一方が家事労働に専念する必要があるため，性別分業が発生しやすいと分析している。したがって，企業が正規雇用者の自由度を高めるとともに，ワーク・ライフ・バランスを重視した雇用制度を導入することや，社会が育児・介護に関わるインフラを整えることが重要である。社会全体が各企業を巻き込み変革することで，男性はワークだけでなくライフをも大切にする人間らしい生活を送ることができ，女

性は一人で家事・育児を負担することなく，男性と同等の就労環境を得ることができるであろう。

6　女性も男性も働きやすい社会の実現に向けて

1　社会・企業の施策

　昨今，ワーク・ライフ・バランス施策やファミリー・フレンドリー施策などの両立支援策や雇用機会均等施策などを企業理念や雇用制度に取り入れている企業が増えている。

　①仕事と家庭の両立支援策（ワーク・ライフ・バランス施策，ファミリー・フレンドリー施策）

　ワーク・ライフ・バランスに関する調査（内閣府男女共同参画局，2006）によれば，「家族と過ごす時間を増やしたい」と考えているのは，男女ともに有業者の60〜70％であり，この割合は男性のほうが高い。また，有配偶の就業者では，仕事・家事・プライベートを両立していると考える人のほうが，仕事への意欲が高い。この調査結果をみても，現代は男女ともに仕事以外のプライベートな時間や家族との生活を重要視する傾向が強まっていることがわかる。また，ワーク・ライフ・バランス施策を導入することにより，従業員の満足度が上がり，ひいては企業の業績にもよい影響を与えるなど，効果についての検証も多数行われている。

　例えば，海外での研究では以下のようなものが報告されている。Dex and Scheibl（1999）は，ファミリー・フレンドリー施策の実施は企業へのメリットが大きく，(1)欠勤や病気の減少，(2)従業員の定着率の上昇，(3)モラールやモティベーションを高めることによる生産性の増加，(4)従業員の定着による訓練費用の投資効率の上昇，(5)従業員を大事にする会社という企業イメージの向上，(6)入社志望者の質の向上，(7)貴重な知識をもつ人材の流出の防止等，の効果があることを指摘している。Perry-Smith and Blum（2000）は，仕事と家庭の両立支援策をより広範に実施している企業のほうが，組織としての業績，市場における業績，売上利益成長において，より高い実績を示していることを報告し

ている。また，Kosek and Ozeki（1998）は，多くの研究をメタ分析した結果，仕事と家庭の両立葛藤（ワーク・ファミリー・コンフリクト）は仕事の満足度を減少させる傾向があるが，女性に特にその傾向が顕著であることを示唆している。さらに，Eaton（2003）は両立支援制度の一つであるフレックスタイム制度は企業へのコミットメントを高め，生産性を高めるが，制度の存在以上に，制度が実際に使用可能であると認知されていることが重要であるとしている。国内においては，両立支援制度を充実させている企業では，質・量の両面で必要な人材を確保できる割合が高く，応募者が減少することを抑制する可能性があることが報告されている（武石，2008）。また女性社員の定着率については，両立支援策の導入とその利用および有給休暇の取得促進が，結婚や自己都合による退職を減少させ，就業の継続を促す効果を生むことが示されている（松繁，2008）。

②雇用機会均等施策

　雇用機会均等施策（以下，均等施策）は，採用，仕事内容，教育訓練，処遇等で，男女の差をできる限り撤廃しようという施策であるが，女性の活躍の場を拡大するには，ワーク・ライフ・バランスやファミリー・フレンドリーなどの両立支援策と均等施策を同時に充実させることが必要である（佐藤，2008；脇坂，2006；2008）。例えば，図3－6の第4象限に分類される職場では，均等施策は充実しているが両立支援策が不十分なため，男女の職域分離がなく女性の管理職も多いものの，結婚や出産，さらには子育てなどを契機に仕事をあきらめざるを得ない状況に直面する女性や，仕事を継続するために結婚や出産をあきらめざるを得ない女性が多くなる。つまり，一部の女性しか活躍できない。他方，両立支援策は充実しているが均等施策が不十分な企業・職場は，結婚や出産，さらに子育てなどに直面しても仕事の継続が可能となるが，女性の職域や昇進機会が制約されることになる。つまり，女性の能力を十分に活用していないことになる。女性の活躍の場を拡大するためには，両立支援策と均等施策の両者を充実させること，すなわち，図3－6の第1象限に分類される職場を目標にすべきである。

　企業の業績への影響としては，均等施策は業績にプラスの効果を及ぼすが，

図3-6 両立支援策と雇用機会均等施策の関係

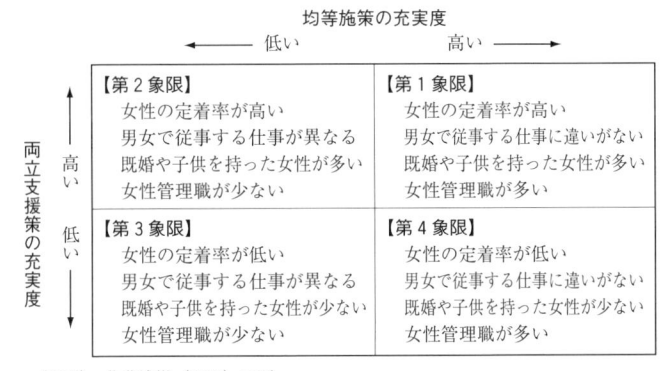

均等施策の充実度

← 低い　　　　　高い →

【第2象限】	【第1象限】
女性の定着率が高い 男女で従事する仕事が異なる 既婚や子供を持った女性が多い 女性管理職が少ない	女性の定着率が高い 男女で従事する仕事に違いがない 既婚や子供を持った女性が多い 女性管理職が多い
【第3象限】	【第4象限】
女性の定着率が低い 男女で従事する仕事が異なる 既婚や子供を持った女性が少ない 女性管理職が少ない	女性の定着率が低い 男女で従事する仕事に違いがない 既婚や子供を持った女性が少ない 女性管理職が多い

両立支援策の充実度　高い　低い

(出所)　佐藤博樹（2008）25頁。

両立支援策は業績には影響しない傾向がみられ（児玉・小滝・高橋，2005），両立支援策を均等施策と併せて導入することで業績によい影響を与えることが報告されている（阿部・黒澤，2008；脇坂，2008）。ただし，阿部・黒澤（2008）の研究においては，均等施策を導入せずに両立支援策を導入すると業績はむしろ悪化するという結果がみられた。女性就労者のディストレス[15]との関連では，ファミリー・フレンドリー制度が整備されていない職場に勤務する，小学生以下の子どもをもつ正社員女性は，無職女性よりも有意にディストレスが高いことが示されており（松田，2005），女性が長期にわたって働くためには，両立支援策は不可欠であることが示唆された。

2 女性が活躍する社会・企業

　経済産業省の調査（2003）によれば，企業における社員の女性比率の高さは利益率（経常利益／総資本）と関連しており，その背景要因として，男女勤続年数格差が小さいことや出産等退職者の再雇用制度を実施していることが重要であるとしている。また，「女性社員の活用および登用」を「重視する」「やや重視する」と答えた企業は68.8％であり，大規模企業ほどその重要性を認識していることが報告されている（21世紀職業財団，2005）。

　能力があれば，性別に関係なく，公平に評価し登用することや，多様な人材

ワーク・ライフ・バランスと男性の家事能力

　毎朝，私はバスで通勤しているが，保育所のあるバス停で，子どもと一緒に降りる若い男性をみかけることが多くなった。「早く帰宅するほうが夕食をつくります」と話すカップルも珍しくなくなった。家事・育児に積極的に関わっている男性が増えていることを実感する。しかし，まだ統計データから読み取れるほどの変化ではない。「平成18年社会生活基本調査」によると，共働き夫婦でも，妻は1日平均4時間15分家事をしているのに対して，夫はわずか30分である。夫が働いている妻のうちの半数が専業主婦であることからしても，「夫は仕事，妻は家事」という伝統的な男女の役割分担が根強いことがわかる。

　経済学は人々が合理的に行動する結果として社会現象が生じると考えてきた。伝統的な男女の役割分担も「比較優位」という考え方を使って説明する。例えば，1時間働いて手にできる賃金を男性は2000円，女性は1000円だとする。一方，1時間家事をすることの価値をお金に換算すると男性は1000円，女性は2000円だとする。男女間賃金格差が存在すること，女性のほうが家事は上手であることを前提にした議論である。この2人が一緒に暮らし始めて，仮に2000円分の家事をしなければならないとき，どちらが家事をしたほうが合理的だろうか。ここで放棄収入という考え方が重要である。男性が2000円分の家事をするためには2時間かかる。そのためには賃金収入を4000円放棄しなければならない。一方，女性が2000円分の家事をするには1時間でよく，そのために放棄しなければならない賃金収入は1000円ですむ。とすると，家事のために放棄する賃金収入が少ない女性が家事をするほうが合理的である。

　さて，女性が職場で能力を発揮して，1時間の賃金が3000円と男性より稼ぐようになったとき，家事をするのはどちらだろうか。家事をしても女性が上手，働いても女性の賃金のほうが高いカップルである。女性の賃金が3000円になったので，2000円分の家事をするための放棄収入は3000円になったが，男性の放棄収入4000円よりまだ少ない。やはり女性が家事をするのが合理的である。男女にとってワーク・ライフ・バランスが実現するためには，職場における男女平等だけでなく，男性の家事能力が高まって家庭における男女平等が実現することが望まれる。最近は，家事が苦手な女性も増えているようだが，女性の家事能力が低下して，家庭における男女平等が実現するのでは少し残念な気もするが。

（冨田安信）

を確保することは，結果的には企業の業績によい影響を及ぼすことであり，また，女性にとって働きやすい職場は男性にとっても働きやすい職場であることから，従業員の定着率やモティベーションにもよい影響をもたらすと考えられる。

③ 男性にとっても働きやすい社会・企業へ

　均等施策と両立支援策の両方を充実させることは，働きやすい職場を提供するだけでなく，質の高いプライベート・ライフやゆとりのある家庭生活を提供することでもある。またそれは，これまで「ワーク」一辺倒であった男性の生き方も，家事・育児を一手に引き受けていた女性の生き方も見直す契機になることであろう。女性だけでなく男性をも含めた働き方が変わらなければ，また企業のシステムや慣行などが変わらなければ，女性のキャリアは制約され，結局は，男性や企業，社会にとってもマイナスの要因になることは自明である。例えば，育児休暇などの両立支援策を女性のみが利用している現状が続けば，それが女性の雇用コストを高め，女性の採用にマイナスの影響を及ぼしかねない。男女ともに利用してこそ，両立支援策は活きてくるといえる。

　今後は，社会全体で両立支援策と均等施策を検討・推進することにより，女性が従来の男性モデルに組み込まれるのではなく，男女ともに新しい働き方を実現することを期待したい。

注
(1)　M字型労働力率に表れる女性の就業パターンは，韓国にもみられる。
(2)　統計的差別とは，労働者の能力や意欲などについての情報が十分に得られない場合，その労働者の属する集団の統計的データに基づき，生産性や特性を判断することをいう。例えば，女性は勤続年数が短いというデータがある場合，女性はすぐに辞める人材だとみなし，採用しなかったり，教育や訓練の機会を与えなかったり，補助的な仕事しか与えないことを指す。
(3)　残業とは，通常，1日8時間を超えた「時間外労働」のことを指し，この時間外労働に対しては割増し賃金を支払うことが労働基準法によって定められている。パートタイム労働者の残業の場合，1日8時間を超えるまでは割増なしの賃金となるので，たとえ定時を超えて「残業」したとしても割増賃金は支払われない。

(4) 従来は，労働者側が調停を申請する際，使用者側が同意しなければ調停に入れなかった。

(5) ポジティブ・アクションとは，男女格差を解消し女性を活用するために，企業が自主的に目標を決め，実現しようとする行動を指す。例えば，女性雇用者の比率が少ない場合，女性の採用や昇進を積極的に行い，女性の地位向上のための就労環境づくりに努力することなどをいう。

(6) 転勤要件を設けることは家庭や子をもつ女性の就業の機会を潜在的に奪いかねず間接差別に相当する，また後述するコース別雇用管理制度も間接差別の一つだといわれている。

(7) 裁量労働制とは，勤務時間ではなく，実施した仕事の量を重視して，給与や人事を決める制度をいう。残業しても残業代が支払われないため，企業にとって有利な制度とも考えられる。

(8) 従来の1週間，1カ月間，3カ月間という規定が1年間に拡大された。1年間の変形労働制では，年間の労働時間の平均が週40時間以内であれば，ある一時期に集中的に働かせることができるので，企業にとって都合の良い勤務体系をとることが可能になる。

(9) 技能分野の業務に従事するコース。

(10) パネル調査とは同一個人を長期にわたり追跡調査した長期縦断調査のことを指す。本分析では，家計経済研究所が1993年から実施している「消費生活に関するパネル調査」と慶應義塾大学が2004年から実施している「慶應義塾大学家計パネル調査」を使用した。

(11) 準同居とは同一建物で別生計，または，同一敷地内別棟での住居形態を指す。

(12) 地方においては親の同居は妻の就労継続に有意に影響を与えているが，都市においてはそのような関連性は見られないという報告もある（武石，2009a）。

(13) ワーク・ライフ・バランスとは，個々人の働き方を調整し，職業生活（ワーク）を個人の生活（ライフ）全体の中に適度にバランスよく収めることである（金井，2012，115頁）。

(14) ファミリー・フレンドリー施策とは，従業員が家庭的責任を果たせるよう企業がサポートすることをいうが，具体的には，育児休業を法定以上の期間に設定する，残業時間を短くする，育児休業をとりやすい雰囲気をつくるなどの施策を含む。ワーク・ライフ・バランスとファミリー・フレンドリーはかなり似た概念であるが，狭義のファミリー・フレンドリーは家族を形成している従業員を対象にするが，ワーク・ライフ・バランスでは独身者も対象になるという違いがある（脇坂，2006）。

(15) 「ディストレス」とは心身に害を与える不快なストレスを指す。

引用文献

浅倉むつ子（2004）『労働法とジェンダー』勁草書房。

阿部正浩・黒澤昌子（2008）「企業業績への影響」佐藤博樹・武石恵美子編著『人を活かす企業が伸びる』勁草書房，119-133頁。

大沢真知子・鈴木春子（2000）「女性の結婚・出産および人的資本の形成に関するパネルデータ分析」『季刊家計経済研究』第48巻，45-53頁。

奥山明良（2009）「男女雇用機会均等法の課題」武石恵美子編著『女性の働き方』ミネル

ヴァ書房，71-105頁。

金井篤子（2012）「職業生活」高橋惠子・湯川良三・安藤寿康・秋山弘子『発達科学入門3』　東京大学出版会，105-117頁。

川口章（2008）『ジェンダー経済格差』勁草書房。

木本喜美子（2008）「家族・ジェンダー・階層」船橋惠子・宮本みち子編著『雇用流動化のなかの家族』ミネルヴァ書房，33-54頁。

熊沢誠（2000）『女性労働と企業社会』岩波新書。

経済産業省（2003）『男女共同参画研究会報告——女性の活躍と企業業績』
http://www.meti.go.jp/report/downloadfiles/g30627c2j.pdf　2011年6月27日アクセス。

厚生労働省（1992，2013a）「賃金構造基本統計調査」
winet.nwec.jp/toukei/save/xls/L107010.xls　2011年6月27日アクセス。
http://www.mhlw.go.jp/toukei/itiran/roudou/chingin/kouzou/z2013/　2014年11月22日アクセス。

厚生労働省（1995，2001，2006a，2012）「パートタイム労働者総合実態調査」
http://www.mhlw.go.jp/toukei/list/8-7.html
http://www.mhlw.go.jp/toukei/itiran/roudou/koyou/keitai/01/index.html
http://www.mhlw.go.jp/toukei/itiran/roudou/koyou/keitai/06/index.html　2011年6月27日アクセス。
http://www.mhlw.go.jp/toukei/list/132-23e.html　2014年11月24日アクセス。

厚生労働省（2005，2008，2011）「コース別雇用管理制度の実施・指導等状況」
http://www.mhlw.go.jp/houdou/2005/08/h0808-1.html
http://www.mhlw.go.jp/houdou/2008/12/h1224-1.html　2011年6月27日アクセス。
http://www.mhlw.go.jp/general/seido/koyou/danjokintou/dl/cource_joukyou.pdf　2014年11月24日アクセス。

厚生労働省（2006b）『平成18年度女性雇用管理基本調査』
http://www.mhlw.go.jp/houdou/2007/08/h0809-1/02.html　2011年6月27日アクセス。

厚生労働省（2009）『平成20年版働く女性の実情』
http://www.mhlw.go.jp/houdou/2009/03/h0326-1.html　2014年11月24日アクセス。

厚生労働省（2010a，2013b）『雇用均等基本調査』
http://www.mhlw.go.jp/toukei/list/71-22.html　2012年1月30日アクセス。
http://www.mhlw.go.jp/toukei/list/dl/71-24e.pdf　2014年11月24日アクセス。
winet.nwec.jp/toukei/save/xls/L118330.xls　2014年11月25日アクセス。

厚生労働省（2010b）『第8回21世紀出生児縦断調査』
http://www.mhlw.go.jp/toukei/saikin/hw/syusseiji/08/　2014年11月24日アクセス。

厚生労働省（2014）『政策について』
http://www.mhlw.go.jp/stf/seisakunitsuite/bunya/koyou_roudou/koyoukintou/seisaku09/　2014年11月22日アクセス。

国立社会保障・人口問題研究所（2010）『第14回出生動向基本調査：夫婦調査』

http://www.ipss.go.jp/ps-doukou/j/doukou14/doukou14.asp　2014年11月24日アクセス。

国連開発計画（UNDP）（2014）『人間開発報告書2014』

http://www.undp.org/content/undp/en/home/librarypage/hdr/2014-human-development-report/　2014年11月22日アクセス。

小坂千秋・柏木惠子（2007）「育児期女性の就労継続・退職を規定する要因」『発達心理学研究』第18巻第 1 号，45-54頁。

児玉直美・小滝一彦・高橋陽子（2005）「女性雇用と企業業績」『日本経済研究』第52号，1 -18頁。

佐藤博樹（2008）「企業の人材戦略としてのワーク・ライフ・バランス支援」佐藤博樹・武石恵美子編著『人を活かす企業が伸びる』勁草書房，25-36頁。

総務省統計局（2006）『社会生活基本調査』

http://www.stat.go.jp/data/shakai/2006/gaiyou.htm　2011年 6 月27日アクセス。

総務省統計局（2013）『平成24年就業構造基本調査』

http://www.stat.go.jp/data/shugyou/2012/

http://www.stat.go.jp/data/roudou/pdf/point16.pdf　2014年11月24日アクセス。

総務省統計局（2014）『労働力調査長期時系列データ』

http://www.stat.go.jp/data/roudou/longtime/03roudou.htm　2014年11月22日アクセス。

武石恵美子（2006）『雇用システムと女性のキャリア』勁草書房。

武石恵美子（2008）「採用パフォーマンスへの影響」佐藤博樹・武石恵美子編著『人を活かす企業が伸びる』勁草書房，55-60頁。

武石恵美子（2009a）「女性の就業構造」武石恵美子編著『女性の働き方』ミネルヴァ書房，11-43頁。

武石恵美子（2009b）「キャリアパターン別にみた女性の就業の特徴」『国立女性教育会館研究ジャーナル』Vol. 13，3 -15頁。

竹中恵美子（2004）『労働とジェンダー』ドメス出版。

冨田安信・脇坂明（1999）「女性の結婚・出産とその就業選択」『大阪府立大学経済研究』第45巻第 1 号，133-145頁。

内閣府男女共同参画局（2006）「男女の働き方と仕事と生活の調和（ワーク・ライフ・バランス）に関する調査」

http://www.gender.go.jp/danjo-kaigi/syosika/g-work.pdf　2011年 6 月27日アクセス。

内閣府男女共同参画局（2007）「女性のライフプランニング支援に関する調査」

http://www.gender.go.jp/danjo-kaigi/kansieikyo/raifupuran1903.pdf　2011年 6 月27日アクセス。

内閣府男女共同参画局（2013）『男女共同参画白書　平成25年版』。

http://www.gender.go.jp/about_danjo/whitepaper/h25/zentai/　2014年11月24日アクセス。

中田喜文（2002）「日本の男女賃金格差の実態」『季刊家計経済研究』春号，26-33頁。

中囿桐代（1999）「女性パートタイム労働者のジェンダーと家庭での"ゆらぎ"」『社会科学研究（釧路公立大学紀要）』第11号，87-112頁。

永瀬伸子（2008）「女性の就業をめぐる状況」船橋恵子・宮本みち子編著『雇用流動化のなかの家族』ミネルヴァ書房，55-76頁。

21世紀職業財団（2005）「女性管理職の育成と登用に関する調査」
http://www.jiwe.or.jp/tabid/111/Default.aspx　2011年6月27日アクセス。

樋口美雄（2007）「女性の就業継続支援策――法律の効果・経済環境の効果」『三田商学研究』第50巻第5号，45-66頁。

樋口美雄（2009）「女性の継続就業支援策とその効果」武石恵美子編著『女性の働き方』ミネルヴァ書房，106-130頁。

平山順子・柏木惠子（2005）「女性の生き方満足度を規定する心理的要因」『発達研究』第19巻，97-111頁。

本田一成（2010）『主婦パート最大の非正規雇用』集英社新書。

松繁寿和（2008）「女性大卒正社員の定着への影響」佐藤博樹・武石恵美子編著『人を活かす企業が伸びる』勁草書房，71-87頁。

松田茂樹（2005）「女性の就業とディストレスの関係」『社会科学研究（東京大学）』第57巻第1号，113-125頁。

松並知子・西尾亜希子（2013）「女子大学生のキャリアプランと進路選択に対する自己効力，経済的自立志向，基本的信頼感との関連」『日本心理学会第77回大会発表論文集』1229頁。

労働政策研究・研修機構（2006）『仕事と生活調査』
http://www.jil.go.jp/institute/reports/2006/documents/064_07.pdf　2011年6月27日アクセス。

脇坂明（2006）「ファミリー・フレンドリーな企業・職場とは」『季刊家計経済研究』第71号，17-28頁。

脇坂明（2008）「均等度とファミフレ度の関係からみた企業業績」佐藤博樹・武石恵美子編著『人を活かす企業が伸びる』勁草書房，105-118頁。

Dex, S. and Scheibl, F. (1999) "Business Performance and Family-Friendly Policies," *Journal of General Management*, Vol. 24, No. 4, pp. 22-37.

Eaton, S. C. (2003) "If You Can Use Them : Flexibility Policies, Organizational Commitment, and Perceived Performance," *Industrial Relations*, Vol. 42, No. 2, pp. 145-167.

Kosek, E. E. and Ozeki, C. (1998) "Work-Family Conflict, Policies and the Job-Life Satisfaction Relationship," *Journal of Applied Psychology*, Vol. 83, No. 2, pp. 139-149.

Nishio, A. and Matsunami, T. (2012) "Career Planning from a Financial Perspective : An Investigation into Female Students' Attitudes to Work, Family and Money", *Journal of Proceedings of the Gender Awareness in Language Education*, Vol. 5, pp. 38-58.

OECD (2010) *Education at a Glance.* http://www.oecd.org/document/52/0,3746,en_

2649_39263238_45897844_1_1_1_1,00.html　2011年6月27日アクセス。

Perry-Smith, J. E. and Blum, T. C. (2000) "Work-Family Human Resource Bundles and Perceived Organizational Performance," *Academy of Management Journal*, Vol. 43, No. 6, pp. 1107-1117.

World Economic Forum (2014) *The Global Gender Gap Report 2014.* http://www3.weforum.org/docs/Media/Japanese_Gender%20Gap_Final.pdf　2014年11月22日アクセス。

（松並知子）

第 4 章	高齢期におけるジェンダー問題

1　高齢期の男女差

1 超高齢社会の人口構成

　日本の65歳以上人口は，2014年現在3296万人で，高齢化率（65歳以上人口が総人口に占める比率）は25.1％で過去最高となった。男女別人口は，男性が1421万人，女性が1875万人で，女性100人に対して男性が75.8であり，この男女比の差は年齢が上がるにつれて大きくなる。前期高齢者（65~74歳）では男性が772万人，女性858万人で，性比が90：100であるが，後期高齢者（75歳以上）では，男性が598万人，女性962万人で，性比は62：100である。生殖の人工的な選別・操作をせず自然な状態での妊娠・出産が続いている国では，出生時点では女性100に対して男性が105の比で，男性のほうがやや多く出生する。ところが，100歳以上になると，日本の人口性比は女性100に対して男性15となり，男性のほうが極端に少なくなる。80歳では女性100：男性70.9，90歳では女性100：男性34.5となり，高年齢になればなるほど男性が少なくなる。2013年の平均寿命については，男性80.21歳，女性86.61歳で女性のほうが長生きし，国際比較すると，男性は世界で第4位，女性は29年連続世界第1位である。

　しかし，健康に日常生活を送れる「健康寿命」になると，その差は縮む。つまり，男性の「健康寿命」は70.42歳であるのに対して，女性は73.62歳で，約4年の差になる。平均寿命と健康寿命の差は，男性が約9年，女性は約13年である。

　女性は，長生きするとはいえ，長患いの人も多い。病気やけが等の自覚症状のある人は，女性のほうがやや多く，日常生活に影響のある人の1000人あたりの数は，男性196.3，女性が219.0で，女性に多い。また，悩みやストレスがあ

図4-1　家族形態別にみた65歳以上の者の構成割合の年次推移

年	単独世帯	夫婦のみの世帯	子夫婦と同居	配偶者のいない子と同居	その他の親族と同居	非親族と同居
1986	10.1	22.0	46.7	17.6	3.2	0.3
1989	11.2	25.5	42.2	17.7	3.1	0.2
1992	11.7	27.6	38.7	18.4	3.4	0.3
1995	12.6	29.4	35.5	18.9	3.5	0.2
1998	13.2	32.3	31.2	19.1	4.0	0.2
2001	13.8	33.8	27.4	21.0	3.8	0.2
2004	14.7	36.0	23.6	21.9	3.6	0.2
2007	15.7	36.7	19.6	24.0	3.8	0.2
2010	16.9	37.2	17.5	24.8	3.6	0.1
2013	17.7	38.5	13.9	26.1	3.7	0.1

（出所）　厚生労働省（2014）より引用（一部加筆修正）。

る人も女性に多い。[5]

　要介護者も，高齢女性の数が多い分，男性（32.8％）よりも女性が多い（67.2％）。介護が必要になった主な原因は，男性が脳血管疾患であるのに対して，女性は，認知症が最も多い。さらに，認知症の通院者も女性のほうが多い。高齢になるほど認知症発症率が高くなるので，長生きするほど認知症になる確率が高くなる。[6]

　また，医療費について，性・年齢別にみると，45～74歳までは，男性の金額が多いが，75歳以上では，女性の医療費のほうが多くなる。85歳以上では，女性が7割，男性が3割の割合で，女性の医療費のほうが多い。これは，高齢者では女性の人口のほうが多いので，医療費もその分多くなると考えられる。[7]

　高齢者の世帯構成をみると，近年は三世代同居世帯が減り，夫婦のみ世帯と単身世帯が増えている（図4-1）。性別にみると，一人暮らしをしている高齢者は女性が男性の2倍以上多い（図4-2参照）。[8]

図4-2　性・年齢階級別にみた65歳以上の者の単独世帯の構成割合

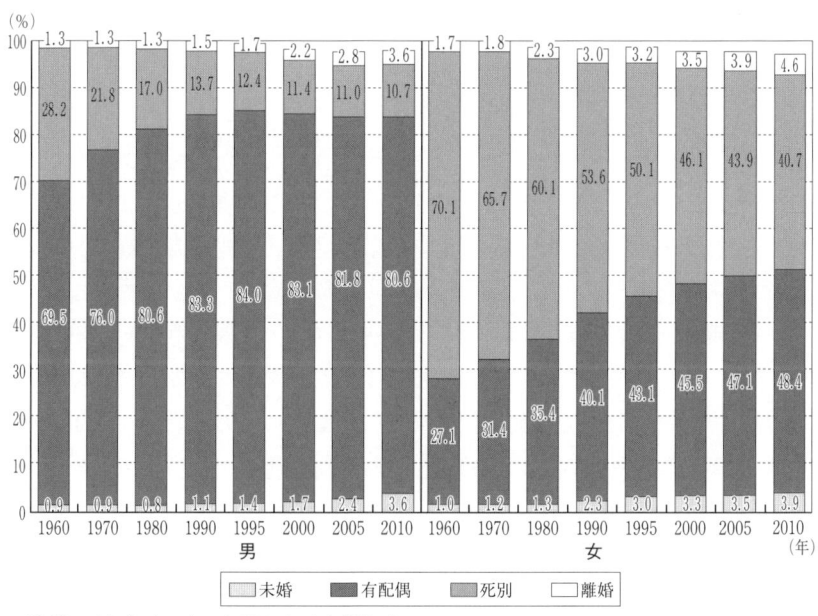

（出所）　厚生労働省（2014）より引用（一部加筆修正）。

図4-3　配偶者関係別にみた高齢者の割合

（出所）　内閣府（2014）より引用（一部加筆修正）。

　高齢者の婚姻関係については，図4-3のようになる。2010年現在では，男性の80.6％に配偶者がいるが，女性は48.4％しか配偶者がおらず，女性高齢者の過半数は配偶者がいない状況である。しかしながら1960年からみると，配偶

者のいない女性高齢者の割合は少なくなっている。一方，未婚については，男性3.6%，女性3.9%，離婚は，男性3.6%，女性4.6%と上昇している。[9]

　男性のほうが女性よりも平均寿命が短く，これまでは男性が年下の女性と結婚する習慣があったので，妻に看取られてこの世を去る人が多かった。三世代同居が多い時代では，夫の死後，妻は子世帯の世話になったが，今は三世代同居世帯が少なく，配偶者のいない子と同居する高齢者世帯や単独世帯が増えている。世帯構成が変化している昨今，これまでのような家族頼みの扶養や介護では困難が生じることが多い。

2　長寿社会の生活問題

　一般的に，人は出生後，成長して教育を受け，就職し，結婚して家庭を築き，子育てをし，仕事から引退して，晩年の生活を送り，死を迎えるというライフコースを歩む。従来から日本では，性別役割分業の習慣が強く，男性は外で働いて収入を家庭にもたらし，女性は家事・育児を担うというパターンが当たり前のように考えられてきた。このような時代に生きてきた高齢者は，男性は職業の経歴に応じて収入や年金という経済力や不動産等の資産をもつが，家事能力を発達させる機会をもたなかった。一方，女性は，正規雇用で勤続して自分自身の収入や資産をもつ人は少数で，多くは経済的に夫に依存してきた。このような性別役割分業の社会慣習のもとで生活してきた人が，中高年で配偶者と離死別した場合に，男性は家事の面で，女性は収入の面で困ることが多い。

　では，高齢者の家計収支は，男女でどのように異なるだろうか。「家計調査」から一人暮らし世帯の65歳以上の男女（平均年齢は男性74.2歳，女性75.5歳）の平均的な家計支出の特徴をいくつか拾い上げてみよう。

　「家計調査年報」（総務省統計局，2013）によると，2013年の1か月の平均支出金額は，男性が14万4133円，女性が14万9397円で，女性のほうがやや多い。しかし，食費にかけている費用は，男性のほうが3万6953円で女性の3万2146円よりもやや多く，エンゲル係数は，男性が25.6%，女性が21.5%である。

　細かく見ると，飲食に支出された費用で男性に多い品目は，酒と外食，調理食品とたばこである。一方，自家産物（Homemade）の食料や家事用消耗品，

健康保持用摂取品は女性に多い。つまり，男性は飲酒をし，自炊が少ない分，費用が高くついているものと考えられる。また，交際費での食費は，女性のほうが多く，交際費全体も女性のほうが多い。

　男性では，交通・通信費が女性より高く，特に自動車関係費が女性よりも2倍以上多い。しかし通信費のみでみると女性のほうがやや多く，電話や郵便等での他者とのやりとりが女性のほうが多いと推測できる。

　他方，生活保護受給者に占める高齢世帯が多く，中でも単身女性に被保護者が多い（第2章参照）。高齢者の場合は，就労による自立の可能性が低いので生活保護受給期間が長びきやすい。厚生労働省の調査によれば，2011年で生活保護を5年以上受給している高齢者世帯は6割以上になっている。[10]

　一方で，標準的なライフコースが，最近，変わってきている。従来のような安定した職に終身雇用される男性と結婚することが女性の「永久就職」といわれずっと続く，という人生ではなく，多様化・複雑化した人生を歩む人が多くなっている。[11]男女ともに非正規雇用が増え，転職・失業等により雇用が不安定化し，海外を含めた単身赴任や出張・転勤もある。家庭生活では，パラサイトシングルや非婚者が増え，晩婚化が進み，結婚しても子どものない世帯が多くなっている。国際結婚や離婚・再婚・別居婚・単身赴任など様々な生活形態があり，家族と同居して生活を支え合うという環境で過ごす人が少なくなってきている。

　家族が介護できたとしても，要介護高齢者のほうが長生きすることもあり，配偶者や子世帯と同居しているから老後は安心という考え方は通用しなくなっている。これは，何を意味するかというと，これまで家族が行ってきた生活共同体としての役割（経済的扶養や金銭管理，介護，身元保証等）を社会化する必要があるということである。しかし本格的な社会福祉サービスの整備には莫大な費用や人材が必要なために，要介護状態になったときに，適切なケアを受けられない高齢者が多い。

　さらに高齢期には，心身の健康面での不安や医療・介護面・経済面での悩みが生じることもある。高齢期の健康については，約半数の人が不安を感じている[12]（図4-4）。老後に明るい見通しをもっている人は14.4％しかなく，85.6％

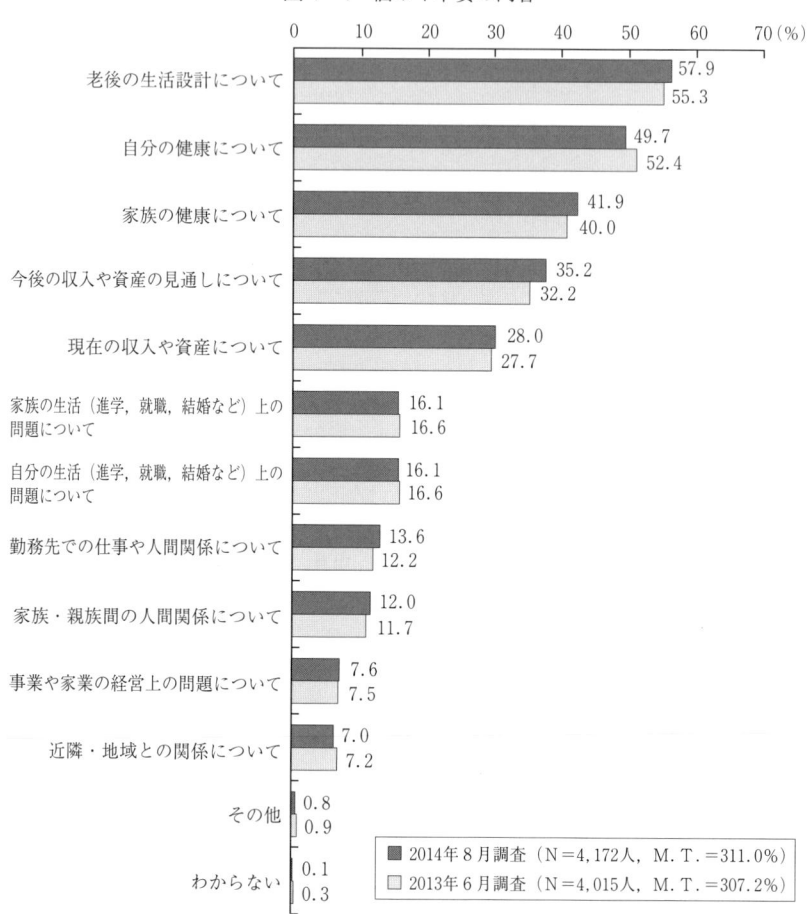

図 4 - 4　悩みや不安の内容

凡例：
- 2014年 8 月調査（N＝4,172人，M. T.＝311.0%）
- 2013年 6 月調査（N＝4,015人，M. T.＝307.2%）

項目	2014年8月	2013年6月
老後の生活設計について	57.9	55.3
自分の健康について	49.7	52.4
家族の健康について	41.9	40.0
今後の収入や資産の見通しについて	35.2	32.2
現在の収入や資産について	28.0	27.7
家族の生活（進学，就職，結婚など）上の問題について	16.1	16.6
自分の生活（進学，就職，結婚など）上の問題について	16.1	16.6
勤務先での仕事や人間関係について	13.6	12.2
家族・親族間の人間関係について	12.0	11.7
事業や家業の経営上の問題について	7.6	7.5
近隣・地域との関係について	7.0	7.2
その他	0.8	0.9
わからない	0.1	0.3

（出所）　内閣府大臣官房政府広報室（2014）より引用（一部加筆修正）。

の人が明るい見通しをもっていない。[13]

　福祉領域を10に分類して，最も力を入れてほしい政策優先度の高いものを尋ねた調査では，医療と保健が最多であった（図 4 - 5 参照）。この「医療と保健」の具体的な内容は，体力の維持や心身の健康，病気予防や費用負担の少ない診察・治療等である。この領域での要望が強いということは，それだけ医療・保健面での不安やニーズが強く，現在，充足していないということを表す。そこ

図4-5　政策優先度の高い領域

（単位：％）

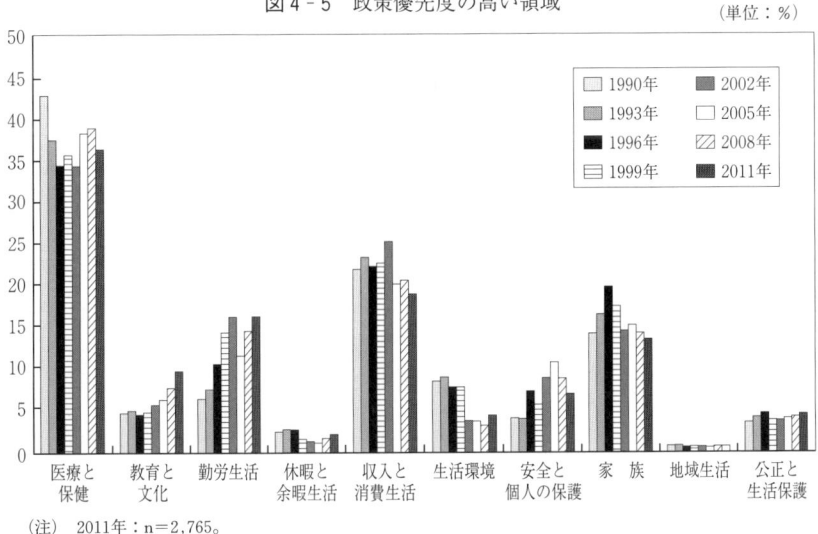

（注）　2011年：n＝2,765。
（出所）　内閣府（2011）より作成。

で，次に，医療・保健と介護問題について取り上げる。

2　高齢期の医療・保健・介護問題

［1］高齢期の病気と介護

　現在65歳以上の高齢者が多く受療する病気は，入院では，脳血管疾患，悪性新生物（がん），外来では，高血圧性疾患，脊柱障害等である。また，介護が必要になった病気で多いのが，脳血管疾患（全体では23.3％，男性では35.9％，女性は16.8％），認知症（全体で14.0％，男性12.0％，女性15.0％），関節疾患（全体では12.2％，男性5.0％，女性15.9％）等である。[14]

　日本人に多い脳血管疾患では，発作が起きて救急入院して治療を受けたあと，意識が戻ったときには手足が動かないという片麻痺の後遺症が残ることが多い。こういう場合，以前は病院に長期入院する高齢者が多かったが，現在では急性期の治療とリハビリテーションを医療機関ですませた後は，原則的に退院して自宅に戻ることになる。自宅での療養条件が整わない場合には，自宅に代わる

生活の場としての特別養護老人ホーム（以下，「特養」とする）に入所すること
もできる。しかし現在，特養への入所待機者が多く，すぐには入所できないの
で，老人保健施設等の他の施設・サービスの利用を考えることになる。

　特に入所施設数の少ない東京都では，退院後の行き場がなく，治療が終わっ
ても退院できない高齢者が5割近くになる。転院を繰り返したり，老人保健施
設を転々とする高齢者も多く，家族がいても一人暮らしでも，在宅介護が困難
な状況がある。[15] 東京都では，住宅面積が狭く高齢者が在宅ケアできる余裕のあ
るスペースがなかったり，集合住宅でバリアフリー化することが困難なことも
多い。さらに，認知症の問題行動や家族に介護力や経済力がない等の複数の理
由から，退院できない高齢者が多い。このような事情は，他の地域にも共通する。

　高齢期の病気の特徴として，①合併病を併発しやすく，②自覚症状や病状が
はっきりせず，③慢性化し，④薬の副作用が生じやすく，⑤入院等の環境の変
化から意識障害や精神症状が出やすく，⑥活動が不活発になって廃用症候群を
きたしやすい。特に，病気への不安や健康に対する自信喪失等から気力が低迷
しがちで，認知症や精神症状が発症することもある。このような高齢期の病状
は，在宅介護をする家族を動揺させ心労を強める。

　2000年に導入された介護保険は，「介護の社会化」を目指し，介護家族の負
担を軽減することが一つのねらいであった。また高齢者の自立生活を目的とし，
要介護度に応じてサービスを給付し在宅ケアを奨励している。しかし，同居家
族がいない一人暮らし高齢者が，要介護度が重くなったときに介護保険のサー
ビスだけで自宅で暮らし続けることは困難である。現実的には，家族が同居し
ていても，高齢であったり（老-老介護），病気をもっていたり（病-病介護），認
知症の高齢者をやや軽い認知症の配偶者がみている世帯（認-認介護）も多く，
家族ケアには限界がある。高年齢になるほど認知症の発症率は高くなり，認知
症高齢者の在宅ケアは，困難を極める。認知症高齢者数は女性のほうが多く，
高齢者施設入所者も女性が圧倒的多数であるが，予防と対策が課題である。

［2］ 介護の実態

　図4-6のように，居宅で暮らす要介護高齢者の約3分の2は，家族と同居

している。しかし，約3分の1は家族が同居していない。同居する介護家族で最も多いのは配偶者で26.2％を占めている。次が子，そして子の配偶者の順で11.2％である。最近，増えているのが未婚の子と親の世帯で，65歳以上の高齢者がいる世帯の19.8％となっている。このような世帯構成では，主な介護者が子となり，その構成比は子が21.8％，子の配偶者が11.2％である。高齢期の介護問題を解決するために，2000年からスタートした介護保険では，在宅ケアを奨励している。しかし，主な介護者が事業者である比率が14.8％であり，別居の家族は9.6％で，全体の61.6％が同居の家族が主たる介護者である。さらに，介護者が子であろうと，配偶者であろうと，男性であろうと女性であろうと，同居する家族介護者の約7割が，いわゆる「老-老介護」である（図4-7）。

　介護保険開始前の1998（平成10）年の「国民生活基礎調査」では，同居家族がいる要介護高齢者は86.6％だったので，この比率が15年後の2013年には61.6％に減っている。同居して介護している家族の性別では，1998年は男性が15.6％だったが，2013年では男性の家族介護者割合が31.3％と倍増している。女性の介護者については，やや減っているものの，それでも女性が大半であることには変わりがない。

　年齢別に比較すると，1998年では60歳以上の介護者が約5割だったが2013年では約7割なので，介護者の高齢化が進んでいる。三世代同居世帯が減り高齢者夫婦のみ世帯が増えており，配偶者が一人で24時間の在宅介護を行っている世帯も多い。また，家族と同居していない要介護高齢者の場合は，別居の親族や事業者等が時々訪問する以外は，一人で暮らしていることになる。2013年時点では，三世代同居は65歳以上の人がいる世帯の13.2％で，一人暮らしが25.6％と約2倍多い。高齢単独世帯は，女性が3598世帯で，男性はその半分以下の1420世帯である。さらに，概して女性の単身者のほうが，年齢が高い。つまり，高齢者数は，男性よりも圧倒的に女性が多いが，その女性が高齢期に一人暮らしになり，やがて要介護状態になる。しかし，介護してくれる同居家族はいない，という現状がある。

　さらに親を介護するために，中高年の子が仕事を辞めたり転職して同居し，自らの収入や将来の年金受給権を失ったり年金額を減少させたりすることもあ

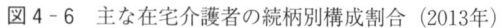

図4-6 主な在宅介護者の続柄別構成割合（2013年）

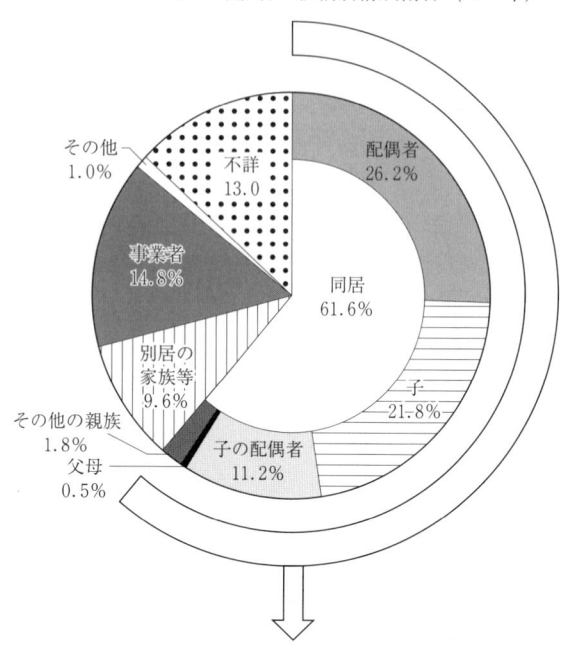

図4-7 同居して介護している家族の性・年齢別構成割合

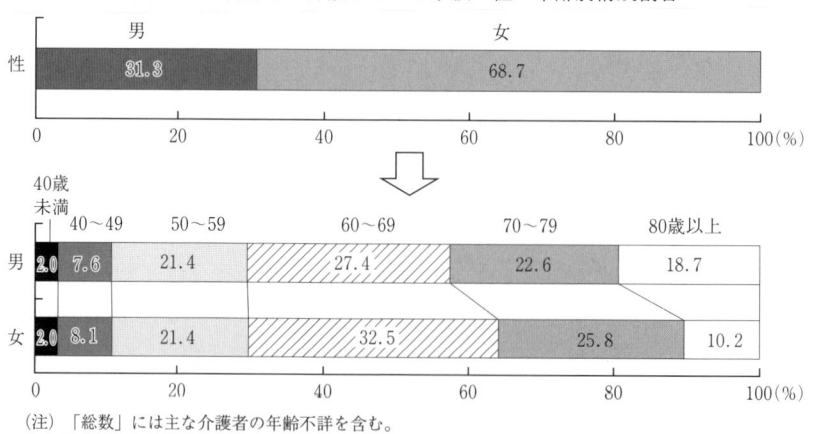

(注)「総数」には主な介護者の年齢不詳を含む。
(出所) 厚生労働省（2014）より引用（一部加筆修正）。

る。介護・看護を理由にした離職・転職者数は2011～2012年の 1 年間で10万1100人で，女性が80.3％を占める。男女ともに50歳代，60歳代に多い。[16]

　40歳代，50歳代で仕事を辞めて在宅介護をした場合には，介護者自身の収入や医療や年金の社会保険について不安定な状態になり，老後生活の不安がつのる。他に収入をもたらす家族がいなければ，高齢者の年金が唯一の家計の収入源となり，高齢者が亡くなった後には，介護者であった家族の生計が成り立たなくなることもある。

　介護保険サービスを利用する場合，基本的に 1 割の自己負担をすることになっているので，要介護度が重くなればなるほど，負担金額も多くなる。しかし，介護保険の居宅サービスを上限額まで使っても，重介護者のニーズに見合うだけのサービスを受けられるのではない。限度額を超えるサービスは全額自己負担となり，介護が長期化すれば，その費用を賄いきれなくなる世帯も多く，経済的問題は深刻である。

　現在，各種の高齢者向けの入居施設があるが，施設入居者は，圧倒的に女性が多い。特別養護老人ホームでは，入居者の約 9 割が女性で，他の種類の入居施設も女性のほうが多い。また，特別養護老人ホームでは，大半の入居者に認知症状がみられる。入居者の平均要介護度も上がり，重度化している実態がある。

　さらに，これらの入居施設や在宅サービスで介護を担っている従事者も女性が多く，在宅であろうと施設であろうと，介護される側もする側も女性が多い。そして，現在，最も問題なのは，介護従事者が不足しているということである。特に，入所施設での介護職は，夜勤を伴う交代制勤務であるために，家庭の事情等で離職する女性が多い。今後，さらに介護職不足が続くと，「介護難民」と呼ばれる介護をしてくれる人がいない高齢者が増える可能性も否めない。

③ 在宅介護の問題

　同居している介護家族の介護時間は，一般的に要介護度が重くなるほど長くなる。要介護度 3 以上になると，見守りを含め，ほとんど 1 日中，介護や家事に明け暮れている介護者が多く，介護家族の時間を奪い，人生設計を狂わすこ

ともある。

　そのため，主たる介護者は悩みやストレスを感じ，体調を崩したり，精神的な疾患に陥る人もいる。要介護者の悩みやストレスで多いのは，「家族の病気や介護」に関するもので7割以上であるが，「自分の病気や介護」や「収入・家計・借金」についての心配をもつ人も2割以上いる。[17]市民団体の調査によると，親・配偶者・子ども等を介護・看護する人の49％が身体に不調を感じていると答えており，27％は心に不調を感じていると答えている。認知症の人を介護しているケアラー（介護者）では，53.8％の人が体の不調を訴えている。介護負担感が高いケアラーは，女性，主介護者，70歳代，要ケア者が義母・義父・実父の順で，介護期間3年以上等である。[18]

　このように在宅ケアをしている介護家族は，心身にストレスや負担を感じながら，介護を続けている。一方，高齢者本人は，自宅で家族によって介護されたいと望む人が多い。また，家族も親や配偶者への愛情から，在宅介護したいと思う人は少なくない。しかし，介護が重度化した場合には，介護者に体力・気力と時間的・精神的・経済的余裕など様々な要件がなければ在宅介護の継続は困難である。

　つまり，在宅介護の継続には，主として次のような要件が必要である。①介護者が健康で，介護する気持ちがあり，病気や介護・家事に関する適切な知識や技術を学ぶ気がある。②要介護者と介護者の関係がよい。③主たる介護者以外にも介護の協力者がいる。④医療機関への通院や治療・介護用品購入・住宅改修等に必要な経済力がある。⑤療養に適するベッドルームがあり，バリアフリー化ができる等の居住条件がある。特に，認知症への対応は，症状への理解やコミュニケーションのコツを知らなければ，症状を悪化させることもある。糖尿病や腎臓病等の病気では，制限食を作らなければならず，嚥下力（飲み込む力）や歯が悪く咀嚼力が低下している高齢者には，流動食や刻み食等の準備をしなければならず，通常の家庭での家事の範囲を超えている。入浴や移動・衣類着脱等で体力を使うのみならず，神経も使い疲労困憊する。介護者が一人で1日24時間年中無休で介護をするという生活を避け，社会資源の活用等で介護者の生活の質（QOL）も高齢者の生活と同時に維持することが必要である。

　特に，高齢者介護の特徴は，育児のように成長とともにケアが不要になって
いくのではなく，逆に通常は，時間の経過とともに介護が重度化していくこと
である。さらに，子の成長のような前途の見通しが立つのではなく，要介護者
各人によって介護の期間も病態も異なり先行きが不透明である。そして，やが
て死や死にゆく過程に直面することになる。人生の終末は荘厳ではあるが，そ
こまでの過程で，認知症や高齢者特有の心身状況に対して介護家族は，家族で
あるがゆえの葛藤や辛苦を体験することも多い。

　前述のような在宅介護の要件や準備のない家族が在宅介護を余儀なくされた
場合，また，介護する気持ちや条件があっても長期化した場合には，介護負担
に耐え切れずに，高齢者を虐待したり，冷遇・放任するといった，良くない対
応に陥ることもある。前述のように男性の介護者が増えている昨今，特に息子
による高齢者虐待が多くなっている。

　また，一人暮らし高齢者が自分で意識しないうちに認知症になったり，体
力・気力の減退から生活が乱れ，自己放任（self-neglect）状態になったり，消
費者被害にあうこともある。最近は，近隣や地域社会とのつながりが希薄化し
ているので，誰ともコミュニケーションすることなく孤立して暮らす中高年者
も増えている。そのような社会的孤立状態が続き，孤独死として発見されるこ
ともあるので，注意が必要である。

3　高齢期のジェンダー問題の解消を

［1］高齢期の介護問題

　上記のような日本の高齢者介護の問題は，アジア諸国に共通する。儒教思想
の強い東アジア諸国では，親孝行道徳や家族扶養義務思想が社会制度や習慣と
して根づいている。しかし，一人っ子政策をとっている中国に限らず他国でも，
一人っ子同士が結婚した場合に，これまでのような家族介護の習慣を続けるな
らば4人の老親をみなければならず，これは，実際には不可能に近い。これま
で日本で起きてきた高齢者介護殺人事件や心中事件，虐待・放任や孤独死，病
院の長期入院や老人保健施設のたらい回し等は，家族が在宅介護を無理なく継

続できるのならば起こらない。

　にもかかわらず，社会福祉を発達させると家族が扶養義務を果たさなくなり，家族の絆を弱めるというような解釈や自己責任論がある。[19]介護をめぐって家族の役割や主介護者である女性の人権について議論することは，今後の社会福祉のあり方を考える上で重要な課題である。

　価値観やライフスタイルが多様化している今日，家族頼みの高齢者ケアは非現実的であり，高齢者本人の生活実態を中心にしたケアの社会化が必要である。そのためには，一人暮らし高齢者が社会的ケアだけで生活ができるほどの在宅サービスが必要で，さらに介護施設の整備もしなければならない。社会的ケアを充足させるには相当な費用が必要で，それをどのような財源や方法により集めるかが課題である。

　このような議論を先送りにして，最近では，「施設から住宅へ」を旗印に，高齢者向け賃貸住宅の拡大が進められている。つまり，福祉サービスへの住宅産業の参入が増えている。しかし現実的には，いわゆる「貧困ビジネス」同様，悪徳な営利事業者による人権侵害問題が起きており，いかにして高齢者の生命や健康・人権を守るかについて考えなければならない。[20]

［２］ 介護と育児の社会化を

　介護保険による介護の社会化は，市場化・民営化と同時進行で起こっている。しかし，大都市と過疎地域の生活実態や文化の違いが大きく，東京中心の発想による政策は，人口の少ない地方の実態にそぐわないこともある。例えば，介護サービス供給事業者のサービス内容については，競争原理による質の向上が期待されている。しかし，地方では競争原理が働くどころか，採算割れで事業経営が成り立たず撤退する事業所も出ている。また，都市への人口流出で若者人口が少ない地域もあり，介護を担う人材が不足し，介護の質以前に介護サービスの量や種類の確保ができない状況である。

　また，社会化された介護を担う介護職は，圧倒的に女性が多い。これは，介護される高齢者も女性が多いので，同性介護の観点からは否定されることではない。しかし，問題は，慢性的な介護職不足と厳しい労働条件である。夜勤を

コラム

介護予防とソーシャル・キャピタル

ソーシャル・キャピタル（Social Capital：以下，SC）という言葉を御存知だろうか。直訳すれば，「社会関係資本」と訳すことができる。具体的には，地域に蓄積された「信頼・ネットワーク・規範」などを指す言葉だ。

1916年に教育学者によって提唱されて以来，社会学者等によって研究が継投された。社会学の分野では，個人レベルに着目し，個人の人脈等を SC とみなす。一方，米の政治学者 R. パットナム（Putnam, Rovert, D.）は，SC は地域や集団に蓄積されていくという考え方を強調し，90年代以降 SC の概念は一気に広まる。

2000年以後は，開発学，経済学，心理学，公衆衛生学（社会疫学），心理学，社会福祉学等の広範な学術領域で脚光を浴びている。なぜ，SC 研究は注目されるのか。SC が豊かな地域は，犯罪が少なく，教育水準も高く，政治も安定していて，健康な人が多いというデータが各国で得られているからだ。日本国内でもSC の豊かな地域は健康な高齢者が多いという研究結果が得られている。つまり，SC を豊かにすれば，介護予防を効果的に実現できる可能性があるわけだ。

日本の高齢化の特徴は，後期高齢者が多いこと等にあり，今後，要介護者が激増することが見込まれる。それゆえ，要介護状態になることを予防するためにあるのが，「介護予防」だ。2006年に介護保険制度が改正されてからは，軽度の要介護者と要支援者は介護保険制度を利用して，介護予防のサービスを受けられるようになった。健康な高齢者（一次予防事業対象者）とハイリスク者（二次予防事業対象者）に対しては，「地域支援事業」により，地域包括支援センターや公民館等で，認知症予防，転倒骨折予防等の介護予防教室が行われている。

だが，限られた専門職だけで介護予防を行うのは困難である。そこで，重要な役割を担うのが，「地域のボランティア」および「NPO 法人」等の SC なのだ。

SC には，様々な下位概念がある。その代表的な下位概念は，「町内会組織」等に代表される「結合型（bonding）SC」と「橋渡し型（bridging）SC」である。「結合型 SC」は，地縁等の強い結びつきにあたり，「橋渡し型 SC」は，異質なもの同士の水平的な結びつきを指す。海外では，健康との関連がより強いのは，「橋渡し型 SC」であるといわれているが，日本では「結合型 SC」との関連も否めないという。また，日本の高齢者の場合，SC と健康との関連がより強いのは男性ではなく，女性であるという先行研究もある。

「結合型 SC」と「橋渡し型 SC」をウーマンネットワークでつなぎながら，介護予防に貢献する役割を地域で担う女性が増え続けてくれることを期待したい。

参考文献

近藤克則他（2007）『検証「健康格差社会」 介護予防に向けた社会疫学的大規模調査』医学書院／川島典子（2010）「ソーシャル・キャピタルの類型に着目した介護予防サービス――結合型 SC と橋渡し型 SC をつなぐソーシャルワーク」『同志社社会福祉学』（第24号）同志社大学社会福祉学会／相田潤他（2012）"Does social capital affect incidence of functional disability in older Japanese? A prospective population-based cohort study," *Journal of EPIDEMIOLOGY & COMMUNITY HEALTH*

（川島典子）

含む不規則な交代制勤務は，介護者自身の健康管理を難しくさせ，女性介護職は出産すると勤務継続が困難となる。そのために，長期にわたって勤続する女性介護者が少なく，また過酷な労働条件は敬遠され，介護労働者不足を解消できないという悪循環に落ち入る。このような現状は，介護や福祉職の労働条件や社会的地位の向上と，女性が主な担い手となるケア労働に関連して，性別役割分業観念を社会全体で抜本的に変える必要性を示唆している。

　高齢期のジェンダー問題を改善するには，心身ともに健康を保ち経済的自立も可能な女性を増やしていくことが必要である。それが，要介護者数を減らし，介護期間を短くすることにもつながると考えられる。また女性の経済的自立と健康管理だけでなく男性の家事自立や生活習慣の改善も必要であり，男女ともに仕事も家庭も余暇生活も楽しみ，心身の健康を維持できる社会を築くことが重要であろう。そのためには，高齢期の介護の社会化のみならず，子育ての社会化も必要であり，社会全体で生涯の生活を支え合うための良質な仕組みの運営が望まれる。

注

(1)　総務省統計局（2014）総務省「統計からみた我が国の高齢者（65歳以上）――『敬老の日』にちなんで」http://www.stat.go.jp/data/topics/topi630.htm　2014年10月7日アクセス。

(2)　総務省統計局，人口推計（平成25年10月1日現在）「全国：年齢（各歳），男女別人口・都道府県：年齢（5歳階級），男女別人口」http://www.stat.go.jp/data/jinsui/new.htm　2014年9月14日アクセス）。

(3) 厚生労働省（2014）『厚生労働白書2014年版』5頁，www.mhlw.go.jp/wp/hakusyo/kousei/14-1/dl/gaiyou.pdf 2014年9月16日アクセス。

(4) 内閣府（2012）『平成24年版 高齢社会白書（概要版）』http://www8.cao.go.jp/kourei/whitepaper/w-2012/gaiyou/s1_2_3.html 2014年9月14日アクセス。

(5) 厚生労働省（2013）「平成25年 国民生活基礎調査の概況」http://www.mhlw.go.jp/toukei/saikin/hw/k-tyosa/k-tyosa13/ 2014年9月14日アクセス。

(6) 厚生労働省（2012）「グラフで見る世帯の状況——国民生活基礎調査（平成22年）の結果から」www.mhlw.go.jp/toukei/list/dl/20-21-01.pdf 2014年9月14日アクセス）。

(7) 厚生労働省（2010）「平成22年度 我が国の保健統計」http://www.mhlw.go.jp/toukei/saikin/hw/hoken/national/22.html 2014年9月14日アクセス。

(8) 厚生労働省（2014）「平成25年 国民生活基礎調査の概況」http://www.mhlw.go.jp/toukei/saikin/hw/k-tyosa/k-tyosa13/dl/02.pdf 2014年12月26日アクセス。

(9) 内閣府（2014）『平成26年版 高齢社会白書』（概要版）〈PDF 形式〉20頁。http://www8.cao.go.jp/kourei/whitepaper/w-2014/gaiyou/pdf/1s1s.pdf 2014年12月27日アクセス。

(10) 厚生労働協会編・発行（2013）。

(11) 岩井八郎（2010）「戦後日本型ライフコースの変容——JGSS 2009ライフコース調査の研究視角と予備的分析」『日本版総合的社会調査共同研究拠点研究論文集』（JGSS Research Series No. 7）参照。

(12) 内閣府大臣官房政府広報室（2014）「平成26年度 国民生活に関する世論調査」http://survey.gov-online.go.jp/h26/h26-life/zh/z24.html 2014年12月26日アクセス。

(13) 内閣府政策統括官（2012）「国民生活選好度調査」7頁。http://www5.cao.go.jp/seikatsu/senkoudo/h23/23senkou_02.pdf 2014年12月27日アクセス。

(14) 内閣府（2011）『平成23年版 高齢社会白書』全文〈PDF 形式〉29, 31頁。http://www8.cao.go.jp/kourei/whitepaper/w-2011/zenbun3pdf_index.html 2011年8月4日アクセス。

(15) 東京都社会福祉協議会（2011）「退院後，行き場を見つけづらい高齢者——医療と福祉をつなぐ新たなシステムの構築を目指して」4頁。

(16) 内閣府（2014）。

(17) 厚生労働省（2013）35頁。

(18) 介護サポートネットワークセンター・アラジンとケアラー連盟が厚生労働省の補助事業として，2010年に全国の5地域で4000世帯を対象に実施した調査で，2075人のケアラーが回答（NPO 法人介護サポートネットワークセンター，アラジンホームページ http://www12.ocn.ne.jp/~arajin/ 2011年8月12日アクセス）。『福祉新聞』第2536号，2011年7月18日付。

(19) ギルバート，N.／関谷登監訳（1995）『福祉国家の限界——普遍主義のディレンマ』中央法規出版。

(20) 例えば，大阪府堺市では，認知症や寝たきりの高齢者を入居させ部屋の外から施錠して監禁している賃貸マンションがあり，高齢者虐待防止法に基づいて立入調査が行われた

（『朝日新聞』2011年 8 月12日，14日付）。

引用文献

岩井八郎（2010）「戦後日本型ライフコースの変容――JGSS 2009ライフコース調査の研究視角と予備的分析」『日本版総合的社会調査共同研究拠点研究論文集』〔10〕（JGSS Reseach Series No. 7）。

岩間大和子（2003）「家族介護者の政策上の位置付けと公的支援――日英における政策の展開及び国際比較の視点」『レファランス』平成15年 1 月号。

厚生労働協会編・発行（2013）『国民の福祉と介護の動向（厚生の指標・増刊）』60（10），通巻945号。

厚生労働省（1999）「平成10年　国民生活基礎調査の概況」 http://www1.mhlw.go.jp/toukei/h10-ktyosa/4-7_8.html　2011年 8 月 1 日アクセス。

厚生労働省（2014）「平成25年　国民生活基礎調査の概況」 http://www.mhlw.go.jp/toukei/saikin/hw/k-tyosa/k-tyosa13/dl/02.pdf　2014年12月26日アクセス。

内閣府『平成22年版　高齢社会白書』全文〈PDF 形式〉http://www8.cao.go.jp/kourei/whitepaper/w-2010/zenbun/pdf/1s2s_1_5.pdf　2011年 7 月31日アクセス。

内閣府大臣官房政府広報室（2014）「平成26年度　国民生活に関する世論調査」http://survey.gov-online.go.jp/h26/h26-life/2h/z24.html　2014年12月26日アクセス。

内閣府（2014）『平成26年版　高齢社会白書』全文〈HTML 形式〉20頁。http://www8.cao.go.jp/kourei/whitepaper/w-2014/zenbun/s1_2_1.html　2014年12月26日アクセス。

内閣府（2011）「平成23年度　国民生活選好度調査結果」http://www5.cao.go.jp/seikatsu/senkoudo/h23/23senkou_02.pdf　2014年12月26日アクセス。

『福祉新聞』第2536号，2011年 7 月18日付。

吉永一彦・畝博（2010）「日本の高齢女性における死因構造の推移（1955～2005年）」『厚生の指標』第57巻第 7 号。

（大塩まゆみ）

第5章　少子社会におけるジェンダー問題
——結婚というウインドウからみる——

1　少子社会と結婚問題

　日本の人口は，2004（平成16）年をピークについに減少に転じ，人口減少社会が現実のものとなった。前年2003年の「合計特殊出生率」は，戦後初めて1.2％台（1.29）に落ち込み，2006年に増加に転じたものの，2008，2009年は1.37％と横ばい状態にあり，依然として少子化の傾向が続いている。子どもの数が減少する一方で高齢者人口は増加し，少子高齢社会に伴う将来像は決して楽観視できない状態にある。

　さて現在，少子化の原因として注目を集めているのは，晩婚化による未婚率の上昇である。日本では，その是非は別にして，出生する子どもの98％以上が夫婦の嫡出子であることからも，出生する子どもの数を考えるときに結婚しているかどうかが重要な鍵になるのである。データによると，2012年の平均初婚年齢は男30.8歳，女29.2歳で，第2次ベビーブームの入り口とされる1970年に比べ男性が3.9歳，女性が5歳高くなっている（表5-1）。かつて女性の結婚適齢期をクリスマスケーキに喩えた時代があった。ケーキがバナナのたたき売り状態になる25日（歳）までに結婚するよう，社会的に重圧がかけられた嘘のような時代である。今は，以前TVドラマ（『Around 40』）でもテーマになったように，「アラフォー」（40代前後）世代でも結婚願望を公言することに抵抗はない，要するに晩婚化は定着している。さらに50歳時点で一度も結婚したことのない人の割合，生涯未婚率については2030年には何と男性30％，女性23％となるものと見込まれている。つまりあと20年もしないうちに，日本では男性は約3人に1人，女性はおよそ4人に1人が独身という社会が到来することになる。

　さらにもし結婚に至ったとしても，夫婦の出生力そのものの低下が指摘され

表5-1 晩婚化の進行（平均初婚年齢の推移）

年	夫の平均初婚年齢	妻の平均初婚年齢	第1子出生時の母の平均年齢	第2子出生時の母の平均年齢	第3子出生時の母の平均年齢
1950	25.9	23.0	24.4	26.7	29.4
1960	27.2	24.4	25.4	27.8	29.9
1970	26.9	24.2	25.6	28.3	30.6
1980	27.8	25.2	26.4	28.7	30.6
1990	28.4	25.9	27.0	29.5	31.8
2000	28.8	27.0	28.0	30.4	32.3
2012	30.8	29.2	30.3	32.1	33.3

（資料）　厚生労働省大臣官房統計情報部「人口動態統計」より厚生労働省政策統括官付政策評価官室作成。
（注）　2012年の数値は概数である。

表5-2 妻の年齢別にみた，理想の子ども数をもたない理由：第14回調査（2010年）

（複数回答）

妻の年齢	（集計客体数）	理想の子ども数を持たない理由													
		経済的理由			年齢・身体的理由			育児負担	夫に関する理由				その他	
		子育てや教育にお金がかかりすぎるから	自分の仕事（勤めや家業）に差し支えるから	家が狭いから	高年齢で生むのはいやだから	欲しいけれどもできないから	健康上の理由から	これ以上，育児の心理的，肉体的負担に耐えられないから	夫の協力が得られないから	一番末の子が夫の定年退職までに成人してほしいから	夫が望まないから	子どもがのびのび育つ社会環境ではないから	自分や夫婦の生活を大切にしたいから
30歳未満 （ 90）		83.3	21.1	18.9	3.3	3.3	5.6	10.0	12.2	5.6	4.4	7.8	11.1
30～34歳 (233)		76.0	17.2	18.9	13.3	12.9	15.5	21.0	13.3	4.3	9.9	9.9	7.3
35～39歳 (519)		69.0	19.5	16.0	27.2	16.4	15.0	21.0	11.6	6.9	8.9	8.1	7.5
40～49歳 (993)		50.3	14.9	9.9	47.3	23.5	22.5	15.4	9.9	10.2	6.2	6.1	3.7
総　数 (1,835)		60.4	16.6	13.2	35.1	19.3	16.6	17.4	10.9	8.3	7.4	7.2	5.6
第13回調査総数 (1,525)		65.9	17.5	15.0	35.0	16.3	16.9	21.6	13.8	8.5	8.3	13.6	8.1

（注）　対象は予定子ども数が理想子ども数を下回る初婚どうしの夫婦，予定子ども数が理想子ども数を下回る夫婦の割合は32.7％。
（出所）　国立社会保障・人口問題研究所「第14回　出生動向基本調査」（2010年調査／報告は2011年）。

ており，90年代には結婚行動よりも夫婦の出生行動による変化のほうがより出生を抑制しているというデータもある。[5] 夫婦の完結出生児数（夫婦の最終的な出生子ども数）は，2005年の調査では2.09人に減少，2010年にはさらに1.96人へと低下している。[6] しかし，2010年の「第14回出生動向基本調査」によれば，理

想子ども数の平均は2.42人であった。予定子ども数が理想子ども数を下回る理由として，妻の側で最も多かったのは経済的理由であるが，次に多かったのが「高年齢で生むのはいやだから」という理由である（表5−2）。これは晩婚化の傾向が夫婦の出生力の低下をもたらしている証左でもある。つまり，少子化に晩婚化・未婚化が影響していることは明白である。

　本章では，少子社会の大きな原因とされる晩婚化・未婚化の背景をジェンダーの視点から分析し，その解決に向けて提言を行うことを目的とする。具体的には，次節で晩婚化・未婚化をもたらす要因について検証し，その背景に近代的な性別役割分業が影響していることを明らかにする。第3節では，近代的性別役割分業が確立されていく過程を検討し，次に現在では男女の分業による利益が希薄になっている状況も紹介する。その上で，少子化を食い止める解決策を提示して本章を結びたい。

2　晩婚化・未婚化現象とジェンダー問題

　晩婚化・未婚化が進行しているとはいえ，若者の結婚意欲が減少したわけではない。テレビや雑誌などのメディアによる情報は，結婚に関するものであふれている。映画もドラマもアニメも恋愛の先のゴールを結婚に定め，社会もそれを違和感なく受け止めている。「婚活」なる言葉まで登場して，若者たちが真剣に結婚の途を模索している様子がよくわかる。ではなぜ結婚しない若者たちが増えているのだろうか。その理由として，最も多くあげられるのは，「適当な相手にめぐり会わない」からだとされている。[7] その「適当な相手」とはどのような相手なのだろうか。2010年のデータ（図5−1）によると，男女ともに最も重視しているのは相手の「人柄」，次に「家事・育児の能力」，「仕事への理解」と続くが女性の場合は特に後者2つの値が高くなっている。この2つの条件からみて，女性は結婚後も就労意欲が高く，家庭生活と仕事の両立のために男性の協力や理解が不可欠なものと考えていることがわかる。しかしその一方で最も男女差で際立つのが，女性が相手に求める〔経済力〕の条件の比重である。相手の「職業」，「学歴」についても重視又は考慮すると回答した割合が

図5-1 調査別にみた，結婚相手の条件として考慮・重視する割合の推移

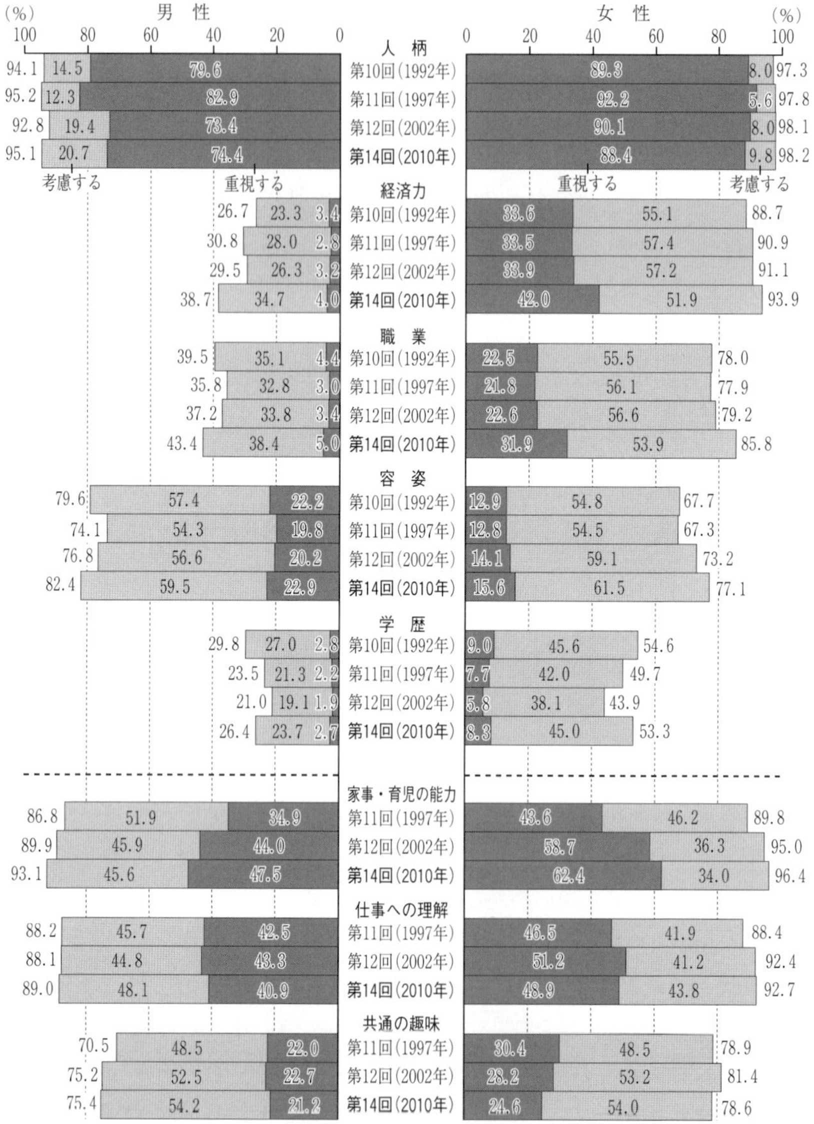

(%) 　男　性　／　女　性　(%)

左側「男性」，右側「女性」。男性は左から〔計・考慮する・重視する〕，女性は左から〔重視する・考慮する・計〕の順。

人柄

調査	男性 計	男性 考慮する	男性 重視する	女性 重視する	女性 考慮する	女性 計
第10回(1992年)	94.1	14.5	79.6	89.3	8.0	97.3
第11回(1997年)	95.2	12.3	82.9	92.2	5.6	97.8
第12回(2002年)	92.8	19.4	73.4	90.1	8.0	98.1
第14回(2010年)	95.1	20.7	74.4	88.4	9.8	98.2

経済力

調査	男性 計	男性 考慮する	男性 重視する	女性 重視する	女性 考慮する	女性 計
第10回(1992年)		26.7	23.3	3.4	33.6	55.1	88.7

調査	男性 考慮する	男性 重視する	女性 重視する	女性 考慮する	女性 計
第10回(1992年)	26.7 / 23.3	3.4	33.6	55.1	88.7
第11回(1997年)	30.8 / 28.0	2.8	33.5	57.4	90.9
第12回(2002年)	29.5 / 26.3	3.2	33.9	57.2	91.1
第14回(2010年)	38.7 / 34.7	4.0	42.0	51.9	93.9

職業

調査	男性 計	男性 考慮する	男性 重視する	女性 重視する	女性 考慮する	女性 計
第10回(1992年)	39.5	35.1	4.4	22.5	55.5	78.0
第11回(1997年)	35.8	32.8	3.0	21.8	56.1	77.9
第12回(2002年)	37.2	33.8	3.4	22.6	56.6	79.2
第14回(2010年)	43.4	38.4	5.0	31.9	53.9	85.8

容姿

調査	男性 計	男性 考慮する	男性 重視する	女性 重視する	女性 考慮する	女性 計
第10回(1992年)	79.6	57.4	22.2	12.9	54.8	67.7
第11回(1997年)	74.1	54.3	19.8	12.8	54.5	67.3
第12回(2002年)	76.8	56.6	20.2	14.1	59.1	73.2
第14回(2010年)	82.4	59.5	22.9	15.6	61.5	77.1

学歴

調査	男性 計	男性 考慮する	男性 重視する	女性 重視する	女性 考慮する	女性 計
第10回(1992年)	29.8	27.0	2.8	9.0	45.6	54.6
第11回(1997年)	23.5	21.3	2.2	7.7	42.0	49.7
第12回(2002年)	21.0	19.1	1.9	5.8	38.1	43.9
第14回(2010年)	26.4	23.7	2.7	8.3	45.0	53.3

家事・育児の能力

調査	男性 計	男性 考慮する	男性 重視する	女性 重視する	女性 考慮する	女性 計
第11回(1997年)	86.8	51.9	34.9	43.6	46.2	89.8
第12回(2002年)	89.9	45.9	44.0	58.7	36.3	95.0
第14回(2010年)	93.1	45.6	47.5	62.4	34.0	96.4

仕事への理解

調査	男性 計	男性 考慮する	男性 重視する	女性 重視する	女性 考慮する	女性 計
第11回(1997年)	88.2	45.7	42.5	46.5	41.9	88.4
第12回(2002年)	88.1	44.8	43.3	51.2	41.2	92.4
第14回(2010年)	89.0	48.1	40.9	48.9	43.8	92.7

共通の趣味

調査	男性 計	男性 考慮する	男性 重視する	女性 重視する	女性 考慮する	女性 計
第11回(1997年)	70.5	48.5	22.0	30.4	48.5	78.9
第12回(2002年)	75.2	52.5	22.7	28.2	53.2	81.4
第14回(2010年)	75.4	54.2	21.2	24.6	54.0	78.6

(注) 対象は「いずれ結婚するつもり」と答えた18〜34歳未婚者。
(設問) 「あなたは結婚相手を決めるとき，次の①〜⑧の項目について，どの程度重視しますか。それぞれあてはまる番号に○をつけてください。」（1.重視する，2.考慮する，3.あまり関係ない）。
(出所) 国立社会保障・人口問題研究所（2010）。

高いことは，それがすべて〔経済力〕につながるからである。一方，男性の場合，女性の〔経済力〕には関心が低く，女性よりもこだわる条件は相手の「容姿」のみとなっている。この結果から，女性は男性と比べて結婚相手に求める条件が多岐にわたること，特に男性に〔経済力〕，さらに〔家庭生活と仕事の両立への協力や理解〕を望んでいることがわかる。では，女性は男性よりもわがまま，よくばりなのだろうか？　実はそうではない。男性との相違が目立つこの2点について，本節ではさらに詳しく検証する。

［1］ なぜ女性は結婚相手の男性に〔経済力〕を求めるのだろうか

その答えは簡単である。一般に日本の女性は，男性に比べて〔経済力〕の面で劣り，また維持することが難しいからである。「男女雇用機会均等法」が誕生して四半世紀たつというのに，女性の平均賃金は未だ男性の7割程度であり，職種によってはさらにその差は大きくなる（図5-2）。また結婚したカップルのほとんどが夫婦共稼ぎを選択するものの，子どもができると育児に専念するために仕事を辞め専業主婦となる女性が少なくない。そのため，日本では30代前後の女性の労働力人口が減り，その後ある程度，子どもが大きくなったら再び労働市場に戻っていくM字型カーブを描く就労パターンが未だに多くの女性の間で選択されている（図5-3）。したがってその平均勤続年数は当然，男性より低くなる。しかもいったん家庭に入った女性の正規雇用としての門戸は狭く，ほとんどの女性はパートをはじめとした非正規雇用者として再就職することになる。平均勤続年数の短さと非正規雇用層が多いことが平均賃金の低さに反映されるのである。さらに正規雇用者であっても男性に比べて昇進などの途が狭いこと，また長らく女性が占有してきた職業の賃金が比較的低く抑えられていることによって給与間格差を生み出している。加えて雇用のシステムに家父長制の価値観が具現化され，男性の給料にのみ家族手当などがついているケースもめずらしくないこともその現象を強化している。その一方でこの価値観は，女性は家計補助者という男女の"棲み分け"も伴うから，女性の給与は低く抑えられるのである。[8]

このような状況は，女性たちに，結婚すれば男性に経済的に依存することに

図5-2 男女間所定内給与格差の推移

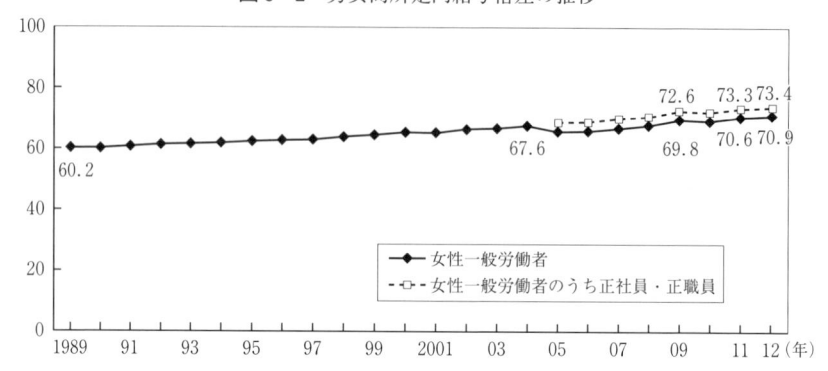

(備考) 1：厚生労働省「賃金構造基本統計調査」より作成。

2：「一般労働者」は常用労働者のうち，「短時間労働者」以外の者をいう。

3：「短時間労働者」は，常用労働者のうち，1日の所定内労働時間が一般の労働者よりも短い又は1日の所定内労働時間が一般の労働者と同じでも1週の所定労働日数が一般の労働者よりも少ない労働者をいう。

4：「正社員・正職員」とは，事業所で正社員，正職員とする者をいう。

5：所定内給与の男女格差は，男性の所定内給与額を100とした場合の女性の所定内給与額を算出している。

(出所) 内閣府男女共同参画局 (2013)。

図5-3 女性の年齢階級別労働力率 (国際比較)

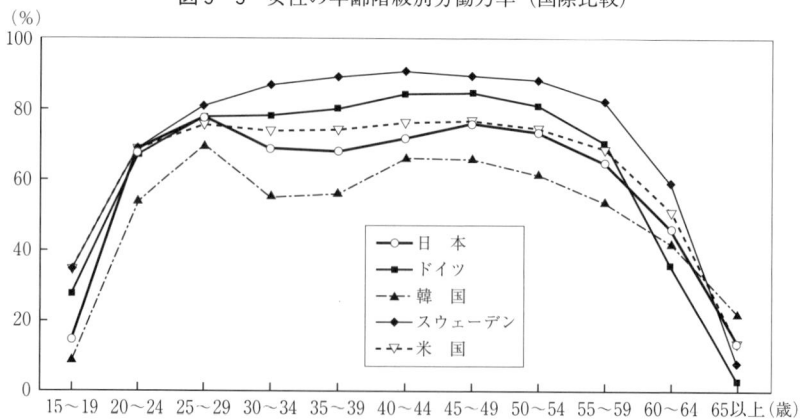

(備考) 1：「労働力率」は，15歳以上人口に占める労働力人口 (就業者＋完全失業者) の割合。

2：米国の「15〜19歳」は，16〜19歳。

3：日本は総務省「労働力調査 (基本集計)」(平成24年)，その他の国はILO「LABORSTA」より作成。

4：日本は2012 (平成24) 年，その他の国は2010 (平成22) 年より作成 (ただし，ドイツの65歳以上は2008〔平成20〕年)。

(出所) 内閣府男女共同参画局 (2013)。

表5-3　女性が職業をもつことについての考え

調査年次	女性は職業を持たない方がよい	結婚するまでは職業をもつ方がよい	子どもができるまでは，職業をもつ方がよい	子どもができても，ずっと職業を続ける方がよい	子どもができたら職業をやめ，大きくなったら再び職業をもつ方がよい	その他	わからない
2012年調査	3.4	5.6	10.0	47.5	30.8	1.4	1.3
2009年調査	3.5	5.5	10.7	45.9	31.3	1.4	1.8
2007年調査	3.6	5.5	10.7	43.4	33.0	1.4	2.3
2004年調査	2.7	6.7	10.2	40.4	34.9	2.3	2.8
2002年調査	4.4	6.2	9.9	37.6	36.6	1.1	4.2
2000年調査	4.1	7.8	10.4	33.1	37.6	2.7	4.3
1995年調査	4.3	9.0	11.7	30.2	38.7	2.8	3.4
1992年調査	4.1	12.5	12.9	23.4	42.7	1.5	2.9
(2012年10月調査内訳)年齢							
20～29歳	0.4	6.4	15.4	39.1	36.1	1.5	1.1
30～39歳	1.4	3.5	9.0	52.9	30.2	1.9	1.2
40～49歳	2.0	3.4	8.8	50.0	33.2	1.6	1.0
50～59歳	3.6	3.4	5.5	55.1	30.4	1.5	0.4
60～69歳	3.9	5.4	9.4	50.4	28.7	1.0	1.1
70歳以上	6.1	9.9	13.2	37.4	29.7	1.3	2.4

（資料）　内閣府「男女共同参画社会に関する世論調査」より厚生労働省政策統括官付政策評価官室作成。
（出所）　厚生労働省（2013）。

なるという想像を働かせる。近年，ある有名タレントが，結婚相手には自分の年収の2倍を求めるといって周囲の顰蹙を買ったことがあるが，子どもを出産し専業主婦になるのであれば，男性の収入に喪失する自分の収入分を求めたとしても何ら不思議はない。またその後，再就職したとしても元の収入が期待できないのであれば，女性が結婚相手に〔経済力〕を求めるのは，わがままでもよくばりでもなく，ごく普通の生きる者としての防衛本能なのである。しかし若い男性の非正規雇用が社会問題となり，大卒の就職率も年々下がる傾向にあるこんにち，女性たちの希望をかなえてくれる男性に出会う確率は極めて低い。[9]

2 なぜ〔家事・育児への協力〕的な男性が女性の結婚条件になるのか？

　現代の女性は結婚後も仕事を続けることにためらいはない。結婚相手に望む

条件に「自分の仕事への理解と協力」があげられているのも，そのためである。また男性の側も，不安定な雇用状況を考えると，専業主婦を養えるだけの余裕がないことは承知している。だから以前のように，プロポーズと同時に「結婚したら仕事をやめてくれ」などと口走る種類の男性は現在ではほぼ絶滅種に近い存在である（表5-3）。それどころか，子どもができても働き続ける妻を求めている。最近の若い男性のほとんどには，自分の給料で3食昼寝付きの専業の妻を雇う経済力もなければ，そのような意志もない。したがって女性たちが結婚相手に特別，仕事への理解・協力を声高にいわなければならない時代は終わったはずである。

　しかしである，実際に結婚するとどうなるのか？　2011年の統計によれば，日本男性が1日平均従事する家事関連時間は42分，これは5年前の38分と比べれば前進している。興味深いことにこの状況は妻が専業主婦であっても外に職業をもっていても変わらない。これを6歳未満の子どもがいる家庭に絞ってみてみると，家事・育児時間は1時間以上に増える（図5-4）。しかしそのうちの40分近くは育児に費やすため，平均5時間ともいわれる妻が行う家事への負担は消えない。背景の一つには，日本の長時間労働の問題がある（表5-4）。日本では，過労死もめずらしくなく，働き盛りの男性が身体ばかりか心のバランスまで崩しうつ病になるケースも増えている。リストラの恐怖に怯え，心身の不調にも耐えながら働き，帰宅時間も遅い男性に，「もっと家事を」とはいえない現実がある（図5-5）。未だに女性が結婚相手に，〔家事・育児への協力〕ができる男性を選ぶ理由はここにある。彼女たちは，自分の親世代をみてその現実を知っている。

3 性別役割分業という壁

　以上みてきたように，結婚を阻む要因として，女性が求める男性の〔経済力〕に対しては若年の不安定な雇用の状況が，また結婚後の〔家事・育児への協力〕については長時間労働の日本社会がある現実をみてきた。つまり晩婚化・未婚化には，日本の経済状況が大きく影響しているのである。しかし結婚を阻むこれら2つの条件の他にもう一つの重要な要因がある。それが性別役割

図5-4　6歳未満児のいる夫の家事・育児関連時間（1日当たり）

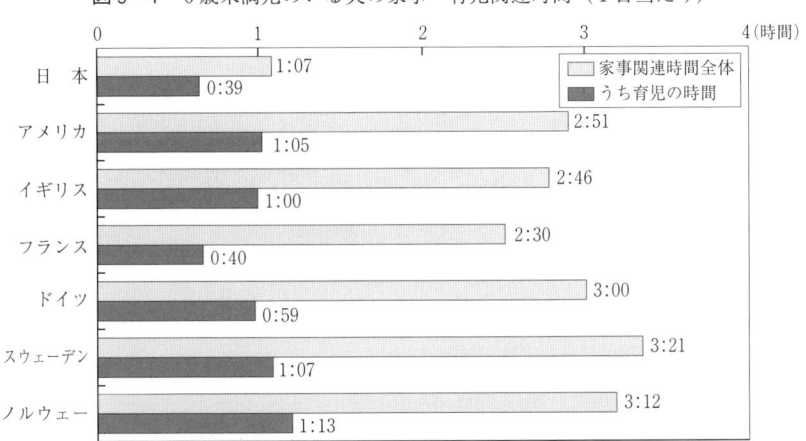

（備考）1：Eurostat "How Europeans Spend Their time Everyday Life of Women and Men" (2004), Bureau of Labor Statistics of the U. S. "America Time-Use Survey Summary" (2011) 及び総務省「社会生活基本調査」（平成23年）より作成。
　　　　2：日本の数値は、「夫婦と子どもの世帯」に限定した夫の「家事」、「介護・看護」、「育児」及び「買い物」の合計時間である。
（出所）　内閣府男女共同参画局（2013）。

表5-4　1人当たり平均年間総実労働時間
（単位：時間）

年	日　本	アメリカ	イギリス	ド イ ツ[1]	フランス[2]	スウェーデン
1990	2,031	1,831	1,771	1,578	1,705	1,561
1995	1,884	1,845	1,743	1,534	1,651	1,640
2000	1,821	1,836	1,712	1,473	1,591	1,642
2001	1,809	1,814	1,715	1,458	1,579	1,618
2002	1,798	1,810	1,696	1,445	1,537	1,595
2003	1,799	1,800	1,677	1,439	1,533	1,582
2004	1,787	1,802	1,672	1,442	1,561	1,605
2005	1,775	1,800	1,676	1,434	1,557	1,605
2006	1,784	1,801	1,671	1,430	1,536	1,599
2007	1,785	1,798	1,673	1,431	1,556	1,615
2008	1,772	1,796	1,652	1,430	1,560	1,625
2009	1,714	1,768	1,646	1,390	1,554	1,610

（資料出所）　OECD Database（http://stats.oecd.org/）"Average annual hours actually worked per worker" 2010年7月現在，OECD (2010.7) *Employment Outlook 2010.*
（注）　データは一国の時系列比較のために作成されており，データ源の違いから特定年の平均年間労働時間水準の各国間比較には適さない。フルタイム労働者，パートタイム労働者を含む。国によって母集団等データの取り方に差異があることに留意。
　　　1)　1990年は旧西ドイツ地域。
　　　2)　2008，2009年の数値は推計値。
（出所）　独立行政法人労働政策研究・研修機構『データブック国際労働比較2011』。

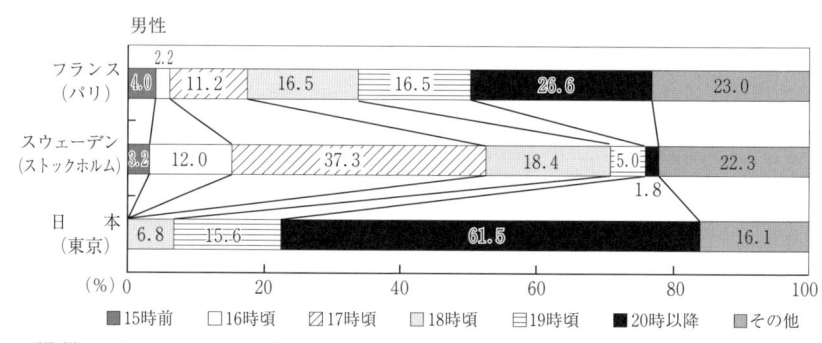

図5-5 3都市でみた男女の帰宅時間

女性

	15時前	16時頃	17時頃	18時頃	19時頃	20時以降	その他
フランス（パリ）	3.4	5.9	16.8	27.7	16.0	9.7	20.6
スウェーデン（ストックホルム）	14.1	16.2	24.9	10.4	3.6	1.9	28.9
日本（東京）				37.8	11.0	9.5	41.6

■15時前　□16時頃　◨17時頃　□18時頃　☰19時頃　■20時以降　▨その他

男性

	15時前	16時頃	17時頃	18時頃	19時頃	20時以降	その他
フランス（パリ）	4.0	2.2 / 11.2	16.5	16.5	26.6		23.0
スウェーデン（ストックホルム）	3.2	12.0	37.3	18.4	5.0	1.8	22.3
日本（東京）	6.8	15.6	61.5				16.1

■15時前　□16時頃　◨17時頃　□18時頃　☰19時頃　■20時以降　▨その他

(備考) 1：以下のデータにより作成。
　　　　フランス，東京：内閣府経済社会総合研究所編「フランスとドイツの家庭生活調査」（平成17年）
　　　　スウェーデン：内閣府経済社会総合研究所編「スウェーデン家庭生活調査」（平成16年）
　　　2：東京は1999年，ストックホルムは2003年，パリは2004年のデータ。
　　　3：35歳から44歳までのカップル（東京については妻が33歳から44歳）を対象に調査。
　　　4：東京の調査では帰宅時間の選択を「18時前，18時頃」からにしたため，それより早く帰宅している者の内訳は不明。
(出所)　内閣府男女共同参画局（2007）。

分業の存在である。

　例えば女性が男性の〔経済力〕に頼る背景には，女性の経済的自立の困難な状況があった。女性の家計補助的な位置づけが歴史的に女性の賃金を抑制し，また子どもが産まれると専業主婦になるというライフスタイルがその状況を促進してきたことを確認してきた。そしてこれらの状況を生み出しているのが，「男は仕事，女は家事・育児」という性別役割分業の規範なのである。男性が一家の稼ぎ手であることを前提としたこの規範では，女性の賃金は家計を援助

する程度で抑制されて当然である。また育児のためにいったん仕事を辞めるというM字型就労も，女性が家事・育児の主担者であるという規範が招く結果なのである。

　そして男性が〔家事・育児への協力〕をできないのは，たしかに日本の長時間労働，現在の不安定な経済状況が影響しているからである。しかしそれにしても，欧米諸国の男性の家事・育児参加度と比べるとその違いは歴然としている（前掲図5‐4）。アメリカの男性の労働時間に関しては，日本とそう遜色がないデータもある（表5‐4）。サービス残業の存在を考慮しても，この差は一体，どこから来るのだろうか。そこにはやはり「家事・育児」という家族世話係は女性であるという性別役割分業の規範が働いているのではないか。性別役割分業観について，国際比較を行ったデータがある。日本はいわゆる先進諸国と比べると，この規範への抵抗が低い（図5‐6）。

　そのことが育児休業の取得率にもはっきりと表れている（表5‐5）。男女ともに育児休業をとることができる「育児休業制度」（1992年）が施行されて20年近くになるというのに，利用する男性は女性の1割にもはるか届かない。もっともこれには，もう一つの要因もあると思われる。子どもを産み控える要因には，経済的理由が大きいことが明らかにされている（表5‐6，前掲表5‐2）が，日本の「育児休業制度」の所得保障は他の国に比べて万全とはいえない（表5‐7）。2013年においても，失業保険から支給される育児休業給付は職場復帰の条件でようやく給与の50％という値であった。ただでさえ育児の経済的負担が大きいのなら，一家全体の家計で考えて賃金の高いほうがそのまま働くという選択がなされるのは当然のことであろう。そしてそれは男性なのである。また「育メン」の流行語が物語るように育児をする男性への社会的評価も高まりつつあるが，それは職場では昇進の評価にはつながらない。それどころか，30代での1年に及ぶ休暇は，出世レースからの撤退と受け止められかねない厳しい雇用の現実がある。一家の稼ぎ手として期待される男性にとって，育児休暇の取得は，生まれた子どもの将来のためにも選べない選択肢なのである。

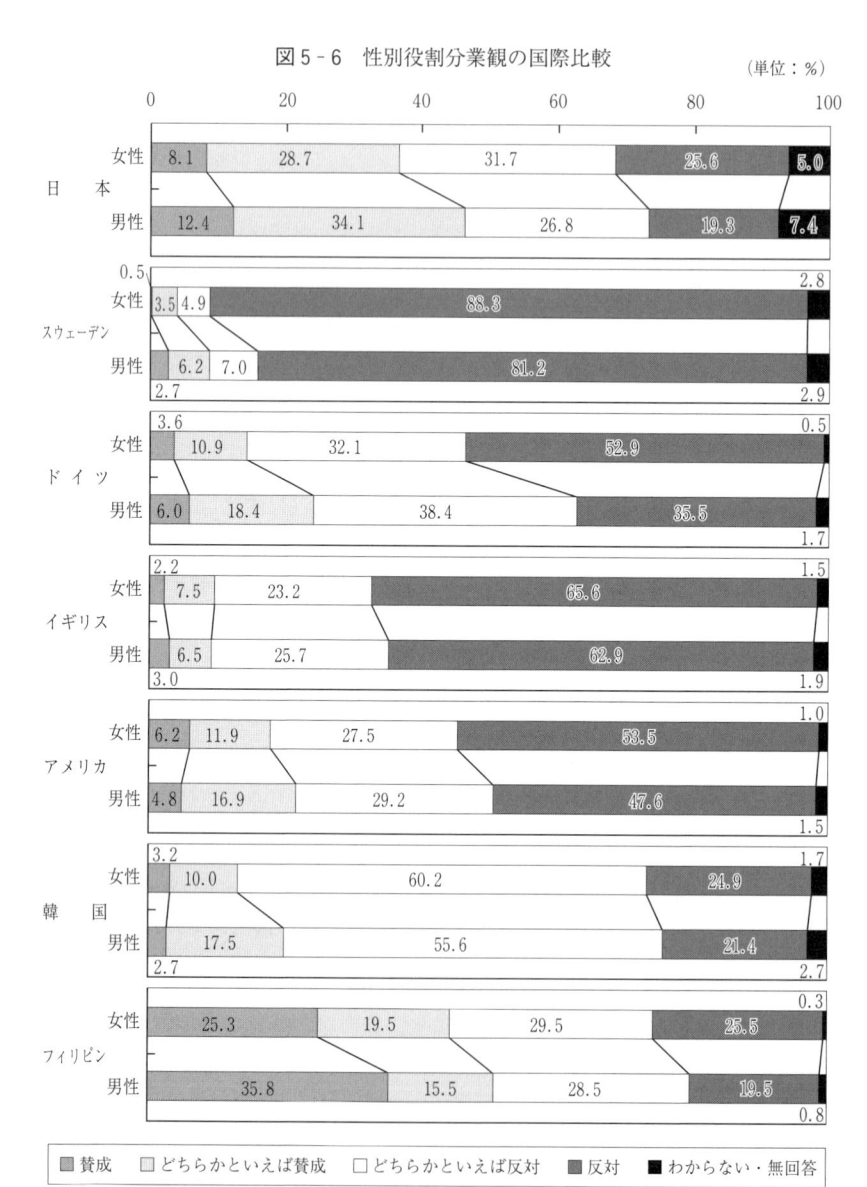

図5-6　性別役割分業観の国際比較

(単位：%)

凡例：■ 賛成　□ どちらかといえば賛成　□ どちらかといえば反対　■ 反対　■ わからない・無回答

（備考）　内閣府「男女共同参画社会に関する国際比較調査」（平成14年度）より作成。
（出所）　内閣府男女共同参画局（2007）。

表5-5　男女別育児・介護休業取得率

男女別育児休業取得率

(単位：%)

	休業を開始した者の男女比			出産した女性労働者に占める育児休業取得者の割合	配偶者が出産した男性労働者に占める育児休業取得者の割合
	計	女性	男性		
2004年度	100.0	96.1	3.9	70.6	0.56
2005年度	100.0	98.0	2.0	72.3	0.50

男女別介護休業取得率

	休業を開始した者の男女比			常用労働者に占める介護休業取得者の割合
	計	女性	男性	
2002年度	100.0	66.2	33.8	0.05
2005年度	100.0	73.5	26.5	0.04

(資料)　厚生労働省雇用均等・児童家庭局「女性雇用管理基本調査」(2002年度, 2004年度, 2005年度)
(出所)　厚生労働省 (2008)。

表5-6　追加の子どもを実現できない理由（妻の年齢別）

(単位：%)

妻の年齢	追加の子どもの数を実現できない可能性は低い	追加の子どもを実現できない場合の理由（複数回答）						不詳
		収入が不安定なこと	自分の夫の仕事の事情	家事・育児の協力者がいないこと	保育所など子どもの預け先がないこと	今いる子どもに手がかかること	年齢や健康上の理由で子どもができないこと	
30歳未満	18.5	43.6	19.7	10.5	14.6	12.4	18.9	6.7
30～34歳	13.9	27.6	22.1	12.9	14.9	10.0	39.7	8.5
35～39歳	9.8	21.6	18.5	10.3	9.8	7.7	62.4	8.2
40歳以上	6.7	20.2	16.0	10.1	4.2	4.2	75.6	5.9
合　計	13.8	30.5	20.0	11.3	12.7	9.7	41.6	7.8

(資料)　国立社会保障・人口問題研究所「出生動向基本調査」および鎌田 (2013) より厚生労働省政策統括官付政策評価官室作成。
(引用文献)　鎌田健司 (2013)「30代後半を含めた近年の出産・結婚意向」ワーキングペーパーシリーズ (J), 国立社会保障・人口問題研究所。
(注)　対象は追加予定子ども数が1人以上の初婚どうしの夫婦。
(設問)　「今後持つおつもりのお子さんの数が, もし結果的に持てないことがあるとしたら, その原因は何である可能性が高いですか。」
(出所)　厚生労働省 (2013) 99頁。

表 5-7　ワーク・ライフ・バランスのための取り組み

	保育サービス等	出産・育児休業, 休業給付等	働き方の見直し（労働法, 長時間労働の是正, 雇用機会均等等）
日本	利用割合　13.0%（0〜2歳児）	・出産休暇 産前6週間, 産後8週間（賃金保障は60%） ・育児休暇 子が1歳（一定の場合は, 1歳6か月）になるまでの期間, 取得可能（休業前賃金の40%相当額（平成19年10月より暫定的に同50%相当額に引き上げ予定）の育児休業給付が, 一定の要件を満たす育児休業取得者に対し支払われる） ※育休取得率（H17　女72.3%, 男0.5%）	男女雇用均等法, 男女共同参画社会基本法, 労働基準法, パートタイム労働法
ノルウェー	利用割合　76%（2005年現在, 1〜5歳児） 保育所のうち自治体の運営するもの　44% 保育料上限規定あり（2250ノルウェークローネ）	・出産休暇 産前12週間のうち3週間は義務, 産後6週間（育児休暇のうち母親の割当） ・育児休暇 54週間（休業前賃金の80%相当額の給付）又は44週間（同100%の給付）うち6週間は父親の割当（パパ・クォーター） ※育児休業取得率は非常に高く, パパ・クォーター資格を持つ父親のうち90%	男女平等法
スウェーデン	利用割合　48.0% 保育所と家庭的保育サービス（ファミリーディケア）ともに充実している 保育料は平均賃金の約10%以下に設定	・出産休暇 出産前後各7週間 ・両親休暇（パパ・ママ・クォーター*） 両親合わせて480日（給付も480日。配偶者に譲ることのできない休日各60日労働日を含む。390日は賃金の80%を保障。） ※育休取得率が高い。取得者の30%が男性	機会均等法, パートタイム労働法（8歳以下もしくは基礎学校の第1学年に通っている子どもがいるときは通常の労働時間の1/4まで短縮可）
ドイツ	利用割合　8.0% 在宅保育サービスは公的制度として認めていない。保育所も3歳未満は供給量が不足	・出産休暇 産前6週間, 産後8週間母親の労働禁止（母性手当等により賃金相当額を給付） ・両親休暇 子どもが8歳になるまでの期間, 両親合わせて最長3年間（給付は2年間, 所得制限あり） ※育休取得率が高いが男性の取得率は低い	男女平等待遇法, 男女同権法, 就業促進法, パートタイム労働者等を保護するパートタイム・有期法
フランス	利用割合　29.0% 保育ママ（家庭的保育）が主流	・出産休暇 16〜46週間（賃金保障100%） （第1子, 第2子：産前6週間＋産後10週間, 第3子以降：産前8週間＋産後18週間, 双子の場合：産前12週間＋産後22週間, 三つ子以上の場合：産前24週間＋産後22週間） ・父親休暇 出産前後4か月以内に11日間（三つ子以上の場合18日間）	男女平等原則（労働法典）, 週35時間労働奨励法

（注）　1：パパ・クォーター, ママ・クォーターとは, 育児休業日数のうち, 配偶者に譲ることのできない割当てであり, 割当分を取得しなければその期間の休暇や給付を放棄したとみなされる。

　　　　2：日本では2014年4月1日より育児休業給付金の支給率が引き上げられている（育児休業開始〜180日目まで休業開始前賃金67%の支給, 支給額に上限額, 下限額なども設定されている）。

（出所）　内閣府男女共同参画局（2007）。

3　性別役割分業を超えるために

1　近代的性別役割分業の誕生

　第2節では，晩婚化・未婚化の背景を検討してきた。その結果，現在の社会状況が結婚を阻んでいると同時に，ジェンダーの問題，すなわち性別役割分業が大きな要因にあることを検証した。では「男は仕事，女は家事・育児」という性別役割分業は，古（いにしえ）より続いてきた伝統的な体制なのであろうか？　現在，女性史や家族社会学などの研究によって，「男は仕事，女は家事・育児」という性別役割分業は近代に形成された分業であること，またその規範をベースにした現在の家族も近代以降に創られた形態であることが明らかにされている[13]。ここでは，なぜ近代的な性別役割分業が登場し，広まっていったのか，その背景とプロセスを明らかにし，それが普遍的なものでも絶対的なものでもなく，"変えられる"ものという認識の根拠としたい。

　渡辺秀樹は，「戦後日本の親子関係」を分析した論文で，高度経済成長の入り口1958（昭和33）年の時点の農村部における家事・育児の状況を調査した研究から，農家では育児は主に祖母が担当し，母親は家事・育児よりも農作業を優先していたことを明らかにしている[14]。日本では産業革命期以降もかなり長い間，農村人口が大きな比重を占めてきたことを考えると，この分析は，日本の当時の母親の実態を示しているといえよう。すなわち戦後のある一定の時期まで，母親のほとんどは家事・育児の専従者ではなく，一家の経済に貢献する生産労働者だったのである。では，いつごろから，現在のわれわれが抱くような家族，つまり母親が家事・育児に専念するような家族像が創られ，定着したのだろうか。

　日本の産業革命期は19世紀末から20世紀初頭にかけてといわれるが，この時期，農村部から都市への人口移動がはげしくなった。明治民法では，戸主（家長）の許可さえあれば，分家の創設が可能であったため，大正時代には夫婦と子どもだけから構成される核家族が都市を中心に増えていった。家産や家業から離れ雇用労働者となった家族員は，生産の単位ではなく消費生活の単位とし

ての家族を形成する。すなわち農家では一体化していた職住の場が分離した世界で生活する家族が，急激に増加していくのである。その中には新中間層として比較的安定した生活を送ることができる階層も出現し，夫は外で働き，妻は家庭内で家事・育児に専念する，いわゆる「主婦」が登場したのであった。だが，一般の労働者家族の生活基盤は弱く，夫婦共働きによってやっと家計を維持することができるのが現実であった。

　少数派であった専業の「主婦」が一般化するのは，高度経済成長期を迎えた頃からである。この時期，日本の経済は目覚ましい発展をとげ，国民総生産は飛躍的に伸びた。産業構造は大きく転換し，1950年には半数近く占めていた農業人口は70年には5分の1以下に減少，第2次第3次産業従事者の比率が高まっていった。高度産業化の進行は，家族に現在，未来にわたる労働力の維持・再生産を要求する。すなわち現在の労働力である夫の身辺の"世話"（Care）と，未来の労働力である子どもへ高度な産業社会に適応できるための教育も含めた"世話"を家庭における妻，母親に求めたのである。産業構造の変化と都市化は，中間層を増加させ，家族の"世話"を主担できる存在，つまり多くの専業主婦を生み出す条件を整えた。こうしてこの時期に，夫は仕事，妻は家事・育児という性別役割分業は実質的に完成し，大衆化を迎えたのである。[15]

　しかし一方で高度経済成長期の社会は女性の労働力も必要とする。女性の雇用労働者数もこの期に2倍近くまで増加し，既婚労働者が占める割合も年々高くなっていった。働く女性が増え，家庭の養育機能が低下することに危機感をもった政府は1960年代初頭より「家庭づくりの政策」を推進させる。そして高度成長に伴う労働力の必要と，家庭を守る専業主婦の要請，この2つの矛盾を解決するために，政府は日本独特のパートタイマー制度を生み出した。[16] 低賃金で働き社会保障費の負担も不要，また家族のケアに影響しない程度に働けるパートタイマーは，経済界にも女性にも歓迎されたのであった。また政府にとっては，母親がある一定の育児期間は家庭にとどまることを可能にするこのシステムは，当時，働く女性の間で高まっていた，高額の予算を伴うゼロ歳児保育所の要求を回避できる格好の政策でもあった。政府は，この政策を後押しするためにパートタイマーを専業主婦層に組み込み，彼女たちをサラリーマン

の内助の功として評価する配偶者控除の制度を創設し，ここに主婦のパート労働が一般化していく基盤が醸成されたのである。

　このようにしてみていくならば，「男は仕事，女は家事・育児」という性別役割分業は，職住の場が分離した近代以降の資本主義の発展に伴って創設された，いわば近代的性別役割分業なのである。したがって近代国家の誕生と性別役割分業の形成がセットとされるこの現象は日本だけにとどまらない。ただ日本の場合，独自の家父長制度がそれに結びついて形成されたために，例えば資本主義が成熟し，新たな局面が要請される現在においても，他の先進諸国と比して，未だ性別役割分業へのこだわりが強いのである。

2　分業の魅力の希薄化

　では，性別役割分業がその社会の要請に基づいて歴史的に創られてきたものであるならば，現在，その分業は社会にとってどのような価値をもつのだろうか？　すでに1985年の「男女雇用機会均等法」で雇用の場における男女の平等が義務づけられ，また1999年には「男女共同参画社会基本法」が制定され，男女が社会のあらゆる分野へ参画する機会を確保され，均等に政治的，経済的，社会的および文化的利益を享受し，かつともに責任を担うべき社会の形成を目指すことが謳われている。つまり社会的には性別役割分業はすでに否定されているのである。その背景には，「少子高齢化の進展，国内経済活動の成熟化等我が国の社会経済情勢の急速な変化に対応していく」上で，男女共同参画社会の実現が緊要な課題であるとの認識がある。要するに性別役割分業は，現代社会にとって不用な存在なのである。

　では，個人のレベルではどうだろうか？　『国民生活白書　平成17年版』では，結婚のメリットについて経済学者 G. ベッカーによる「①夫婦の分業によるメリット，②家族の規模の拡大によるメリット，③その他精神的充足など結婚固有のメリット」という３つの分類を紹介している。そして①の分業によるメリットを「家庭外で就労して収入を得ることと，炊事，洗濯，掃除などの家事一般を賄うことにより生活が成り立っているとした場合に，夫と妻がそれぞれ両者をこなすよりも，役割分担をしてそれぞれが一方に特化した方が効率的

だとするものである」と説明した上で，しかしデータから近年のカップルにおいてはこのメリットが希薄になっていると分析している（図5-7）。

　すなわち世帯の収入について，依然「夫が主として責任をもつ家庭」と回答した割合が男性52.5％，女性53.9％と高いが，一方で「夫妻いずれも同様に責任をもつ家庭」との回答も男性46.5％，女性45.3％となっており，その差は10％に満たない。家事については「妻が主として責任をもつ家庭」と回答した割合が男性42.1％，女性38.7％に対し，「夫妻いずれも」と回答した割合のほうが男性57.5％，女性60.8％と上回っているのである。このデータをみる限り，たしかに分業への意識の希薄化がみられる。この原因について，『国民生活白書　平成17年版』では，男女の進学率の差の縮小による男女の賃金格差の縮小，コンビニや外食産業，多様な家電，インターネットなどの普及による生活の利便性の上昇を指摘している。つまり所得格差の縮小によって男性が外で働くことに特化することのメリットが希薄になる一方で，生活の利便性の発達から女性に家事を特化することのメリットが希薄になっているというのである。同白書の分析は，分業のメリットの希薄と同時に，男性女性ともに単身生活が以前ほど苦痛でも不便でもなく，むしろ「自由」を享受することのできる環境に安住できることを示している。つまり本章でみてきた結婚インセンティブを妨げる大きな壁，性別役割分業は，個人レベルにおいても徐々にその存在価値を失ってきているということなのである。

③ パラサイトシングルの誘惑

　しかし本当にそうなのだろうか。実際には男女の賃金格差は縮小されてはいるものの依然続いており，業種によってはさらに格差がある。またみてきたように子どもが生まれた場合，M字型就労を選択する女性が少なくないことから，いったん家庭に入った女性が復職するときには現役時代よりも収入が激減する非正規雇用となることも確認してきた。要するに，日本の男性には変わらず一家の稼ぎ手たる役割が期待されるような構造がある。また家事・育児についても，前節で確認してきたように現実には男性の参加時間は，先進諸国と比して極端に短く，女性の負担を軽減させてはいない。その背景には男性の長時間労

図5-7　結婚意欲別「夫婦のいずれが責任をもつ家庭を築きたいか」

①世帯収入に関する考え方

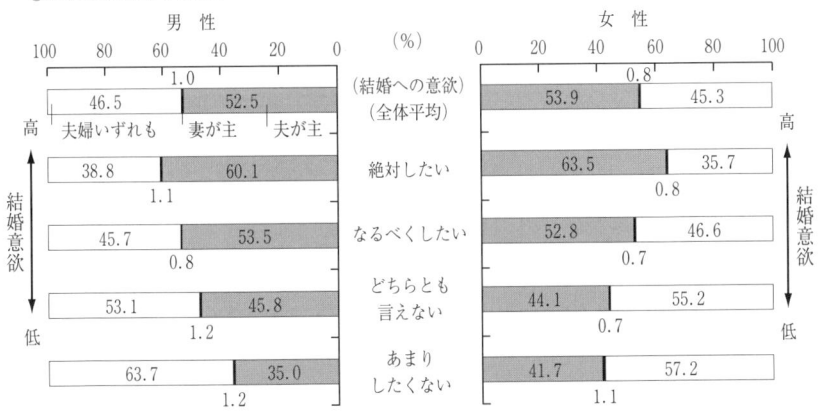

②家事に関する考え方

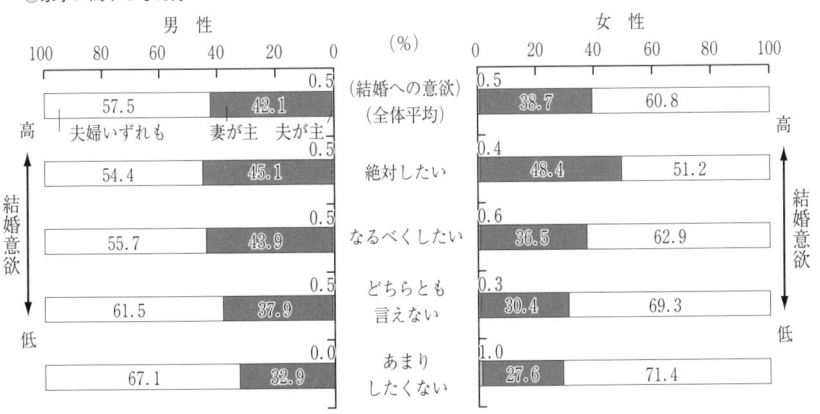

(備考)　1：厚生労働省「21世紀成年者縦断調査」(2002年) により作成。
　　　2：「今後結婚したいと思いますか。あてはまる番号1つに〇をつけて下さい。」と尋ねた間に「絶
　　　　対したくない」以外を回答した人に対して，逆に「下記 (1) ～ (3) の事項について，夫婦い
　　　　ずれが責任を持つ家庭を築きたいと思いますか。それぞれあてはまる番号1つに〇をつけて下さ
　　　　い。(1) 世帯の収入 (2) 家事」と尋ねた間に対して回答した人の割合。
　　　3：選択肢は，「夫が主として責任を持つ家庭」(夫が主)，「妻が主として責任を持つ家庭」(妻が
　　　　主)，「夫婦いずれも同様に責任を持つ家庭」(夫婦いずれも) 及びほかに「わからない」。
　　　4：平成14年10月末現在で20～34歳である全国の男女のうち，独身でかつ結婚への意欲について
　　　　「絶対したい」「なるべくしたい」「どちらとも言えない」及び「あまりしたくない」を回答し
　　　　た人について集計。(1) は男性7,374人，女性6,960人，(2) は男性7,330人，女性7,185人 (た
　　　　だし，(1) 及び (2) の各項目の「わからない」及び不詳を除く)。
(出所)　内閣府 (2005)。

働があることも確認してきた。育児休業制度の取得率には，男女で著しい偏りがみられる。女性は相変わらず，家事・育児の主役なのである。つまり両者ともに理想と現実を阻んでいるのは，変わらず「男は仕事，女は家事・育児」とする近代的性別役割分業なのである。日本ではこの意識が根強く残り，"思い"は別にあるとしても実際に結婚すればその状況が変わらないことから，さらには社会的には一見，分業へのメリットが希薄になっているという状況の中で，若者たちがなかなか結婚に踏み切れないのはごく自然な流れではないだろうか。

　しかしながら社会のシステムや生活のあり方が相変わらずこの分業を前提にまわっている中で，その分業の穴埋めをしてくれるのが便利な親たちなのである。すなわち職を得て独立してもおかしくない年齢になった社会人が親と同居する割合が高くなっている。パラサイトシングルという言葉は，社会学者山田昌弘が造り出した造語，あるいは概念である。当初は，親と同居している30代前後の OL たちのことを指すことが多かった。住居費，光熱費などのお金は不要，そのためにお給料のほとんどは自分のために使え，自由気ままな生活を送ることができる女性たちを世間は揶揄しながらもどこか羨望の目でみたものであった。彼女たちが親元で生活する利益は金銭的なものにとどまらない。家事もすべて母親が引き受けてくれるから，家事にも縛られず，「自由」を享受することができるのである。しかし昨今，男性の親との同居率も注目されている。彼らはある意味，もっと切実な状況で同居を余儀なくされているようである。というのも同居率は彼らの不安定な就業形態を反映しているからである（図5-8）。もし独立を望んでいたとしても，一人暮らしできる経済力がないために同居にとどまらざるを得ない状況におかれている。もちろん食事や洗濯の心配もいらないことはいうまでもない。

　つまり男女ともに彼らは，女性へ期待される家事・育児の役割を母親に，男性に期待される稼ぎ手の不足分を父親によって補わせているのである。要するに，性別役割分業の構図は変わらず維持されている。そして皮肉にも，やはりそれが結婚インセンティブをそぐ条件を用意しているのである。

　しかし現在，われわれが想像する性別役割分業は，本節で検証してきたように古（いにしえ）から存在したものではなく，社会の変遷に合わせその要請に

図5-8　調査・就業の状況別にみた親と同居する未婚者の割合

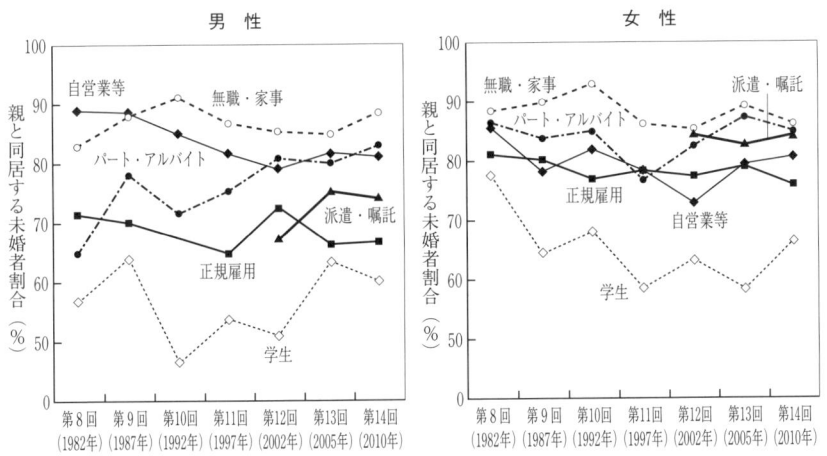

(注)　本図は出所文献の表4-2をグラフとして表したもの。数値は出所文献の表4-2を参照。
(出所)　国立社会保障・人口問題研究所（2010）（「結婚と出産に関する全国調査：独身者調査の結果概要」）。

こたえるために，歴史的に創られたものである。つまり現在の性別役割分業が社会の変化に合わせて登場したものならば，変えることはもちろん可能であるし，むしろ今の社会の状況に応じて変えるべき存在なのである。

4　男女ともにワーク・ライフ・バランスのとれた社会を

さて本章でみてきたように，少子社会の背景には晩婚化・未婚化の状況があり，その原因となっているのが近代的な性別役割分業の存在であった。日本においては，出産と結婚はセットとされており，未婚で子どもをもつという選択は一応，特別な存在だからである。「男は仕事，女は家事・育児」といった性別役割分業が，男性の不安定就労層，女性の雇用労働者の増大によって，男女ともに大きな負担となっているのである。分業のメリットを感じなくなった彼らが，もし結婚すれば，この役割分業を超えて，互いに生活のパートナーとして支え合って生きていこうと考えるのも当然であろう。しかし前節で確認したように実際の社会は，性別役割分業を前提にまわり，それを維持している。現在の日本では，父親である男性が思う存分「育メン」生活を享受することも，

母親である女性が思いきり「キャリア」志向に走ることも，むずかしい。した
がって少子化傾向は，この社会がこのまま続くならこれからも止まらない。

　では，どのようにしたらこの傾向にブレーキがかかり，安心して子どもを産
み育てることができる社会が実現するのだろうか。それには少子化の傾向に歯
止めをかけ，合計特殊出生率を回復させたスウェーデンやデンマークなど北欧
諸国のあり方がモデルとして有効だと考える。これらの国々の特徴は，日本の
ようにいったん落ち込んだ合計特殊出生率が2.0近くまで回復していること，
そして女性の就労カーブがM字型から台形型へと変化していること，つまり女
性が出産後も継続就労している点にある。

　そしてその政策は，男女ともに生活も仕事も調和のとれた社会，つまり性別
役割分業を超えたジェンダー公平な政策をとっているところに共通点がある。
これらの国々では，男性と女性の間で，仕事も家事・育児といった生活もシェ
アし，一方に過度な負担がかからないように社会政策が進められているのであ
る。それは帰宅時間の国際比較をみれば明らかである。例えばスウェーデンで
は，男女ともに17時頃までに帰宅している割合は過半数を超えており，男性は
20時以降に帰宅する日本の主流と比べるとその差は歴然としている（前掲図5-
5）。しかしワークシェアするのだから，国としての生産力は落ちない。そし
て育児休業制度についても，日本では現在では，給与保障は現場復帰という条
件つきでやっと67％なのに対して，スウェーデンでは両親合わせて480日間の
親休日がとれ，そのうちの390日間は80％の賃金保障がある。したがって所得
の面からも平均賃金の低い女性に育児休業取得の選択がされがちな状況は回避
される。さらにスウェーデンでは，パパ・ママ・クオーター制度を導入してお
り，配偶者に譲ることのできない休日が含まれるために，半ば義務として育児
休業がとれるようになっている（前掲表5-7）。

　北欧諸国の例からわかること，そして本章で導かれた結論は，近代的に創ら
れた性別役割分業の社会的なレベルにおいての解消，そしてジェンダー公平な
政策を展開していくことが，日本の現状でいうならば結婚の促進，そして出生
率の上昇につながるということである。国連開発計画（UNDP）が発表した
2008年のジェンダー・エンパワーメント指数（GEM）では，日本の値は0.575

コラム

日本における企業内保育所

　企業の育児支援方策の一つに「企業内保育所＊」がある。企業内保育所は病院などの医療施設，福祉施設，およびその他の企業の保育施設が含まれる「事業所内保育施設」の一形態である。企業内保育所は働きやすい職場や企業のワーク・ライフ・バランス（WLB）支援レベルを計る上で重要な一つの指標になる。実際，WLB 先進国アメリカの優良企業ランキングでは企業内保育所を有する企業が多数を占めている。日本でも次世代育成支援法導入前後に，大企業を中心として次々と企業内保育所が設立された。

　企業内保育所は機器製造・縫製・食品加工・販売・サービス分野に多くみられる。企業内保育所の特徴から類型化を試みると，①女性多数型，②地域密着型，③先進マインド型，④従来男性型，⑤ CSR 認識型の5つに大別することができる。「女性多数型」とは，従業員に多数の女性が存在し，保育へのニーズが高い傾向のある職場である。「地域密着型」は，その地域に密着した従業員確保の必要性から保育所導入に至っている企業である。「先進マインド型」は企業の業務が IT 関連で男女問わずできる職種に従事しているか，保育所導入経緯が従業員発案の先進的マインドを重視した企業である。「従来男性型」企業とは，男性が中核となって運営されてきた企業において男女協働を念頭において企業内保育所を導入したところである。「CSR 認識型」においては，顧客重視企業であるが，CSR の観点からも従業員への責任を果たすことから保育所設立に至っている。

　保育所の設立は，企業の育児支援の中ではおそらく最も費用，労力を要する支援策である。そのため，国は企業内保育所のコストを軽減する目的で，育児・介護雇用安定等助成金（両立支援レベルアップ助成金）の「事業所内託児施設設置・運営コース助成金」を提供している。男女共同参画や CSR での育児支援が課題となる一方で，近年の不況や震災の影響により，コスト正当化との関係で設立動向には影響が出ている。

　＊　行政では，企業を含む事業主により提供されている保育施設という範疇で「事業所内保育施設」を用いているが，ここでは企業による育児支援形態として着目するため，「企業内保育所」という特化した言い回しを用いる。内閣府政策統括官（共生社会政策担当）「企業における子育て支援とその導入効果に関する調査研究報告書」（2006年3月）によると，事業所内保育所の6割は院内保育所で，残りの福祉法人等による保育所を除いたものが「企業内保育所」である。

参考文献

中村艶子（2008）「企業の社会的責任：企業内保育所設立動向に見る」『労務理論学会誌』第17号，労務理論学会，173-187頁。

（中村艶子）

で，順位は108カ国中58位となっている。これをみても，日本がいかに国際的にも政治経済活動や意思決定に参画する機会，職業の機会や所得においてジェンダー不平等な社会であるかがわかる。スウェーデンが1位という状況をみても，日本が目指すべき方向は明らかである。

　しかしもう一つ忘れてはならないことは，結婚にブレーキがかかる要因にはやはり親から独立できない若者の不安定な雇用状況が大きく影響している現実である。これは日本だけの状況にとどまらない。18歳以上になると日本からみれば異常なほど親世帯からの自立を強調してきたアメリカ社会でさえ，この傾向がみられるように感じる[20]。その背景に，社会の経済状況の悪化があることはいうまでもない。若者が自立でき，自らの家族をもつことが当たり前に実現できる社会においてこそ，少子化は食い止められる。

注
(1) 厚生労働省（2010）175頁。
(2) 厚生労働統計協会（2009）。
(3) 内閣府（2005）11頁。
(4) 厚生労働省（2010）176頁。
(5) 内閣府（2005）8頁。
(6) 厚生労働省（2005）。
(7) 国立社会保障・人口問題研究所（2010）52-53頁。
(8) 以上，平均賃金の低さの要因については，橋本（1996）を参照した。
(9) 山田（2007）。
(10) 2011年6月に開催されたILO総会では，「家事労働者も労働者として扱うことを決定した。
(11) 筆者が授業中に行ってきたアンケート結果もそれを裏付けている。
(12) 総務省統計局（2011）16頁。
(13) 例えば落合（1989），上野（1994），牟田（1996）など。
(14) 渡辺（1999）。
(15) 落合（1997）。
(16) 日本のパートタイマーは，ただ単に働く時間が反映された労働条件ではなく，正社員と労働時間もほとんど変わらないのに賃金格差は著しく劣悪な状況におかれている。
(17) 今回は紙幅の関係で詳細な記述は割愛する。今井（2004），今井（2005）を参照のこと。
(18) 「男女共同参画社会基本法」前文。
(19) ジェンダー・エンパワーメント指数は，政治および経済活動への女性の参画を示すもの

であり，国会議員，管理職，専門職・技術職に占める女性の割合および男女の推定所得格
　差を用いて算出されている。
⑳　例えば最近のアメリカの TV ドラマをみてもそれはよくわかる。日本でも放映された
　『ヴェロニカ・マーズ』のヒロインは大学生になっても父親と同居しているし，『チャッ
　ク』の主役は両親がいない中，親代わりであった姉と社会人になっても同居している。

引用文献

今井小の実（2004）「社会福祉と女性史」林千代編著『女性福祉とは何か』ミネルヴァ書房。

今井小の実（2005）「家族政策の沿革と今日的展開」得津慎子編『家族支援論』相川書房。

上野千鶴子（1994）『近代家族の成立と終焉』岩波書店。

落合恵美子（1989）『近代家族とフェミニズム』勁草書房。

落合恵美子（1997）『21世紀家族へ』有斐閣。

厚生労働省（2008）『厚生労働白書　平成20年版』。

厚生労働省（2013）『厚生労働白書　平成25年版』。

厚生労働統計協会（2009）『国民の福祉の動向・厚生の指標』。

国立社会保障・人口問題研究所（2010）『第14回　出生動向基本調査』「結婚と出産に関する
　全国調査：夫婦調査の結果概要」（調査は2005年）。

総務省統計局（2011）『平成23年　社会生活基本調査』。

内閣府（2005）『国民生活白書　平成17年版』。

内閣府男女共同参画局（2007）『男女共同参画白書　平成19年版』。

内閣府男女共同参画局（2013）『男女共同参画白書　平成25年版』。

橋本宏子（1996）『女性福祉を学ぶ』ミネルヴァ書房。

牟田和恵（1996）『戦略としての家族——近代日本の国民国家形成と女性』新曜社。

山田昌弘（2007）『少子社会日本——もうひとつの格差のゆくえ』岩波書店。

渡辺秀樹（1999）「戦後日本の親子関係」目黒依子・渡辺秀樹編『講座社会学(2)　家族』東
　京大学出版会。

（今井小の実）

第6章 貧困化する女性
——貧困予防策を探る——

1 貧困をめぐる状況

　わが国では，1990年代後半から今日にまで至る中で，非正規雇用，格差，ワーキングプア，貧困，社会的排除などのことばが頻繁に聞かれるようになった。これらの問題は男女に共通してみられる問題であるとはいえ，後述するように「貧困化は女性に不利な性別格差をともなって進行して」（二宮，2009，10頁）いたり，男性に比べ，女性には貧困化するリスク要因が多かったりするため，女性の場合に特に深刻である。女性の間で貧困が顕著なグループとしては，従来から高齢女性単身世帯や母子世帯があるが，今日では若年女性非正規労働者が新たな貧困グループを形成しつつある（橘木，2008；太郎丸，2009a）[1]。児童[2]扶養手当や生活保護などの社会保障制度の充実が図られない限り，今後ますます貧困に苦しむ人々が増えるだろう。

　一方で，増え続ける貧困者に対して，わが国に社会保障費を払い続ける財政的余力がどの程度あるのか不安は大きい。貧困対策として社会保障制度だけでなく，雇用政策のさらなる拡充が図られるに越したことはないが，そのようなすでに貧困に陥った人々に対する「事後的な対策」は財政負担が大きいため，あまり多くを期待できない状況にある[3]。また，グローバル化の中で，雇用者側は今後ますます人件費を削減して利益を確保しようとするだろう。そのような制約がある中では，大規模な財政支出を伴わなくてもある程度有効な対策についても考える必要がある。人々が貧困に陥らないようにするための「事前的あるいは予防的な対策（以下，「予防策」とする）」であるならば，貧困化する人々の数を減らすことができ，結果として財政支出を抑えることができるだろう。

　そこで本章では，女性が貧困に陥らないようにするための「予防策」のあり

方について検討を試みる。そのために，まずなぜ女性の貧困に着目するのか，その理由について明らかにする。次に，女性である限り誰もが経験する可能性がある高齢女性単身世帯，母子世帯，若年女性非正規労働者の貧困の状況を概観する。その上で，女性が女性であるがゆえに貧困に陥る理由を明らかにする。最後に，女性が貧困に陥らないようにするための「予防策」を提言する。

2　なぜ女性の貧困に着目するのか

厚生労働省が2014（平成26）年に公表した相対的貧困率[4]（以下，「貧困率」とする）をみると，全体の貧困率は2012年に16.1％，子どもの貧困率は16.3％[5]であった。1998年のそれぞれ14.6％と13.4％と比べると，全体の貧困率も子どもの貧困率もともに上昇しているといえる。貧困率をもう少し詳しくみていこう。例えば，貧困率を男女別および年齢階層別にみると，女性の貧困率はほとんどの年齢層で高く，60歳以降になると男性との差は拡大する（図6-1）。特に高齢女性単身世帯や20歳未満の子どもがいる母子世帯では50％前後に推移しており，実に2世帯のうち1世帯が貧困状態にあることになる。同時に，これらの世帯ほど目立たないものの，勤労世代の女性単身世帯で30％を超えている（図6-2）。このように，男性に比べ，女性の貧困率は年齢階層別にみても，世帯類型別にみても高いことがわかる。

周知のとおり，貧困は女性だけの問題ではない。今日，わが国では女性も男性も交えた「国民大衆層の貧困化が進行している」（二宮，2009，10頁）。実際，高齢男性単身世帯の貧困率が30％前後を推移し，勤労世代の男性単身世帯や父子世帯で20％を超えていることを考えると，男性は，女性と「数値的に比べればまし」というだけであって，貧困に瀕している男性当事者たちの窮状は女性当事者のそれと変わらないはずである。また，最近では50代と60代の男性を中心に未婚や離別などを理由とした単身世帯が急増しており，その中には生活保護を受給している世帯も多い（藤森，2010）。そのため，今後は高齢男性単身世帯の貧困問題も深刻になるだろう。よって，男性の貧困も決して無視すべきではない。

図6-1　男女別・年齢階層別相対的貧困率（2010年）

（単位：％）

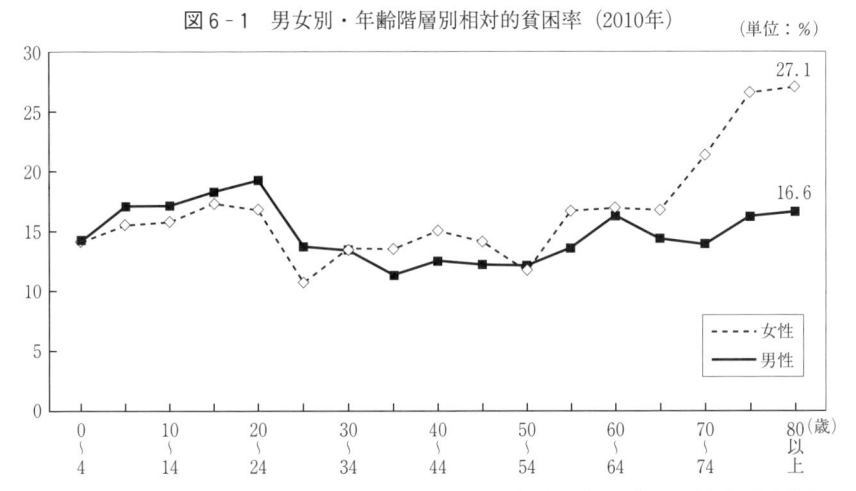

図6-2　世代・世帯類型別相対的貧困率（2007，2010年）

（単位：％）

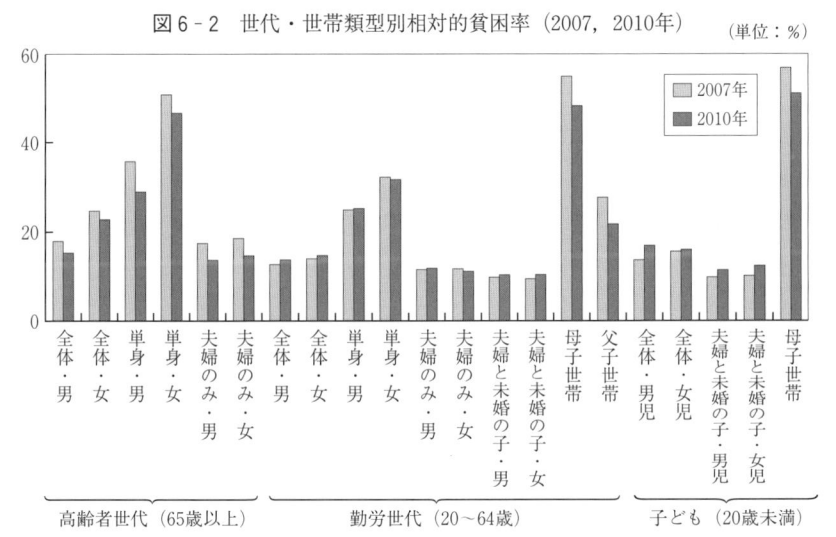

しかし，それでも本章は，女性の貧困に焦点を絞る。その第1の理由は，こ
れまでみてきたように，若年女性の非正規雇用化が急速に進んでいるなど，女
性は貧困化するリスク要因を多く抱えているが，それらの要因が整理されて明
示されることは今までほとんどなかったからである。第2の理由は，その一方
で，それらのリスク要因は多様であるがゆえに決して不可避なものばかりでは
なく，例えば高校や大学におけるキャリア教育の中で，学生らに対してそれら
のリスク要因について教えることによって，女性の貧困化を予防する余地が
残っているように思われるからである。

3　高齢女性単身世帯の現状

　わが国の総人口は2013年現在1億2730万人となり，3年連続で減少している
ものの，65歳以上の高齢者人口は過去最高の3190万人となり，総人口に占める
割合も25.1％と過去最高となった（内閣府，2014）。同時に，単身世帯の増加も
著しく，全世帯に占める割合は3割を超え，単身世帯は子どものいる夫婦世帯
を上回っている。なかでも高齢単身世帯の増加が著しく，全単身世帯の30％近
くにのぼる。さらに，高齢単身世帯の71％が女性世帯であり，4世帯のうち3
世帯を女性世帯が占めるまでになっている。高齢単身世帯が増えた背景には，
高度経済成長期における人々の地理的移動の激化により，高齢者が同居する拡
大家族に代わって核家族が急増したこと，少子化が進行したこと，人々の未婚
化や離別による単身世帯の増加したこと，さらには医療技術の発達による高齢
化が進行したことがある。
　今日，高齢者の多くは性別に関わらず世帯主として経済的自立および精神的
自立が必要とされているが，実際にはその両方において困難な状況にある。特
に高齢女性単身世帯の場合，経済的に非常に厳しい。離別した高齢女性の場合
は，夫の収入や遺族年金に頼ることができない上に，年齢的に就労も厳しい。
図6-3によると，女性単身世帯のうち，年間収入60万円未満の世帯が5.3％，
60万円以上120万円未満が18.4％であり，4人に1人が120万円未満の収入で暮
らしていることになる。男性単身世帯の場合はそれぞれ6.6％，10.7％であり，

図 6 - 3 　高齢単身世帯（55〜74歳）における低所得層の割合（年間収入）

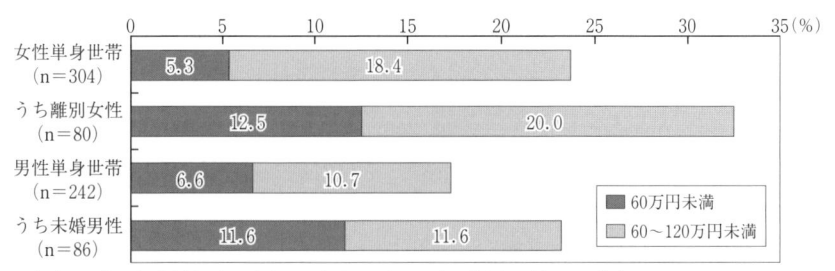

（注）　1.　内閣府「高齢男女の自立した生活に関する調査」（平成20年）より作成。
　　　　2.　「収入」は税込みであり，就業による収入，年金等による収入のほか，預貯金の引き出し，家賃収入や利子等による収入も含む。
（出所）　内閣府男女共同参画局（2011）第 1 - 5 - 2 図。

6 人に 1 人となっている。

　また，要介護・要支援者のうち，要介護 3 以上の高齢者は33.0％を占めるが，そのうちの19.8％が独居要介護者であるという（厚生労働省，2011b）。男女別の割合は出されていないのではっきりわからないが，先ほども述べたように高齢単身世帯の71％が女性世帯であることを考慮すれば，独居要介護者の割合は女性のほうで大きいことが予測される。

4　母子世帯の現状

1 「平成23年度全国母子世帯等調査結果報告」にみる母子世帯の現状

　母子世帯の生活実態については，厚生労働省が 5 年ごとに調査を実施し，結果報告をしている「全国母子世帯等調査」[6]が詳しい。ここでは「平成23年度全国母子世帯等調査結果報告」をもとに母子世帯の現状をみていくことにする。

　同報告によると，2011年現在，母子世帯の総数は123万7700世帯に達しており，そのうち約 9 割に当たる111万3900世帯が生別（約 8 割が離婚， 1 割弱が未婚の母）による世帯である。世帯の状況については，ひとり親になった時の母親の平均年齢 33.0歳，末子の平均年齢 4.7歳（生別世帯 4.5歳）で，平均世帯人員 3.42人となっている。

　次に，経済状況についてであるが，2010（平成22）年度の平均年間収入は，

223万円で，そのうち平均年間就労収入は181万円であり，[7] 大学生１人分の１年間の学生生活費（学費と生活費の合計）188万円とほぼ同額でしかない（日本学生支援機構，2012）。注目すべき点として，「正規の職員・従業員」の場合でも，平均年間就労収入は270万円にとどまり，「パート・アルバイト等」の場合は125万円とより低い収入にとどまっていることがある。また，預貯金額は「50万円未満」の世帯が47.7％と２世帯に１世帯の割合となっている。さらに，離婚した父親からの養育費を「現在も受給している」世帯は19.7％とその割合は著しく低い。アメリカやイギリスと同様，わが国にも，養育費の支払い能力があるにもかかわらず支払わない父親から強制的に養育費を徴収する制度があるが，元夫との間に確執が生じることが子どもに良くない影響を与えることを恐れたり，時間や手間がかかったりすることからあまり利用されていないこともその一因である。他方，生活保護を「受給している」世帯は14.4％と低い割合にとどまっている。生活保護を申請すれば受理されると思われる場合でも母親が申請をためらう理由として，生活保護を受給していることが子どもの友人に知られることによって子どもに肩身の狭い思いをさせたくないという思いがあるという（青木，2003；藤森，2010）。生活保護は，受給していることが周囲に知られることによって当事者が負の烙印を押されるというスティグマ化されたものになっていることがわかる。

　さらに，母親の就業状況についてであるが，母子世帯の母親の80.6％が就業しており，そのうち「パート・アルバイト等」が47.4％と最も多く，次いで，「正規の職員・従業員」が39.4％，「派遣社員」が4.7％等となっている。また，母親の約５人に１人は生計を立てるために複数の職を掛け持ちしている（阿部，2008）。

　このような厳しい就業状況もあってか，現在就業している者のうち，「仕事を続けたい」と回答した者が64.7％いる一方，「仕事を変えたい」と回答した者が31.9％にのぼっている。仕事を変えたい理由は，「収入がよくない」が52.6％と最も多くなっている。さらに，不就業の者のうち，「就職したい」と回答した者が88.7％と非常に高くなっている。そうした母親らが就職していない（できない）理由は，「求職中」が38.2％，「病気（病弱）で働けない」が

26.8％，「子どもの世話をする人がいない」(10.0％) となっている。母子の健康状態の悪さとして，「子どもの世話をする人がいない」場合は，子どもがファロー症候群，喘息，アレルギーなどを患っているケースがある。また，母子世帯には，障がいをもつ子どもも多い傾向がある (青木，2003；SETF, 2007)。一方，本人が「病気」の場合は，喘息，C型肝炎，慢性的な精神障がいを患っているケースがある (青木，2003)。さらに，母親らは，病気を患っていたり，障がいをもつ子どもの世話などによって，ストレスや椎間板ヘルニアなどに苦しめられたりする傾向があることや (同上)，元の夫から受けた暴力 (DV)，離婚，経済状況の厳しさがストレスの原因となって，うつをはじめとする精神疾患を患ったりする傾向がある (関，2009；湯澤，2011)。このような事情により，母親の中には就職する意志は十分にあっても就職できないでいる者が多いことがわかる。

　子どもについての悩みは，子どもの性別を問わず「教育・進学」が最も多く，次いで「しつけ」となっている。特に教育や進学について，母親の多くは「経済的に無理をしても子どもの教育は十分にしたい」と考えている。しかし，二人親世帯の多くが子どもの進学について「4年制大学まで」と考えているのに対し，母子世帯では約半数が「高校まで」と考えている (青木，2003)。周知のとおり，高校進学については，2011年4月に高校無償化法が施行され，公立校は授業料を徴収せず，私立校は年収に応じて就学支援金を支給することになり，家計負担が軽減されることになった。しかし，母子世帯にとっては，制服代や通学費などの家計負担は依然として重く，子どもの高校進学も決して容易ではない。さらに先述したように大学生の1年間の学生生活費は母子世帯の平均年間就労収入に相当する金額になるため，子どもの大学進学を願っていても，実現するのは非常に難しい。子どもが2人，3人いるとなると教育費のための所得の再分配も極めて困難になる。また，母親自身も様々な問題を抱えた家庭に育っていたり，そのために高い教育を受けていなかったりする場合が多く，結果として，母子ともに大学進学に意義を見出せなかったり，大学進学に関する情報に不足していたりすることが指摘されている (青木，2003)。

　教育社会学の分野を中心に，所得格差が教育格差を生むという現実があるこ

と，そしてその現実はますます取り返しがつかない状況になってきていることが指摘されている。例えば，2005年および2006年に東京大学が全国の高校生を対象に実施した調査によると[9]，4年制大学進学率は，年収200万円以下の家庭で28.2%，200万円から400万円以下で33.0%にとどまるが，1000万円から1200万円以下では62.1%，1200万円以上では62.8%であった。また，所得が高い家庭の子どものほうが成績が良く，小さいうちからしつけや学習やキャリアに対する動機づけがされている一方，所得が低い家庭は子どもの教育に無関心であったり仕事に追われて子どもの勉強をみる時間的余裕がなかったりするため，子どもが基礎学力が低くなって勉強についていけなくなっていること，学力があっても所得のために大学進学をあきらめたり，就職することをもあきらめてしまったりすることが明らかにされている。所得格差が教育格差だけでなく，モチベーション格差まで引き起こしているというのである。このような状況が広がれば，母親や子どもが不幸なだけでなく，日本社会も不幸になる。国の競争力が著しく低下するからである。母子世帯の問題は，「母」と「子」の問題であるだけでなく，「社会」の問題でもある。

② 10代の妊娠・出産を通じた母子世帯の形成

　ここでは10代の妊娠・出産を経た母親がその後母子世帯を形成する可能性が高いこととそれに伴う問題点について触れておこう。

　まず，昨今の性交渉の早期化に伴う結婚期間が妊娠期間より短い出生による結婚，いわゆる「できちゃった婚（でき婚）」（「おめでた婚」や「授かり婚」ともいう）は10代と20代前半で目立つ。例えば2009年現在の「できちゃった婚」による嫡出第1子出生に占める割合を母の年齢階級別に見ると，15〜19歳で8割，20〜24歳で6割，25〜29歳で2割，30歳以降で1割となり，年齢層が若くなるほど高い傾向がある（厚生労働省，2009b）。一方，わが国では夫婦が離別した場合に母親が子どもを引き取るケースが多いため，若い母親とその子からなる母子世帯が増加している。特に若い母親の場合については，中卒や高校中退など低学歴で[10]，十分な知識や技能を身につけないまま出産，育児，そして離婚に至る者が多い[11]。そのため，相対的貧困率が高いひとり親世帯の中でも，10代の母

親が世帯主となっている母子世帯の貧困状況はより深刻である。また，10代の母親から生まれた子どもは，出生時の体重が少なく（「低出生体重児」と呼ばれる），病気や障がいをもっていたり，転落や異物誤嚥などの事故が多かったりする（大川，2009，216頁）。10代の母親から生まれてきた子どもの場合，後述するように多くが望まれて生まれてきたとはいえないため，児童虐待の対象になりやすい（安達・岡野，2011）。子どもたちは健康や命に関わる問題に常にさらされているのである。さらに，若い母親の子どもたちは，「誰からもかまわれず，学校の成績が悪化することが多い」（経済協力開発機構，2006，98頁）という指摘もある。母親だけでなく，その子どもたちもまた低学歴になり，就職も困難となって，低賃金で不安定な非正規雇用や失業を余儀なくされたり，貧困に陥ったりするという世代を超えた貧困問題になっている。社会学者の青木紀はこの問題を「貧困の世代的再生産」（青木，2003）と呼んでいる。

　アメリカやイギリスをはじめとする欧米諸国では，10代の女性の妊娠・出産は社会問題の一つとして捉えられている。その背景には，この問題が原因で各国の財政支出が増え続けてきたことがある。10代の女性の妊娠・出産を放置したことにより，社会保障費のための財政支出が増加の一途をたどったのである。そのため，欧米諸国は10代の女性の妊娠・出産の予防を目的に積極的に政治的介入を行っている。具体的には，10代の女性の妊娠は意図的ではなく，避妊の失敗による場合がほとんどであることを考慮し（経済協力開発機構，2006），性教育や避妊具の無料配布，書籍の出版やイベントの実施など幅広い取り組みを行っている。

　わが国では10代の女性の妊娠・出産が先進諸国の中では少ないということもあり，まだ社会的な関心事になるまでは至っていない。しかし，日本性教育協会（2013）によると，2011年には女子高校生のうち，4人に1人がセックスを経験している。また，若年者ほど中絶率が高かったり，中絶週数が遅かったりしており，体への負担が大きくなっている（安達・岡野，2011）。さらに，10代（14〜19歳）の女性の出生率のうち，特に17歳以下での出生率は顕著に増加している。

　今日，中学校では妊娠のしくみ，性感染症・HIV／エイズ，男女の心の違

いが，高校ではそれらに加えて避妊，人工妊娠中絶，性交，男女平等など多様な内容が性教育の中で教えられている（中澤，2007）。一方で，保護者や教員の間では性教育によって「寝た子を起こすのではないか」という懸念から性教育に対する消極的な考え方や態度が依然として根強い。今後は単に性教育を充実させたり，推進したりするだけでなく，親や教員の理解を広げるためにもそれらの人々を対象にした研修を行うことが求められる（同上）。このような性教育や研修は，若者や母子の健康や生活維持のためだけでなく，社会の財政支出削減のためにも，10代の妊娠・出産の予防策として効果があるように思われる。

5　若年女性非正規労働者の現状

　近年，若者の非正規雇用化が急速に進行しており，社会問題として捉えられるようになっている。しかし，非正規雇用の問題は長らく注目されてこなかった。その背景には，長い間その代表は主婦のパート労働者であり，夫が大黒柱として働く傍ら，主婦が家計の補填のために働いているので，その働き方は死活問題ではないとされてきたことがある。そのような主婦ばかりではなく，複数の職を掛け持ちすることにより生計を維持しなければならない母子世帯の母はすでに存在していたにもかかわらずである。いいかえれば，非正規雇用の主体が「女性」であったがために，長らく注目されず，その間に，女性は非正規労働者として不安定・低賃金労働の主たる担い手として定着してきたのである。しかし，1990年代以降，非正規労働者が増え，その中には若年であれ，中高年であれ，男性が含まれるという異変が起きた。非正規雇用問題が大きくクローズアップされた背景には，単に非正規労働者が増えたというだけではなく，本来ならば経済的自立を果たすべき男性の非正規労働者が増加したということがある。では，実際に非正規労働者はどのような状況にあるのか，ここでは若年層を中心にみていこう。

　まず，図6-4をみてわかるように，非正規労働者率は女性の間で圧倒的に高くなっており，女性の35歳以上の層では50％を超えている。また，男女ともに非正規雇用率が上昇しており，特に15～24歳では1995（平成7）年以降，急

図6-4 男女別・年齢階級別非正規雇用比率の推移

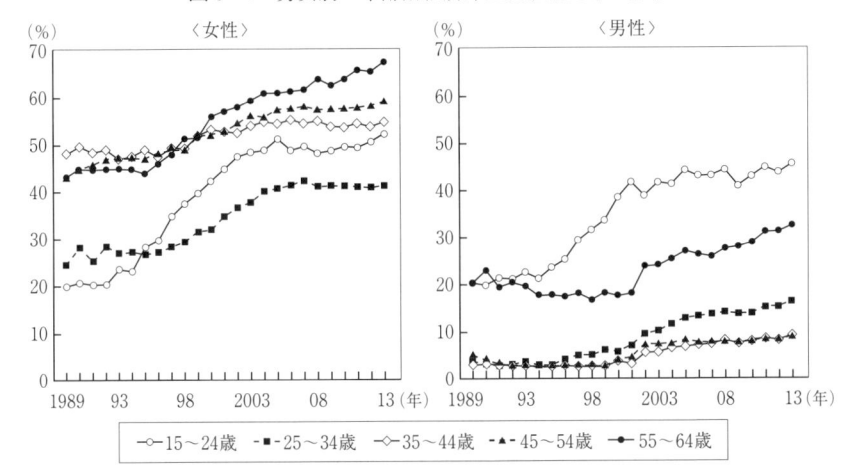

(備考) 1：1989年から2001年までは総務庁「労働力調査特別調査」（各年2月）より，2002年以降は総務省「労働力調査（詳細集計）」（年平均）より作成。「労働力調査特別調査」と「労働力調査（詳細集計）」とでは，調査方法，調査月等が相違することから，時系列比較には注意を要する。
2：非正規雇用者の割合＝（非正規の職員・従業員）／（正規の職員・従業員＋非正規の職員・従業員）×100。
3：2013年のデータは，岩手県，宮城県及び福島県について総務省が補完的に推計した値を用いている。
(出所) 内閣府男女共同参画局（2014）第1-2-6図より作成。

激な上昇がみられる。また図6-5からは，新規学卒者（以下，「新卒者」とする）の就職率も低下する中，特に中学卒業者や高校卒業者，そして女性の場合に状況は厳しくなっていることがわかる。新卒者一括採用が慣習となっているわが国において，学生にとっての理想的な就職の仕方は，在学中から就職活動を通じて卒業前に内定を得，4月1日に就職するというものだが，数十社受けても内定をもらえないという若者が続出しているのである。

このような状況を受けて，「新卒者や第二新卒者（学卒後1～2年で25歳前後）を対象に，派遣会社が派遣前にビジネスマナーやパソコンなどの研修をおこない，企業に派遣し，そこで一定期間働いたあと，正社員に登用する『新卒派遣』という制度」（小林，2007，89頁）があることが若者の間で広く認識されるようになってきている。卒業後に無職になることだけは避けたい，一刻も早く正社員になりたいという思いから，藁にもすがりたい若者にとって，「新卒派

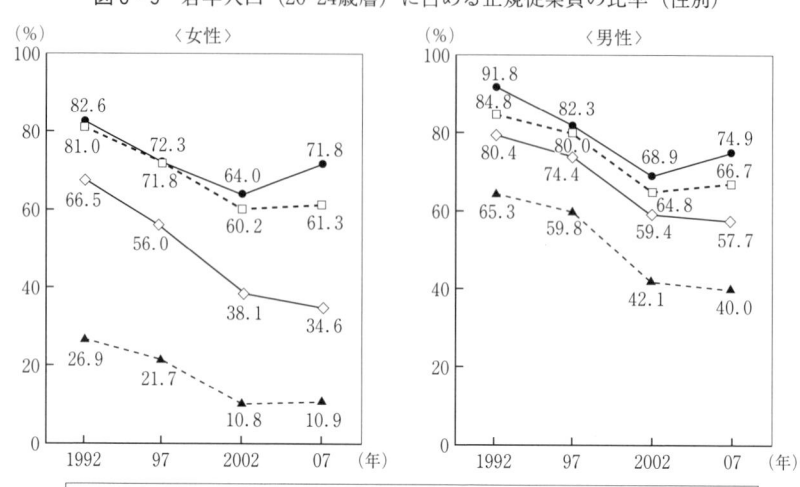

図6-5　若年人口（20-24歳層）に占める正規従業員の比率（性別）

（備考）1：総務省「就業構造基本調査」（各年）より作成。
　　　　2：在学者を除く。
（出所）　内閣府男女共同参画局（2010）第1-5-3図。

遣」や「新卒紹介予定派遣[16]」を行う会社は救世主に映るようである。しかし，実際には派遣切りはいうまでもなく，契約内容と実際の仕事内容が異なるなど様々な問題が起きていることが報告されており（同上），若年非正規労働者がおかれている状況は依然として厳しい。

　このような状況について，「女性の場合は結婚すれば何とかなるだろう」という理由から，男性の場合ほど深刻に思わない人も多いだろう。ところが，岩田（2007）によれば，若い女性（24～34歳）の貧困経験者の割合を求めたところ，35％（持続，慢性，一時的の合計）と極めて高い割合になった。特に中卒グループでの貧困経験者が多く，68％にのぼるとしている。さらに，9年間貧困状態から脱出できなかったいわゆる固定的貧困経験者は中卒者で36％にものぼり，すごろくのように「結婚して上がり」にはなりにくいことがわかる[17]。その他の研究によっても，若年女性非正規労働者は，正規労働者の男性と知り合ったり，知り合っても結婚に至るケースが少なかったり（太郎丸，2009b），低所得の女性は結婚に至りにくかったりすること（福田，2007）が指摘されている。若年

女性非正規労働者は，年齢を重ねることによって結婚についてはますます不利になる上，何年働いても所得があまり伸びないため，独身にとどまる限り，将来は経済的困難に陥る可能性が高い。特に病気，ケガ，親の介護など何らかの理由で離職を余儀なくされた場合は，その後の生活はかなり厳しくなるだろう。

　若い女性の間では，正規雇用を希望していたにもかかわらず，その希望がかなわずに非正規労働者になる者もいれば，自由で気楽な働き方を希望して，自ら非正規労働者になる道を選ぶ者も少なくないという（本田，2002）。しかし，これまでみてきた女性の現状に照らし合わせると，そのような「気楽さ志向」が彼女らを貧困に向かわせる可能性もある。若い女性は，ライフプランの修正が比較的容易な在学中にキャリア教育を受講することを通じてこの点に気づき，可能な限り修正することが望ましい。

6　なぜ女性は貧困化しやすいのか

　それでは，なぜ女性は貧困化しやすいのだろうか。その答えは，社会も女性自身も「男は仕事，女は家庭」という性別役割分業観（性別役割分担意識）に基づいて動いているということに尽きる。特に男性を「仕事をして，主たる稼ぎ手として家族を守る存在」とする男性稼ぎ主世帯をモデルにしていることが要因となっている。

　まず，社会について考えてみると，政策上も労働市場も依然として女性は結婚して夫に養われる身であると想定している。そのため，女性は独身であっても既婚であっても男性ほど就労収入が得られなかったり，そのために年金額が少なくとどまったりする傾向がある。それにもかかわらず，女性は男性に比べて平均寿命が長い上，年上の男性と結婚する傾向があるため，高齢単身世帯になり，貧困化するリスクがある。これらのリスク要因を整理すると，以下のようになる。

　①男女間賃金格差があるために生涯所得が少ない

　　賃金は年齢，学歴，勤続年数などにより上がることが多いが（年功賃金），女性は男性に比べ，学歴が低く，勤続年数も短いため，賃金が低くとどま

る傾向がある。そのため（月給やボーナスなどの）年収や退職金などによる生涯所得が少ない。

②高度な知識や技術を習得しにくく，再就職が難しい

　女性は正規雇用労働者として就職しても基幹業務ではなく，代替のききやすい定型的・補助的な業務を行うことが多く，高度な知識や技術を習得して長く働くということは期待されていない。そのため，いったん正規雇用をはずれると，正規雇用での再就職は著しく難しくなる。

③無収入の期間が長い

　結婚，出産，育児による無業すなわち無収入の期間が男性に比べて長い。

④生涯にわたって非正規労働者となり，低賃金・不安定就労をする可能性が高い

　女性の場合，若年非正規労働者が急増している上，結婚，出産，育児などにより就労を中断し，再就職する場合も非正規労働者として就労することが多い。そのため，生涯にわたって低賃金・不安定就労を余儀なくされる可能性が高い。

⑤受け取れる年金額が少ない

　もともと男女間賃金格差がある上，女性は結婚，出産，育児によって就労を中断しやすい。さらに，再就職後，非正規労働者になることによって，厚生年金など被雇用者保険（または被用者保険）の適用から除外されやすい。年金額は勤続年数と年収によって決まるが，このようなことから，受け取れる年金額が少額にとどまる。

⑥離別すると経済的に悪化しやすい

　夫と離別した場合，夫の収入や遺族年金に頼ることができない。

⑦高齢期に一人暮らしになり，介護や入院の費用がかさむ可能性が高い

　平均寿命が長い上，年上の男性と結婚する傾向にあるため，夫に先立たれた場合，一人暮らしの期間が長期化する傾向にある。病気や老衰により，医療サービスや介護サービスを必要としたり，それらのサービスを長期にわたって利用する可能性が高く，出費がかさむ。

このように，わが国は女性にとって経済的に著しく不利な社会である。その[18]

ような社会において，女性が生涯を通じて経済的に困窮しないためには，以下の点をクリアすることが期待される。

①結婚する。

②配偶者については，先立たれる心配がないほど健康で，妻が働かなくて済むほど稼いでいる夫か，妻が働かなくてはならない場合でも家計の補填を行う程度で済むほどの稼ぎがある夫で，かつ浪費家でない夫をみつける。特に，妻が出産や育児のために無業となっても，その間は生活を成り立たせるだけの稼ぎがある夫をみつける。失業するリスクが高い職に就いている男性は避ける。

③結婚後は，離別（離婚）しない。特に子どもがいる場合は要注意である。離別しても十分な養育費が支払われるのであればこの限りではない。

①から③のすべてをクリアできれば，女性は生涯を通じて経済的に困窮するリスクは低くなる。一方で，もし①から③のうち一つでもクリアできなければ，困窮するリスクは一気に高まる。若年非正規女性のリスク，母子世帯のリスク，高齢女性単身世帯のリスクについては，これまでみてきたとおりである。

さらに問題は，女性が①から③のすべてをクリアするには大きな障壁があるということである。例えば，①については，男女ともに生涯未婚率（45～49歳と50～54歳未婚率の平均値であり，50歳時の未婚率）が上昇しており，2010年には男性20.1％，女性10.6％になっている。2030年には男性29.5％，女性22.6％になることが予測されており（厚生労働省，2010），「結婚をすることが当たり前」ではなくなってきている。②と③については，中高年男性の非正規労働者も増加しており，その中には失業した既婚男性も含まれる。よって，既婚男性であっても稼ぎ主として頼れる存在ではなくなりつつある。また，民間の事業所に勤務する男性給与所得者の平均給与は，2013年現在511万円であり（国税庁，2014），家族の日々の生活を守りながら，家のローンや，子どもの塾代や大学の授業料などの教育費を拠出するためには，妻の稼ぎが多いに越したことがない。実際，2013年には雇用者の共働き世帯は1065万世帯であり，男性雇用者と無業の妻からなる片働き世帯の745万世帯を大きく上回っている（内閣府男女共同参画局，2014）。さらに，③については，2013年現在の離婚率は1.84であり，

離婚が珍しい社会ではなくなっている（厚生労働省，2014b）。また，離婚した場合に夫に養育費の支払い能力がなければそれを取り立てることは不可能である。さらに，夫に支払い能力があり，離婚時に養育費の取り決めを公正証書や調停調書などを用いて行っている場合は不払いに対して法的手段が取れるが，口約束による取り決めでは法的手段が取れないことなどがあり，養育費の支払い率は極めて低くとどまっている。

　以上の点を考えると，男性稼ぎ主世帯モデル自体，成り立たなくなってきていることがわかる。その一方で，女性が男性と同等に働いて稼いだり，それによって自立することが極端に難しい社会なのである。本来，社会とは，ジェンダーに関係なく，人には可能な限り経済的に自立を果たすことを求める一方，経済的自立が困難な場合は，あらゆる社会保障制度によってその人を救済し，他者に依存しなくても生きていけるように設計されていなければならない。社会がそのようには機能していないため，女性は女性であるがゆえに貧困化しやすいのである。

　他方で，女性もまた男性稼ぎ主世帯モデルによるリスクに無知なまま，卒業して働きはじめ，結婚や出産に至るのが現状である[19]。特に未婚女性の場合は，社会政策や労働市場が男性稼ぎ主世帯モデルになっていることによって女性がいかに不利を被っているかについて知る機会もなく，稼ぎ主としての男性をみつけ，結婚することで経済的に困窮することを回避しようとする傾向がある。そのため，「キャリアプランニング能力」が著しく欠如している。ここでいう「キャリアプランニング能力」とは，「『働くこと』の意義を理解し，自らが果たすべき様々な立場や役割との関連を踏まえて『働くこと』を位置付け，多様な生き方に関する様々な情報を適切に取捨選択・活用しながら，自ら主体的に判断してキャリアを形成していく力」（中央教育審議会，2011）のことをさすが[20]，その能力が家庭や教育現場で十分培われていない。

　未婚女性の多くは，将来のことというと，就職，結婚，出産など，目先のライフイベントについては考えるが，もっと先のライフイベントである親の介護のことや自分の老後のことについてはほとんど考えていない。特に経済的なことになると，恐しいほど疎い。「子どもは可愛いから産みたい」と思う反面，

子どもの養育費については，子どもが生まれてから大学を卒業するまでいくら
かかるかなど考えたこともないという若い女性は多い。子どものしつけや教育
は自分の役目だと思っていても，養育費を稼ぐのは夫だと思っているからであ
る。しかし，子ども 1 人当たり平均2400万円もかかる養育費（幼稚園入園から大
学卒業までの授業料を含む）を夫の稼ぎのみだけで拠出することは，すでに多く
の家庭にとって不可能になっている。例えば大学生の場合，在学中にアルバイ
トをしていれば，既婚女性（主婦）のパート労働者は周りにたくさんいると思
われるが，彼女らの姿をみて自分の将来を予測したりはしないのだろうか。ま
た，彼女らの母親の多くもパート就労をしていると思われるが，彼女らは母親
に対して就労理由やその現状について尋ねることはないのだろうか。さらに，
母親らはそれらについて，どの程度率直に娘に伝えているのだろうか。もし母
親らが経験している「既婚女性の低賃金・不安定就労」が娘の「無関心」や
「遠慮」と母親の「気づかい」により母娘間で語られないでいるとすれば，そ
れは容易に娘の世代に受け継がれていくだろう。この「既婚女性の低賃金・不
安定就労の世代的再生産」は本来深刻な問題であるはずなのに，女性自身が声
を上げないでどうするのだろうか。

7　貧困予防策としての「キャリア教育」の可能性

　高齢女性単身世帯，母子世帯，若年女性非正規労働者をはじめとする人々の
貧困対策として，これまで様々な研究により雇用政策や社会保障制度などに関
する提言が行われてきた。しかし，大規模な財政支出を必要とするマクロレベ
ルの提言だけでは不十分なのではないか。また，提言される政策も再雇用や社
会保障の充実など貧困に陥ってしまった結果に対する「事後的対策」が多く，
貧困化に対する「予防策」を考えない限り，必要とされる社会保障費は増大し
続けるのではないか。このような懸念のもと，本章はミクロレベルの実効性の
ある女性の貧困化の予防策を提示することを目的としてきた。そこで本節では，
そのような予防策として有効と思われる学校での「キャリア教育」のあり方に
ついて提言したい。[21]

日独のジェンダー状況の格差

「男は結婚して何も損することはない。食事の世話も，洗濯もしてもらえる。だから安心して結婚すればいい」——2011年10月某日，某バラエティ番組で，ある既婚女性タレントは，憤懣やるかたない口調で言い放った。「男の人は，少し家事を手伝っただけで偉そうな顔をする」と，彼女の怒りは続いた。同じ時期，某トーク番組にゲスト出演したある男性俳優は，女性のどこに魅力を感じるかと尋ねられ，無言で髪を結んでキッチンに後片づけに行く姿に色気を感じるという発言をしていた。男女とも30代半ばでこのありさまである。なぜ，女性が後片づけをするのをただみているだけなのか，一緒に片づけないのか——理解に苦しむ。家事能力が女性の魅力という日本男性の価値判断は，オヤジ世代以下の男の中にも健在であり，日本の働く女性を抑圧し続ける。

ジェンダーの観点から日本のメディアの情報をチェックしていると，上記のように，世界基準からかけ離れた日本のジェンダー状況の異常さを痛感する。ほぼ1年間のドイツ・ベルリンにおける在外研究（2010年度）の経験から，その異常さに確信をもった。しかも，このことに無自覚な人々があまりに多いことに愕然とさせられる。21世紀の日本でも，"家事育児面で尽くす妻"こそが理想の女性であり，それを"演じる"ことができない女性は女性にあらずといった差別の視線を投げかけられる。

対照的にドイツでは，話し相手になる女性が理想のパートナーであり，賢い男性ほどその傾向が強い。家事能力を女性の魅力とみなす発想など皆無に等しい。逆に，家事一切を妻にさせている日本人男性は，ドイツ人に，女性虐待であると軽蔑されたそうだ。現地では夫が家事に協力し，妻の研究生活をサポートしている夫婦に少なからず出会った。「夕食の用意は基本的に夫がする」というある研究者の方の話を耳にし，本当かしら？と半信半疑だった私は，実際にご家庭にうかがい，日本のジェンダー環境の刷り込みの浅ましさを恥じた。日本の，特に昭和の女子は"夢物語"とあきらめざるをえない，家事と仕事を分担するパートナーシップが，当たり前に存在する。70年代に滞独経験のあるドイツ専門の女性研究者の方も，ドイツの男女関係は私の印象よりもはるかに女性の立場を尊重し，家事にも協力的であると，全面的に同意してくださった。女性首相が生まれる文化的背景は，こうした「心」の部分にある。

「男女共同参画」を声高にうたったところで，市民レベルでの意識が変わらない限り，日本のジェンダー状況が世界基準に並ぶ日は遠いであろう。

（佐伯順子）

　ここでいうキャリア教育とは，基本的には「一人一人の社会的・職業的自立に向け，必要な基盤となる能力や態度を育てることを通して，キャリア発達を促す教育」（中央教育審議会，2011）のことであり，「就職」に成功するためのガイダンス的な教育ではない。なぜなら，前者には「キャリア発達」ということばに示されるように「キャリア」本来の「生涯」という意味が含まれるが，後者のような教育には「就職」という一過性の目的があるだけで，「キャリア」本来の意味が欠如しているという点で異なる。その上，後者の場合，学生らが無事に就職できたとしても，それらの職は多くの学生にとって「就きたい職」ではなく，「就ける職」であるため，卒業後に就職してもすぐに辞めてしまう。例えば，大学生の離職率は長らく3割となっており，目先の就職だけに力を入れる教育はそもそも問題である。

　今日，むしろ大事なことは，学生らに対して産業構造や就業構造の変化およびそれに伴う男性稼ぎ主世帯モデルの限界など，まずは社会や労働市場の現状について教え，その上で一人ひとりが社会的・職業的に自立できるよう基盤となる能力や態度を育てることである。そのためには，第6節で明らかにしたような女性が貧困化する社会的な要因や女性自身の要因についても教え，性別役割分業観こそが社会や女性の動きを鈍らせていることに気づかせていく必要がある。そのような地道な教育を通じて，学生らの中に性別役割分業観を批判的に捉えたり，自分や家族の身を守るために，結婚，出産，育児などをしても辞めないで済むような職について考えたり，そのような職に就くための準備をしたりする者が現れてくることを期待したい。同時に，もし就職できなかったり，退職したりした場合，どのような生き方になるのか，しかしそこから脱するためには，どのような情報にアクセスして，どのように努力していくべきかを教えたりすることも大事である。激しく変化する社会の中で，生涯を見据えたキャリア観を学生らにもたせることが肝要である。

注

(1)　ここでいう「若年女性非正規労働者」とは20〜24歳層の非正規労働者を指す（内閣府男女共同参画局，2010）。

(2) 内閣府男女共同参画局（2010）によると，「日常生活での悩みや不安を感じている人」は70％近くにのぼっており，上記の問題が，今や当事者や関係者だけでなく，そうでない者をも不安にさせていることがわかる。さらに，同調査によると，人々の多くが「老後の生活設計について」不安を感じており，特に女性の間でその傾向がみられる。

(3) 中村健吾は，社会的排除対策に「『先を見越したアプローチ』の必要性を一面的に強調することで，事後的な支援策としてのセイフティネットの地位を低下させる傾向」（中村，2002，66頁）があることについて懸念を示している。同様に，筆者も事後的な支援策については財政の有効活用を行うために見直しが必要ではあるが，軽視されてはならないと考える。

(4) 「相対的貧困率」とは，等価可処分所得（世帯の可処分所得を世帯人員の平方根で割って調整した所得）の中央値の半分に満たない世帯員の割合をいう（厚生労働省，2009a）。

(5) 子どもの貧困率は，17歳以下の子ども全体に占める，中央値の半分に満たない17歳以下の子どもの割合をいう（厚生労働省，2009a）。

(6) その目的は，「全国の母子世帯，父子世帯及び養育者世帯の生活の実態を把握し，これら母子世帯などに対する福祉対策の充実を図るための基礎資料を得ること」にある。また，「全国母子世帯等調査」以外にも「国民生活基礎調査」や「国勢調査」によって母子世帯などについてある程度実態を知ることはできるが，同調査が最も詳しく実態調査をしていると思われる。

(7) ここでの学生生活費は2010年現在のものである。また，参考までに同年の父子家庭の平均年間収入は380万円，就労収入は360万円であった。

(8) また，就労している母子世帯の母親のうち，7.2％が健康がすぐれないことを理由に転職を希望している。

(9) 詳細については，東京大学大学院教育学研究科・大学経営・政策研究センター（2009）を参照のこと。

(10) 高校中退者の中には，在学中の妊娠がその理由であるものがかなり含まれるが，妊娠に至る前に学校からの脱落や学業面での失敗があることが指摘されている（経済協力開発機構，2006）。

(11) 後述するように，学歴が低いほど非正規率は高く，特に女性の場合はその傾向が顕著である。その上に，幼い子どもがいるとなると，就労の面ではかなり不利になることは想像に難くない。

(12) 大川（2009）は，多動などの行動障害があることを指摘している。

(13) 中絶率（中絶数を出産数と中絶数の総和で除したもの）は全年齢の17％に対し，20歳未満で59％，20～24歳で30％である（安達・岡野，2011）。

(14) わが国では1999年に経口避妊薬（OC）が承認されて以来，広く普及してきたことにより，人工妊娠中絶の頻度は20歳未満から40代までのすべての年齢で減少している（安達・岡野，2011）。

(15) 詳細については，安達・岡野（2011）を参照のこと。

⑯　一般の「新卒派遣」の場合は，派遣先で一定期間就労しても契約期間が満了すれば契約を更新しなおしたり，別の派遣先を新たに探したりしなければならないが，「新卒紹介予定派遣」の場合は，派遣先で一定期間就労した後に本採用される可能性がある。

⑰　たとえ結婚したとしても学歴の関係上，その生活は厳しいだろう。

⑱　アメリカでも同じような傾向がみられる。日本とアメリカの比較研究については西尾（2012）を参照のこと。

⑲　Nishio and Matsunami（2012）は，女子大学生の就労観，結婚観および金銭感覚に関する質問紙調査を実施し，その結果をもとに金融教育の必要性を唱えている。

⑳　中央教育審議会による『今後の学校におけるキャリア教育・職業教育の在り方について（答申）』では，「キャリア」は，「人が，生涯の中で様々な役割を果たす過程で，自らの役割の価値や自分と役割との関係を見出していく連なりや積み重ね」と定義されている。

㉑　太郎丸（2006）は，フリーターやニートの問題の解決策として，今日，労働条件の改善や雇用政策の充実などに大規模な財政支出を期待することは難しく，職業教育論にも限界があるとしている。詳細については，同書第8章を参照のこと。

㉒　ここでいう「離職率」とは学卒後3年以内の離職率をいう。中学，高校，大学の卒業後，3年以内に離職する割合は，長らくそれぞれ約7割・5割・3割であった。いいかえれば，若者の離職率は「七五三」の割合となっていた。ただし，中央教育審議会（2011）では，「高卒4割，短大等卒4割，大卒3割」とされている。

㉓　本章では男性側の問題についてほとんど触れていないが，男性が「男らしさ」にこだわるあまり，妻や娘や女性の同僚などの貧困化を助長してしまうこともあるだろう。

引用文献

青木紀（2003）『現代日本の「見えない」貧困——生活保護受給母子世帯の現実』明石書店。

安達知子・岡野浩哉（2011）「女性の健康推進のためのホルモン療法」http://www.jaog.or.jp/know/kisyakon/40_110112.pdf　2014年11月21日アクセス。

阿部彩（2008）『子どもの貧困』岩波書店。

井上輝子・江原由美子（2005）『女性のデータブック　第4版』有斐閣。

岩田正美（2007）『現代の貧困——ワーキングプア・ホームレス・生活保護』ちくま書房。

大川聡子（2009）「10代の出産をめぐる家族の調整——アメリカ，イギリス，日本の社会構造の比較を通して」『立命館産業社会論集』第45巻第1号。

経済協力開発機構（OECD）／麻生裕子・高木郁朗訳（2006）『図表でみる世界の社会問題　OECD社会政策指標——貧困・不平等・社会的排除の国際比較』明石書店。

厚生労働省（2007）『人口動態統計』http://www.mhlw.go.jp/toukei/saikin/hw/jinkou/suikei07/index.html　2014年11月21日アクセス。

厚生労働省（2009a）「相対的貧困率の公表について」http://www.mhlw.go.jp/houdou/2009/10/dl/h1020-3a-01.pdf　2014年11月21日アクセス。

厚生労働省（2009b）「平成22年度『出生に関する統計』の概況　人口動態統計特殊報告」

http://www.mhlw.go.jp/toukei/saikin/hw/jinkou/tokusyu/syussyo06/　2014年11月16日アクセス。

厚生労働省（2012）「平成23年度全国母子世帯等調査結果報告」http://www.mhlw.go.jp/seisakunitsuite/bunya/kodomo/kodomo_kosodate/boshi-katei/boshi-setai_h23/　2014年11月16日アクセス。

厚生労働省（2010）『平成22年版　厚生労働白書』http://wwwhakusyo.mhlw.go.jp/wpdocs/hpax221101/b0102.html　2014年11月16日アクセス。

厚生労働省（2014a）「平成25年（2013）人口動態統計（確定数）の概況」http://www.mhlw.go.jp/toukei/saikin/hw/jinkou/kakutei13/index.html　2014年11月18日アクセス。

厚生労働省（2014b）『平成25年　国民生活基礎調査の概況」http://www.mhlw.go.jp/toukei/saikin/hw/k-tyosa/k-tyosa13/　2014年11月16日アクセス。

国税庁（2014）「平成25年分民間給与実態統計調査結果について」https://www.nta.go.jp/kohyo/press/press/2014/minkan/index.htm　2014年11月16日アクセス。

国立社会保障・人口問題研究所（2014）「人口統計資料集2014」http://www.ipss.go.jp/syoushika/tohkei/Popular/Popular2014.asp?chap=4&title1=%87W%81D%8Fo%90%B6%81E%89%C6%91%B0%8Cv%89%E6　2014年11月18日アクセス。

小林美希（2007）『ルポ　正社員になりたい――娘・息子の悲惨な職場』影書房。

関千枝子（2009）『ルポ　母子世帯の「母」の老後，「子」のこれから』岩波書店。

総務省（2011）「平成22年　国勢調査」http://www.stat.go.jp/data/kokusei/2010/index2.htm#kaisetu　2014年11月23日アクセス。

橘木俊詔（2008）『女女格差』東洋経済新報社。

太郎丸博編（2006）『フリーターとニートの社会学』世界思想社。

太郎丸博（2009a）『若年非正規雇用の社会学――階層・ジェンダー・グローバル化』大阪大学出版。

太郎丸博（2009b）「自立困難な若者の研究動向」労働政策研究・研修機構『ビジネス・レーバー・トレンド』2009年10月号，3-7頁。

中央教育審議会（2011）『今後の学校におけるキャリア教育・職業教育の在り方について（答申）』http://www.mext.go.jp/b_menu/shingi/chukyo/chukyo0/toushin/1301877.htm　2014年11月16日アクセス。

東京大学大学院教育学研究科・大学経営・政策研究センター（2009）「高校生の進路と親の年収の関連について」http://ump.p.u-tokyo.ac.jp/crump/resource/crump090731.pdf　2014年11月16日アクセス。

内閣府（2010）「国民生活に関する世論調査」http://www8.cao.go.jp/survey/h22/h22-life/index.html　2011年7月22日アクセス。

内閣府男女共同参画局（2010）『男女共同参画白書　平成22年版』http://www.gender.go.jp/whitepaper/h22/zentai/pdf　2015年2月20日アクセス。

内閣府男女共同参画局（2011）『男女共同参画白書　平成23年版』http://www.gender.go.

jp/whitepaper/h23/zentai/pdf/index.html　2014年11月21日アクセス。

内閣府男女共同参画局（2012）『男女共同参画白書　平成24年版』http://www.gender.go.
　jp/about_danjo/whitepaper/h24/zentai/html/zuhyo/zuhyo01-05-03.html　2014年11月16
　日アクセス。

内閣府男女共同参画局（2014）『男女共同参画白書　平成26年版』http://www.gender.go.
　jp/about_danjo/whitepaper/h26/zentai/html/zuhyo/zuhyo01-02-06.html　2014年11月16
　日アクセス。

内閣府（2014）『平成26年版　高齢社会白書』http://www8.cao.go.jp/kourei/whitepaper/
　index-w.html　2014年11月16日アクセス。

中澤智惠（2007）「性教育・性情報源と性知識および避妊に対する態度形成」日本性教育協
　会編『「若者の性」白書　第6回　青少年の性行動全国調査報告』小学館。

中村健吾（2002）「EUにおける『社会的排除』への取り組み」国立社会保障・人口問題研
　究所編『海外社会保障研究』第141号。

西尾亜希子（2012）「女性のキャリアと金融リテラシー──スミス・カレッジの金融教育か
　らの示唆」武庫川女子大学教育研究所編『研究レポート』第42号。

二宮厚美（2009）「女性の貧困と福祉国家づくり」日本婦人団体連合会編『女性白書2010』
　ほるぷ出版。

日本学生支援機構（2012）「平成24年度学生生活調査について」http://www.jasso.go.jp/
　statistics/gakusei_chosa/12.html#gakuseiseikatuhi　2014年11月17日アクセス。

日本性教育協会編（2013）『「若者の性」白書──第7回青少年の性行動全国調査報告』小学館。

福田節也（2007）「ジェンダーシステムと女性の結婚選択（2）〈改訂版〉」家計経済研究所
　『季刊　家計経済研究』第76号。

藤森克彦（2010）『単身急増社会の衝撃』日本経済新聞出版社。

本田由紀（2002）「ジェンダーという観点から見たフリーター」小杉礼子編『自由の代償／
　フリーター』日本労働研究機構。

湯澤直美（2011）「生活保護受給期間における母子世帯の就業と収入構造」女性労働問題研
　究会編『女性労働研究』55号。

Nishio, A. and Matsunami, T. (2012) "Career planning from a Financial Perspective : An
　Investigation into Female Students' Attitudes to Work, Family and Money," *The Journal
　and Proceedings of the Gender Awareness in Language Education*, Vol. 5.

Social Exclusion Task Force (SETF), Cabinet Office (2007) "Reaching Out : Think
　Family─Analysis and themes from the Families at Risk Review," Social Exclusion Task
　Force, Cabinet Office.

（西尾亜希子）

第7章　高等教育におけるジェンダー

1　女性と教育

1　本章の概要

　本章の第1節では，戦前から戦後の高等教育政策と大学改革の流れを概観し，高等教育政策における女性の能力開発と人材育成の位置づけについて考察する。第2節では，高等教育機関におけるジェンダー・ギャップを明らかにし，高等教育機関における男女共同参画の課題を明らかにする。第3節では，女性研究者，企業の女性管理職，および国会議員を顕著な割合で輩出しているアメリカの女子大学を取り上げ，女子大学の高い教育効果の要因をさぐる。そして第4節では，筆者が行った女子大学と共学大学における女子教育力に関する試行的調査を紹介し，女子大学の教育効果と高等教育における男女共同参画型の女性の育成について考察を行う。

2　戦前から戦後の教育改革へ

　女性のための高等教育制度は，戦後の教育改革により整備され発展したが，明治初期にすでに一部の啓蒙思想家の間で，男女平等教育と女子教育の重要性が提唱されていた。女子教育にとって重要な意味をもった教育改革は，1872（明治5）年の学制制定と1879（明治12）年の教育令で，それまで学校教育から度外視されていた女子が全国統一的な教育制度に組み込まれたことであった。しかしながら，明治当初から戦前までの教育は，男女別学，別内容，別系統の質・量ともに男女格差が大きい教育制度であった（金子・黒田・菅野・義江，2008，361頁）。女子に対しては，特に官公立の教育機関では，国家主義的なコンテクストの中で国策としての良妻賢母教育が行われ（小山，1991），高等女学

校という名の中等教育止まりであった。明治後期から大正にかけて，主に女性の手により女性のための高等教育機関が開拓されたが，世の逆風を浴び，師範学校を含む高等教育への進学者は極めて限られていた。男性と対等の社会的地位や権利を享受せず，男性と対等の教育の機会が与えられなかった時代においても，高い見識と学識を身につけ社会貢献において先駆的役割を果たした優れた女性が少なからずいたことは，特筆されるべきであろう。[1]

　戦後の教育改革により，教育基本法において教育における男女平等が定められ，男女共学を旨とする6・3・3制の初等中等教育および4年制の高等教育が整備された。ただし別学が廃止になったわけではなく，東京と奈良の高等女子師範学校が国立の女子大学となり，戦前の女子専門学校の中の数十校は戦後4年制大学に昇格し女子大学として存続した。男女とも初等中等教育機関への進学率が上昇する中，1969年には高校進学率において女子が男子を上回った。1954年には2.4%であった女性の4年制大学への進学率は，短期大学が女性の高等教育進学率を大きく引き上げた時期（1975〜1995年）を経て，2013年度では女性の4年制大学への進学率は45.6%となった。この間，学校教育システムは男女平等主義とセクシズムの矛盾する二つの原理を共存させてきた結果ジェンダー・バイアスが再生産され（木村，2000），組織構造面においても男女格差が組み込まれた状況となっている。それと平行して起こった社会の階層間格差拡大は女性間の格差をも拡大させてきた（橘木，2008a）。男女共学教育が主流として普及してきた流れの中で，受験生の共学志向が高まり，別学から共学に変更する学校や大学が増加した。2000年以降，女子大学の数は減少し，2014年度，共学大学781校に対して女子大学の数は77校となっているが，先進国の中では最も多くの女子大学が存在する（政府統計の総合窓口，2014）。

　ここで，戦後から今日までの高等教育政策と大学改革を概観することで，女性を対象とした政策やジェンダー平等に特化した改革があったのかについてみてみよう。戦後の教育改革を経て1950年から1960年代までは，まず初等中等教育の就学率を上げ教育制度の基盤構築の時期であったのに対し，高等教育においては制度づくりの黎明期であった。次に1960年代から1970年代にかけて中等教育が完成し，教育改革は経済課題優先の中で位置づけられた。1966年の中央

男性脳・女性脳研究の新たなる挑戦：生物学的差異は存在する？

　私たちはジェンダー研究入門時に，Sex は生物学的性差，ジェンダーは社会的・文化的につくられた性差であると習う。したがって，社会で男女格差が生じるのは先天的な男女の能力差のためではなく，男女異なる行動規範を植えつけられ男女異なる扱いを受けるためだと。ところが近年，脳科学の分野で男性脳・女性脳は生まれた時から生物学的に異なるという様々な研究結果が報告されている。その代表的なものでアメリカでの共学・別学論争の発端となったレナード・サックス氏の著書『男の子の脳，女の子の脳』（2006）から主なポイントを紹介してみよう。

　まず，左脳と右脳に関して，言語のために男性は左脳を使うが女性は両半球を使う。男性の脳では機能が細分化されているが女性の脳では機能が広範囲に分布している。聞こえ方に関して，女子新生児と男子新生児では，女子新生児の聴覚がはるかに優れていて特に話し言葉の識別に重要な1000〜4000ヘルツの範囲の音には敏感である。目に関して，男性の網膜には大きく厚いM細胞が分布していて動きと方向の情報を集めるのに対し，女性の網膜は小さく薄いP細胞で占められていて質感と色の情報を集める。そのため，女の赤ちゃんは生まれつき人の顔に興味をもち男の赤ちゃんは動くものに興味をもつ。空間移動に関して，女の子は大脳皮質を使って目標物を手がかりに移動するのに対して，男の子は海馬を使って方位と距離を手がかりに移動する。情緒反応に関して，子どもは男女ともネガティブな感情処理を扁桃体で行い，女の子は思春期になると感情説明可能な大脳皮質に移行するが，男の子は思春期になっても扁桃体から動かない。リスクを伴う行為に関して，男の子はリスクを好み攻撃的な行動をとりたがり暴力的な対立関係からスリルを得るが，女の子にはいずれの傾向もない。

　サックス氏は，男女それぞれの発達段階に適した指導方法がとられないために，上級外国語，美術，音楽といった教科を学ぶ男の子の割合も，上級数学，コンピュータ科学，物理といった教科を学ぶ女の子の割合も減少していることを懸念している。その解決策として，まず教師が男女の発達の違いを理解すること，次に教育やスポーツを男女別学にすることを提唱している。そして「共学校にはジェンダーの固定観念を強化する傾向があり，男女別の学校にはジェンダーの固定観念を打ち破る傾向がある」（218頁）と述べている。

　皆さんは，これを読んでどう考えるだろうか。人間の脳に関しては，まだ未知の部分が多い。リーズ・エリオット（2010）のように，たしかに男性脳・女性脳の生物学的差異が存在するが，その差異はサックス氏が主張するほど大きくはなく，男女別学教育に反対する研究者たちもいることをつけ加えておこう。（三宅えり子）

教育審議会答申が産業経済発展に向けた人的能力向上のための教育投資先として，工業高校と大学理工学部を優先させた。この間，大学の学生数は30万人を超えていたが，財政難により教育への予算配分が低く抑えられたため，1960年代の国立大学の状況は施設設備面でも教員の研究費・給与の面でも劣悪な状態におかれていたといわれている（黒羽，1993，184-193頁）。

さらに，1971年の中央教育審議会答申で高等教育改革に関する基本構想が示されたが，1980年代終わりまで大きな大学改革の動きはみられなかった。その理由は，財源不足の経済的要因と，日本の教育政策を審議する最高諮問機関として，初等中等教育政策も高等教育政策も1986年までは中央教育審議会にゆだねられていたことが指摘されている（黒羽，1993，194-209頁）。それと同時に，高度経済成長期の経済規模拡大に呼応して大学進学率が急上昇し，高等教育は質的充実よりも量的拡大が優先されたことが考えられる。大学の諸改革が進展したのは，1987年，特別国会で学校教育法が改正され大学審議会[2]が設置された以降であり，1989年には大学院設置基準改正，1991年には，大学設置基準改正，学位規則改正，学位授与機構設置など法規の改正が行われた。

また，1991年の大学設置基準改正により，大学設置基準等が「大綱化・簡素化」され教養部改革へとつながり，自己点検・評価システムが導入されてそれが努力義務となった。さらに，1999年には大学設置基準等が再度改正され，自己点検・評価の実施と結果公表の義務化，および学外者による検証の努力義務化が定められた。大学進学率上昇による大学のユバーサル化時代をむかえた2000年代は，大学改革がさらに大きく進展した。2002年には大学の質保証を目的として，設置認可の見直し，認証評価制度の導入，違法状態の大学に対する段階的是正措置，専門職大学院の創設が学校教育法の改正事項に組み込まれた。2003年には国立大学法人法が制定され，2004年度から国立大学は大学ごとに法人化された。2004年からは，大学認証評価制度が義務化された。

さらに中央教育審議会は，2008年の答申「学士課程教育の構築に向けて」では，分野共通の学習成果である「学士力」の規定や，2009年の「中長期的な大学教育の在り方に関する第2次報告」では，事前規制型の質保証システムから事前規制と事後確認の併用型への転換と，設置基準・設置認可審査・認証評価

からなる公的な保証システムの構築の必要性を提言した。2011年には，高等教育機関におけるキャリア教育科目の設置を答申した。

　近年の一連の大学改革の背景として，社会経済のグローバル化による大学間の国際的な競争があり，国際的な視野から大学の質保証の検討が不可欠となったことが指摘できる。ここで特筆すべきは，戦後から今日まで，ジェンダー平等に特化した本格的な高等教育政策推進の取り組みは，2006年度開始の「女性研究者研究活動支援事業」のみである。[3] これは，国際的にみても著しく低い日本の女性研究者割合を引き上げるため，女性研究者が研究と育児等が両立でき，研究活動が行える仕組みを構築する大学や研究機関に対して支給される文部科学省科学技術・学術政策局の助成金である。

　2006年の「女性研究者支援モデル育成」（当時の事業名）開始まで日本の高等教育政策にジェンダー・バランスに配慮した女性の能力開発と人材育成を目指した施策を組み込んでいくという視点が欠落していた要因として主に次の3点が考えられる。まず第1番目の要因として，女性の大学進学率の順調な推移があげられる。戦後，高度経済成長期において親による大学教育投資は女子よりも男子が優先されたものの（尾嶋・近藤，2000），1970年代半ばから1990年代半ばまでは2年間の教育投資で済む女性の短大進学率が女性の大学進学率を押し上げる結果となり，その後女性の4年制大学への進学率は右肩上がりに上昇した。女性の大学進学率が順調に伸びたために高等教育への男女機会均等が疑わることはなかったであろう。

　第2点目として，性別役割分業で成り立っていた日本の社会構造において，専業主婦となる女性の学歴は尊重されなかったことがあげられる。戦後日本の経済発展のプロセスは1980年代後半のバブル経済絶頂期まで，主として「男性が外で働き，女性は家事育児」という性別役割分業で成り立ってきた。「仕事人間」になる男子学生の高等教育政策をどのようにするかということが男性政策立案者によって優先され，「専業主婦」となる女性の大学進学の意義と教育の質については，国家レベルで問題にする必要なしという暗黙の了解があったという見方もできるだろう。

　次に第3番目の要因として，中央教育審議会の大学分科会が近年まで男性委

員が中心で少数派である女性のニーズが反映されにくかった点があげられる。高等教育政策を審議する大学分科会は中央教育審議会の中におかれていて，委員の女性割合は経年的に微増しているが，高等教育やジェンダー研究を専門とする女性委員が少なかったことがあげられる[4]。また次節で述べるように，高等教育機関の組織構造が男性主導になっていることとも関係する。意思決定機関の女性割合が少なければ，女性のニーズが意思決定に反映される確率は低い。したがって上記三つの要因から，日本の高等教育政策にジェンダー・バランスに配慮して女性の能力開発と人材育成をどのように行うのかという視点が組み込まれなかったものと考えられる（三宅，2013，20頁）。

　以上のように，日本の大学の9割を占める共学大学において2000年代初頭までは，女性の教育が高等教育政策上課題とされることはなかったが，女性だけに特化した女子大学ではどのような教育が行われてきたのだろうか。その教育効果において共学大学との差異がみられるのだろうか。本章第4節では，女子大学と共学大学の比較を行い女子大学の特性について論じるが，決して共学大学の教育効果を否定するものではない。戦後，日本の共学大学が女性の高等教育進学率を押し上げ，女性の学問分野への参画を促進してきた功績は大きい。また，共学大学において能力が伸びる女性もいれば女子大学において伸びる女性もいるということを付け加えておきたい。

2　高等教育機関におけるジェンダー・ギャップをめぐって

　経済分野，教育分野，保健分野，および政治分野における男女間格差を数値化したジェンダー・ギャップ指数（以下，GGIとする）の日本の順位は，2014年142カ国中104位と低迷している。GGIのランク付けは，世界経済フォーラムが2006年から毎年発表しているもので，上記4分野のデータからスコアが算出され，0が完全不平等，1が完全平等を意味する。2014年の日本のスコアは0.658（104位）で，各分野のスコアは保健が0.979（37位），教育が0.978（93位），経済が0.618（102位），政治が0.058（129位）となっている。一方，次の第4節で女子大学の事例を取り上げるアメリカのスコアは0.746（20位）で，

各分野のスコアは経済が 0.828（4 位），教育が 0.998（39位），政治が 0.185（54 位），保健が 0.975（62位）である（World Economic Forum, 2014）。日本のGGI が104位であることは，世界的にみて日本は人間開発指数（HDI）が高い[5]にもかかわらず社会参画度においては男女不平等であることを示している。その主要因が企業の女性管理職と女性国会議員が著しく少ないことであるため，両分野の女性活躍推進が議論されることは多いが，教育分野の男女格差が問題にされることは少ない。そこで教育分野の男女格差を詳しくみてみよう。

　GGI の教育分野の尺度には，男女別の識字率，初等教育在学率，中等教育の在学率，および高等教育の在学率を用いて男女格差を算出している。各尺度の日本のスコアは，識字率が 1.00（1 位），初等教育在学率はデータなし，中等教育の在学率が 1.00（1 位），ところが高等教育の在学率は 0.90（105位）で男性 1.00 に対して女性 0.90 の比率となり世界順位は105位と著しく低い。一方，アメリカは，識字率が 1.00（1 位），初等教育在学率が 1.00（77位），中等教育の在学率が 1.00（1 位），高等教育の在学率も 1.00（1 位，男女比率は 1.00：1.39）で，高等教育在学率については女性比率が男性比率を大幅に上回っている（World Economic Forum, 2014）。主要国の高等教育在学率の国際比較では，アメリカは女性 110.2：男性 79.1，フィンランドは女性 102.8：男性 85.0，オーストラリアは女性 100.6：男性 72.8，ノルウェーは女性 91.1：男性 57.8，スウェーデンは女性 85.6：男性 55.1，韓国は女性 83.6：男性 111.5，そして日本は女性 58.2：男性 64.5という状況である（内閣府男女共同参画局，2014，85頁）。[6]

　以上のデータは，日本は識字率と中等教育在学率においては男女格差がなく142カ国中 1 位であるのに対して，高等教育在学率が男女とも他の主要国より低く，かつ他国の傾向と異なり女性の高等教育在学率が男性よりも低いために142カ国中105位と低いことを示している。高等教育在学率の相対的低さと男女格差のために教育分野全体として142カ国中93位となっているのは看過できない状況である。

　次に，高等教育機関の組織構造には，男女共同参画の視点からは，どのような男女格差が存在するのだろうか。まず，研究者に占める女性割合は14.4%

（米国は33.6％）で，EU 加盟国および主要国32カ国の中で最下位である。また，大学教員の中でも，助手（54.8％），助教（27.1％），講師（29.9％），准教授（22.0％），教授（14.0％），副学長（7.1％），学長（8.4％）と職階が上がるにつれて，女性割合は低くなる。これは，高等教育機関の管理運営上の意思決定に参画する女性教員が少数であることを示している。さらに大学教員の分野別女性教授割合に関しては，工学（3.5％），農学（4.0％），理学（4.9％）などの分野では5％以下であるのに対して，家政（33.8％），保健（22.4％），芸術（22.4％）などの分野では20〜30％代を占め，分野間の偏りがみられる。これは，大学生の専攻分野別における男女割合にも同様の偏りがみられることから教員の専門分野における男女間の偏りと連動しており（内閣府男女共同参画局，2014，86-92頁），さらには，職業分野別の男女割合の偏りを示す男女間職務分離とも連動していると考えられる。

　以上，高等教育機関におけるジェンダー・ギャップが示唆することは，男性主導の組織構造をもつ大学において，仮に男性教員および男性管理職が男女平等に能力開発と人材育成をするという教育方針をもたなければ，女子学生にはエンパワーメントのための教育環境が与えられず，女性教員には業績を伸ばす職場環境と男女平等な昇進の機会が与えられないことになる。男女共同参画社会を実現するために，あらゆる分野で力を発揮して活躍できる男女共同参画型の次世代を育成する上で，高等教育機関が担っている役割は大きいといえる。

3　アメリカの女子大学はどのように女性を伸ばすのか

　アメリカには1962年当時，183校の女子大学があったが，1990年には65校に減少し（坂本，1999，21頁），2014年 The Women's College Coalition のサイトには42校の女子大学が登録されている。女子大学の減少と反比例するかのように，女子教育に関する研究が「教育とジェンダー」の視座から蓄積されてきた。

　アメリカにおける大学の女性卒業生のうち女子大学卒はわずか4％弱であるが，共学大学卒の女性より2倍多くの博士号取得者，医学部大学院進学者，科学系博士号取得者を女子大学は輩出している。また大手企業1000社の女性重役

の33％，Business Week 誌で取り上げられた成功したビジネス・ウーマンの30％，女性国会議員の20％が女子大学出身者で占められている（Wolf-Wendel and Eason, 2007, pp. 236-238）。したがって女子大学の卒業生がアメリカのジェンダー・ギャップ指数を押し上げているといっても過言ではない。女子大学出身の著名人として，ヒラリー・クリントン，マデリン・オルブライト，レイチェル・カーソン，パール・バック，ベティ・フリーダン，バーバラ・ブッシュ，ナンシー・ペロシなどがあげられる。

　また，女子大出身者の90％は卒業後，公的機関や専門家からなる組織に関わった経験をもち，共学大学出身者より慈善活動に関わる率が高いことが報告されている。さらに，大学満足度もより高く，自尊心も高く，リーダーシップ・スキルとより活発な行動力は，女子大学学長の90％，教員の55％が女性であるというロールモデルの存在によって動機づけられており，女子大学のほうが女子大生のリーダーシップ発揮の機会が多いことが指摘されている。これらの研究結果に対して，女子大学進学者の社会階層，セルフ・スクリーニング，時代ごとの女性の共学大学への進学率の変化に関連した学術的批判がなされたが，多様な研究結果において女子大学の教育効果が時代を問わず一貫して実証されたことによって反駁されている（Wolf-Wendel and Eason, 2007, pp. 236-238）。

　では，アメリカの女子大学は，どのようにして教育成果を上げてきたのだろうか。戦後になってようやく男性と対等に女性にも高等教育の機会が与えられた日本とは異なり，アメリカでは1860年に100校の女子大学がすでに存在していた。当時は一部例外を除いて別学大学が一般的であり，その半数は4年制大学であった。なかでも，ウェルズリー大学やスミス大学などの "Seven Sisters" と呼ばれる女子大学は，当時から入学要件を男子大学と同様に厳しくし，男性と同等の質の高い高等教育を行うモデル校として存在した。その後，1880年には女子大学の数が155校に増え，1890年から1910年にかけて，男性の大学進学率が2倍増であったのに対し，女性の女子大学への進学率も共学大学への進学率も3～4倍以上増加した。1920年には大学生の女性割合は47％に達し，多くの大学では女子学生が男子学生の数を上回っていた。ところが1930年代から1950年代にかけて，女性は家庭にという伝統的価値観が復活し，大学生の女性

割合は30％に減少した。また1960年代から1970年代にかけて女性の共学志向が高まった。この時期は，男性のみを受け入れていた有名大学が女性にも門戸を解放し，多くの女子大学が共学大学に転向していった時代であった。そのような状況の中，別学大学の数は大幅に減少したが，1970年代を生き残った女子大学は，女性が行く大学から「女性のための大学」すなわち，女性の能力を育成するミッションをもつ大学へと変貌を遂げた（Wolf-Wendel and Eason, 2007, pp. 238-240）。

　アメリカの女子大学が優れた教育効果を発揮するに至った要因について，Tidball ら（1999）はブリンモア大学とベネット大学において教育理念やカリキュラムや学内環境について綿密な実地調査を行い，女子大学に学ぶ教育方針7カ条として次のような知見をまとめている。①大学の使命を表す教育理念を教職員が熟知し，日々その実践に努めている。また，その使命は当該校の女子学生のニーズに焦点を当て期待値の高いものとなっている。②女子学生の能力と可能性を信頼し期待し，そのことを言動によって常に女子学生に伝えている。学業面で遅れをとるような学生に対しても，最後まであきらめずに支援する体制をとっている。③学生第一主義で女子大生を大切に扱い，学業面だけでなく個人面でも支援体制が整っている。学生への配慮が行き届いた学内環境は，学生の学習意欲と大学帰属意識を高めることにつながっている。④ロールモデルとしての教職員が各職階において男女バランスよく配属されている。女子学生はロールモデルに接することで，自分の将来の可能性を見出すことにつながる。⑤各学生が疎外感をもつことなく，帰属意識と安心感を実感できるピア・グループが存在している。その学生集団は，多数派となれるだけの人数がいて類似した社会背景と個人属性と高い目標意識をもつ集団である。⑥授業と課外活動においてリーダーシップ発揮の機会がたくさんある。女子大学では，すべての活動において女子学生が主体的に取り組むことになり，そのような体験が人間的成長につながっている。⑦男女差別，人種差別，階層差別に関する授業をカリキュラムに組み込んでいる。そのような授業は，実社会に出た際に様々な差別や不公正に立ち向かう準備となると考えられている（Tidball et al., 1999, pp. 96-101）。

　飛躍した言い方ではあるが，上記の教育方針が意図したことは，戦後，世界
に先駆けて社会を揺るがすようなフェミニズム運動が起こったアメリカで，
フェミニズムに目覚めた女性教育者たちが，後輩の女子学生たちの知力，気力，
意識，自信を高めるために実践したフェミニズム運動の一環であったと表現で
きるかもしれない。

　ところで日本の女子大学は，アメリカの女子大学のような教育効果を上げて
いるのだろうか。これまでのところ日本では，共学・別学大学における教育効
果の比較研究は行われてこなかったが，減少傾向にある女子大学の存在意義を
考えるに当たり，日本の女子大学もアメリカの女子大学にみられるようなエン
パワーメント効果を実証できるなら，日本においても女子大学の存在意義が高
まるようになるだろう。さらに，女子学生をよりよく教育する知見を獲得すれ
ば，共学大学においても女子学生と男子学生に対して等しく教育効果を上げる
教育方法の開発にも寄与するのではないかと考えられる。そのような理由から，
次に紹介するような試行的調査を試みた。

4　日本の女子大生が伸びるのは，共学大学か女子大学か

1　調査の概要

　2009年 4 月中旬，京都府の私立女子大学Ａ（以下，女子大学Ａとする）と私立
共学大学Ｂ（以下，共学大学Ｂとする）の社会科学系の学部に所属する 3 年生を
対象に，質問紙による調査と「言葉の調査」を合わせて実施した。女子大学Ａ
から「言葉の調査」と質問紙104人分の有効回答を得た。共学大学Ｂでは，女
性から，「言葉の調査」と質問紙81人分の有効回答を得，男性からは質問紙の
み68人の有効回答を得た。 2 カ月後の 6 月中旬に，同じ調査内容で 2 回目の調
査を実施した。女子大学Ａから， 1 回目と 2 回目の「言葉の調査」と質問紙の
両方に回答した82人の有効回答を得た。共学大学Ｂでは，女性から， 1 回目と
2 回目の「言葉の調査」と質問紙の両方に回答した23人分の有効回答を得，男
性から， 1 回目と 2 回目の質問紙に回答した35人の有効回答を得た。さらに，
女子大学Ａの調査対象者を二つのグループに分け，一方のグループを対象群と

し通常の授業を実施した。もう一方のグループに対しては学生の能力に対して教員からの期待値が高く激励する旨の言葉がけを行った。その上で7月末に，1回目・2回目と同じ質問紙を用いて3回目の調査を行った。それぞれのグループから3回分すべての調査に参加した無介入グループ49人と介入グループ21人の有効回答を得た。

2010年1月末，京都府の私立共学大学C（以下，共学大学Cとする）と，私立女子大学D（以下，女子大学Dとする：前回と同じ女子大学であるが，前回と異なるクラスを調査対象としたため前回と区別するために女子大学Dと呼ぶ）で質問紙のみを用いた調査を行った。共学大学Cでは，社会科学系の学科所属の女性から41人分，男性から20人分の有効回答を得た。学年の内訳は，女子学生では2年が20人，3年が17人，4年が4人で，男子学生は2年が11人，3年が7人，4年が2人であった。女子大学Dでは，教育社会学系の学科所属の2年生から51人分の有効回答を得た。さらに女子大学Dで，「女性とリーダーシップ」という授業を履修した社会科学系の学科の学生から20人分（2年15人，3年2人，4年3人）の有効回答を得た。女子大学A・共学大学Bでは春学期初回と春学期中間のように時間経過を経た複数回の調査を行ったが，女子大学D・共学大学Cでは1回のみの調査を行った。その理由は，前回（女子大学A・共学大学B）の経験から学年末1回だけの調査で，ある程度有効な調査結果が得られると考えたためである[7]。

2 調査内容

① 「言葉の調査」

調査対象者の知的能力を数量的に測定するテストに相当するものとして，メディア教育開発センターが開発した日本語プレースメントテスト「言葉の調査」を採用した。これは日本語の語彙力を試す4件選択肢の問題100題で構成されている。

② 質問紙の調査項目

まず，自己効力感の測定に関して Jerusalem and Schwarzer (1992) による "General Perceived Self-Efficacy Scale (GSE)"（和訳，筆者）を尺度に用いた。

自己効力感とは，目標達成に必要な自己の能力に対する信頼度を示し，過去30年の研究から，様々な領域において自己効力感の高さが成功の主要因であることが実証されてきた（Bandura, 1977, 1997；Hackett, 1997；Hackett and Betz, 1989；Lent, Brown and Larkin, 1984；Nevill and Schlecker, 1988）。自己効力感をつくり出す影響源として，物事に成功した体験としての「制御体験」，自分と同じような人が努力して成功するのをみる「代理体験」，人から自分の能力を信頼されたり期待されたりする「社会的説得」，良好な「生理的，感情的状態」の4つをあげている（バンデューラ，2001）。前節のアメリカの女子大学に学ぶ教育方針7カ条で述べたように，女子学生がもつ能力への信頼とロールモデルの存在は自己効力感の喚起要因ともなる。本尺度は一般的な日常の問題解決に関する自己効力感を測定する10項目で構成されている。1から9（「1：全く当てはまらない／低い」から「9：最もあてはまる／高い」）までの9段階から選択してもらい10問の合計を点数化した。

　リーダーシップに関する項目には，「大学でのリーダーシップ発揮度」と「将来のリーダーシップ発揮度」，自己効力感の影響源になることが想定される項目として，「ロールモデルの有無」，「大学教員からの期待度」，「大学教員による学業面の支援」（いずれも最低1点から最高9点の選択式），「今の健康状態」（選択肢3件法）について尋ねた。将来のライフコースに関して，「就きたい職業の有無」，「就職目標を達成する自信」（最低1点から最高9点の選択式），「希望する就業形態」（選択肢4件法）を尋ねた。

　大学生活全般に関する項目として，「大学生活満足度」（最低1点から最高9点の選択式），「交友関係の広さ」，「授業外での1日平均勉強時間」，「1週当たりのアルバイト時間」，「過去1カ月間に読んだ本の冊数（教科書，雑誌以外）」（記述式），「過去1カ月間の1日平均テレビ視聴時間」（記述式），「過去1カ月間新聞を読んだ頻度」（選択肢3件法）についての設問を加えた。

　女子大学A・共学大学Bの比較調査では回答の選択肢に9件法を主に用いたが，共学大学C・女子大学Dの比較調査では，選択肢の中間点に回答傾向が偏るのを避け，回答傾向をより差異化するために選択肢をすべてグレードの低いものから高いものへと順序尺度4件法に変更した。そして，テレビ視聴時間と

新聞を読む頻度に関する質問は，前者の分析結果から研究目的の主要因ではないと考えたため後者では削除した。新たに，「日本社会において，今後も女子大学は必要だと思いますか」という質問を追加した。さらに，ロールモデルの選択肢として，前回の「教員」を「男性教員」と「女性教員」に分け，「親」を「父」と「母」に分け，「兄」と「姉」を追加した。質問合計数は前回と同様31問である。

　これらの調査は本格的な調査に向けた試行的意味合いをもち，特に共学大学Bと共学大学Cにおいてはサンプル数が限られたものとなり，女子大学A・共学大学Bの比較調査では協力大学の事情により1回目と2回目の調査の間隔が2カ月間のみという制約があったが，示唆に富む結果が得られたため，次にその分析結果を紹介する。

<u>（　3　）分析結果</u>
　①大学間の入試偏差値の差異と入学後の教育効果の可能性
　まず，女子大学Aと共学大学Bの女子学生に対して実施した「言葉の調査」において，2回とも両者の間に有意な差は認められなかった（1回目，女子大学A：609.88；共学大学B女性：613.72，2回目，女子大学A：614.93；共学大学B女性：599.91）[8]。日本語語彙力が大学入学後の学生の授業理解度および学業達成度を予測する要因となるのであれば（小野，2005），女子大学Aの女性も共学大学Bの女性も大学教育を受ける上で潜在的能力に有意な差は存在しないことになる。したがってこの結果は，共学大学Bの入試偏差値（旺文社，2010）は女子大学Aよりも5〜6点高い数値が一般に公表されているが，女子大学Aも共学大学Bも在学中の指導により女性に対する教育効果を高めることにおいて同等の可能性をもっていることを示すものである。女子大学Dと共学大学Cに対しては「言葉の調査」を行わなかったが，女子大学Dよりも入試偏差値（旺文社，2010）が4〜5点高い共学大学Cでも，両大学における女子学生への教育効果は同等の可能性をもっていると推測できる。
　②共学大学B・Cにおける男子学生と女子学生の比較
　表7-1は，女子大学A・共学大学Bで行った2回のうちの1回目の学年度

表7-1　春学期初回調査（1回目）における
女子大学A・共学大学B（女性）・共学大学B（男性）の比較

	女子大学A（女性）N＝104		共学大学B（女性）N＝81		共学大学B（男性）N＝68	
	平均値	標準誤差	平均値	標準誤差	平均値	標準誤差
① 自己効力感	53.97	(1.132)	53.40	(1.464)	56.96	(1.497)
② 大学でのリーダーシップ発揮度	6.06	(0.286)	6.03	(0.275)	6.31	(0.298)
③ 将来のリーダーシップ発揮度	5.72	(0.156)	5.83	(0.208)	6.40	(0.179)
④ 大学教員からの期待度	4.26	(0.162)	4.28	(0.203)	4.39	(0.218)
⑤ 大学教員による学業面の支援	5.38	(0.172)	4.72	(0.190)	5.06	(0.223)
⑥ 就職目標達成の自信	6.02	(0.217)	6.35	(0.262)	6.58	(0.251)
⑦ 大学生活満足度	6.20	(0.189)	5.85	(0.202)	6.31	(0.209)
⑧ 授業外の1日平均勉強時間	1.73	(0.079)	2.20	(0.139)	1.96	(0.163)
⑨ 過去1カ月の読書冊数(教科書，雑誌以外)	2.23	(0.300)	2.73	(0.368)	2.87	(0.608)

（注）　⑧，⑨は回答の選択肢の番号の平均値であるため実際の時間数と異なる。

表7-2　女子大学D（女性①）・共学大学C（女性）・共学大学C（男性）の比較

	女子大学D（女性①）N＝51		共学大学C（女性）N＝41		共学大学C（男性）N＝20	
	平均値	標準誤差	平均値	標準誤差	平均値	標準誤差
① 自己効力感	26.12	(0.416)	24.85	(0.635)	26.75	(0.959)
② 大学でのリーダーシップ発揮度	2.67	(0.119)	2.32	(0.188)	2.50	(0.269)
③ 将来のリーダーシップ発揮度	2.67	(0.072)	2.41	(0.099)	2.50	(0.170)
④ 大学教員からの期待度	2.41	(0.098)	1.93	(0.123)	1.90	(0.161)
⑤ 大学教員による学業面の支援	2.94	(0.095)	2.59	(0.126)	2.80	(0.186)
⑥ 就職目標達成の自信	3.00	(0.091)	2.47	(0.142)	2.82	(0.176)
⑦ 大学生活満足度	3.02	(0.091)	2.93	(0.113)	2.75	(0.190)
⑧ 授業外の1日平均勉強時間	1.78	(0.100)	1.73	(0.144)	1.65	(0.209)
⑨ 過去1カ月の読書冊数(教科書，雑誌以外)	2.22	(0.129)	2.20	(0.132)	2.40	(0.169)
⑩ 日本社会における女子大学の必要性	2.98	(0.073)	2.46	(0.099)	2.63	(0.191)

（注）　⑧，⑨は回答の選択肢の番号の平均値であるため実際の数値と異なる。

始めの調査結果である。**表7-2**は，女子大学D・共学大学Cで1回のみ実施した学年度末の調査結果である。これらの調査の主目的は別学・共学の女子学生の比較であるが，その前に共学大学Bと共学大学Cそれぞれの男子学生と女子学生を比較（t検定）してみよう。表7-1の共学大学Bでは9項目中，授業外の1日平均勉強時間を除いてすべて男子学生のほうが高い数値を示し，特に

自己効力感は10％水準，将来のリーダーシップ発揮度は 5 ％水準で有意差が示された。表 7 - 2 の共学大学Ｃにおいては，10項目中，大学教員からの期待度，大学生活満足度，授業外の 1 日平均勉強時間の 3 項目を除く 7 項目で男子学生のほうが高い数値を示し，特に自己効力感は10％水準で有意差であった。Ｂ・Ｃ両大学における男子学生と女子学生を比較した場合，男子学生のほうが教員からより多くの学業面の支援を受け，自己効力感も就職目標達成の自信もリーダーシップを発揮する自信も高いことが読み取れた。このことは，共学大学においては，教員は意識する・しないにかかわらず，男子学生の教育・就職支援に力を入れ，女子学生の存在が周縁化され女子学生は自信と自尊心をなくしていくというサドカーら (1997) の知見をある程度裏づけるものである。また，共学大学内の男女格差の理由として，社会にある組織内には社会のジェンダー構造が縮図となって反映されるため，社会に男性優位女性劣位のジェンダー構造が存在するかぎり，社会の一組織である共学大学内においても教職員の職階構造に男女格差が現れ，教職員の男子学生・女子学生に対する接し方においても男女格差が反映されることが考えられる。

③女子大学Ａ・Ｄ・共学大学Ｂ・Ｃにおける女子学生の比較

次に，表 7 - 1，表 7 - 2 の別学・共学それぞれの女子学生を比較してみよう。表 7 - 1 における女子大学Ａ・共学大学Ｂ女性での 2 回のうちの 1 回目の学年度初めの調査結果では，女子大学Ａの学生 (5.38) のほうが共学大学Ｂの女子学生 (4.72) よりも，教員からより多くの学業面の支援を受けていると回答した（ 1 ％水準の有意差）。一方，共学大学Ｂの女子学生 (2.20) のほうは女子大学Ａの学生 (1.73) よりも勉強時間が長かった（ 1 ％水準の有意差）。表 7 - 2 の女子大学Ｄ・共学大学Ｃ女性において 1 回のみ実施した学年度末の調査結果では，10項目すべてにおいて女子大学Ｄの学生が共学大学Ｃの女子学生よりも高い数値を示し，次の 6 項目では有意差が認められた。自己効力感 (10％水準)，将来のリーダーシップ発揮度（ 5 ％水準)，大学教員から期待度（ 1 ％水準)，大学教員による学業面の支援（ 5 ％水準)，就職目標達成の自信（ 1 ％水準)，女子大学の必要性（ 1 ％水準）の 6 項目である。表 7 - 1，表 7 - 2 の 2 組の別学・共学女子学生の比較に共通して最も顕著な点は，女子大学の学生のほうが共学大学

表7-3　春学期初回調査（1回目）と春学期中間調査（2回目）における
女子大学A・共学大学B（女性）・共学大学B（男性）の比較

		女子大学A（女性）N＝82		共学大学B（女性）N＝23		共学大学B（男性）N＝35	
		平均値	標準誤差	平均値	標準誤差	平均値	標準誤差
① 自己効力感	1回目	54.21	(1.263)	59.78	(2.735)	58.11	(2.193)
	2回目	55.44	(1.338)	59.17	(2.871)	60.23	(1.684)
② 大学でのリーダーシップ発揮度	1回目	6.13	(0.373)	6.89	(0.423)	6.25	(0.369)
	2回目	6.11	(0.283)	6.42	(0.529)	6.48	(0.349)
③ 将来のリーダーシップ発揮度	1回目	5.66	(0.176)	6.39	(0.391)	6.46	(0.270)
	2回目	5.73	(0.170)	5.96↓	(0.341)	6.60	(0.288)
④ 大学教員からの期待度	1回目	4.28	(0.166)	4.61	(0.391)	4.88	(0.270)
	2回目	4.80↑	(0.165)	5.13	(0.269)	5.09	(0.305)
⑤ 大学教員による学業面の支援	1回目	5.46	(0.189)	5.09	(0.387)	5.76	(0.271)
	2回目	5.66	(0.180)	5.35	(0.330)	5.69	(0.295)
⑥ 就職目標達成の自信	1回目	5.79	(0.229)	7.36	(0.244)	6.50	(0.302)
	2回目	6.02	(0.207)	6.67	(0.361)	6.73	(0.317)
⑦ 大学生活満足度	1回目	6.27	(0.213)	6.70	(0.311)	6.83	(0.230)
	2回目	6.43	(0.173)	7.00	(0.295)	6.86	(0.296)
⑧ 授業外の1日平均勉強時間	1回目	1.79	(0.091)	2.29	(0.294)	1.91	(0.206)
	2回目	2.38↑	(0.083)	2.04	(0.204)	2.20	(0.255)
⑨ 過去1カ月の読書冊数（教科書，雑誌以外）	1回目	2.40	(0.369)	3.65	(1.017)	3.54	(1.134)
	2回目	2.44	(0.393)	2.91	(0.782)	2.69	(0.474)

（注）　⑧，⑨は回答の選択肢の番号の平均値であるため実際の時間数と異なる。

の女子学生よりも教員からより多くの学業面の支援を受けている点である。こ
れは，前述のように共学大学では周縁化される傾向がある女子学生が，女子学
生しかいない女子大学では大学教育の主役となっていることがうかがえる。学
生の性別に関わらず学生の能力を信頼し，授業外でも学生を支援することは，
アメリカの大学において教育効果を上げている優秀教師にみられる共通点であ
ることが報告されている（ベイン，2008）。

　④女子大学Aと共学大学Bにおける学生の変化

　表7-3は，女子大学A・共学大学Bの2回目における調査結果を示したも
のである。共学大学のサンプル数が著しく減少したのは1回目に加えて2回目
の質問紙調査に回答した学生の数が減少したためであるが，平均値および標準
誤差は母集団の推計値に基づいている。まず，女子大学Aの調査結果は，9項
目中8つの項目で数値が上昇した。特に，教員からの期待度（4.28→4.80）と

授業外の1日平均勉強時間（1.79→2.38）が有意に上昇した。この表には記載していないが，学期中1週当たりの平均アルバイト時間が有意に減少し，過去1カ月間の1日平均テレビ視聴時間と1週間当たりのクラブ・同好会での平均活動時間も減少した。一方，共学大学Bの女子学生は，9項目中，有意に上昇した項目はなく，将来のリーダーシップ発揮度のみが減少した（6.39→5.96）。そのため，共学大学B男子学生の将来のリーダーシップ発揮度（6.60）とは有意な差が認められた。共学大学B男子学生では，有意に変化した項目はなかった。この結果は，2カ月間という短期間であったが，共学大学Bの女子学生には有意な上昇項目がなく将来リーダーシップを発揮する自信が減少したのに対し，女子大学Aの学生は9項目中8項目の値が上昇し教員からの期待度と勉強時間が上昇したことは，女子大学Aの教育効果の一端を示唆するものといえる。

　⑤学生への期待値を高める介入グループと通常グループの比較

　表7-4は，女子大学A・共学大学Bの2回目調査の後，女子大学A内で女子学生を2つのグループに分けて一方のグループに「あなたたちの能力は優れている，将来を期待しているので頑張ってほしい」という言葉がけの介入を2～3度行い，他方のグループには言葉がけの介入は行わず，6週間後に両グループに対して1・2回目と同じ質問紙調査を実施した結果である。参考までに表7-4の右端に共学大学Bの2回目の調査結果を載せている。介入しなかったグループでは勉強時間が減少した以外に変化はみられなかったが，女子学生の能力を信頼し将来の活躍を期待し教員が激励したグループは，学生が教員の言動を受容したことが「大学教員からの期待度」の有意な上昇（1％水準）に表れ，9項目中7項目の平均値に伸びがみられた。特に自己効力感（1％水準），将来のリーダーシップ発揮度（10％水準），大学生活満足度（1％水準），読書冊数（5％水準）において有意な伸びが認められた。介入調査は女子大学Aのみで実施したが，同様の介入を共学大学Bの女子学生に対して行えば調査項目の数値が上昇することが想定できる。この介入は，アメリカの女子大学に学ぶ教育方針7カ条のうち，2番目の「女子学生の能力と可能性を信頼し期待し，そのことを言動によって常に女子学生に伝えている」に通じるものである。介入調査の結果が示唆することは，教員の学生への接し方を変えることによっ

表 7 - 4　春学期末（ 3 回目）における女子大学Ａ（女性①介入グループ）と
女子大学Ａ（女性②通常グループ）の比較

		女子大学A(女性①) N=21		女子大学A(女性②) N=49		共学大学B(女性) N=23（2回目）	
		平均値	標準誤差	平均値	標準誤差	平均値	標準誤差
① 自己効力感	介入前	55.62	(2.711)	54.49	(1.807)	59.17	(2.871)
	介入後	59.52 ↑	(2.616)	55.22	(1.915)		
② 大学でのリーダーシップ発揮度	介入前	6.86	(0.553)	5.69	(0.362)	6.42	(0.529)
	介入後	6.63	(0.324)	6.27	(0.358)		
③ 将来のリーダーシップ発揮度	介入前	5.81	(0.349)	5.59	(0.222)	5.96	(0.341)
	介入後	6.19 ↑	(0.306)	5.47	(0.208)		
④ 大学教員からの期待度	介入前	5.05	(0.297)	4.76	(0.223)	5.13	(0.269)
	介入後	5.71 ↑	(0.269)	4.57	(0.251)		
⑤ 大学教員による学業面の支援	介入前	5.86	(0.278)	5.55	(0.253)	5.35	(0.330)
	介入後	5.90	(0.228)	5.61	(0.259)		
⑥ 就職目標達成の自信	介入前	6.42	(0.417)	5.82	(0.262)	6.67	(0.361)
	介入後	6.42	(0.417)	5.71	(0.290)		
⑦ 大学生活満足度	介入前	6.52	(0.214)	6.41	(0.249)	7.00	(0.295)
	介入後	6.95 ↑	(0.234)	6.47	(0.226)		
⑧ 授業外の 1 日平均勉強時間	介入前	2.00	(0.218)	2.43	(0.082)	2.04	(0.204)
	介入後	2.10	(0.257)	2.06 ↓	(0.171)		
⑨ 過去 1 カ月の読書冊数 （教科書，雑誌以外）	介入前	1.43	(0.369)	2.69	(0.604)	2.91	(0.782)
	介入後	2.19 ↑	(0.559)	2.81	(0.612)		

（注）　⑧，⑨は回答の選択肢の番号の平均値であるため実際の時間数と異なる。

てその学生を変えることが可能であるということである。大学の教職員が特に
女子学生と対峙する際に，その女子学生の能力と可能性をどこまで認めるのか，
何を教育目標とするのか，その教育目標達成のためにどのような指導を実践す
るのかがいかに重要であるかを提起するものである。

　⑥「女性とリーダーシップ」授業と他の授業の受講生の比較

　表 7 - 5 は，女子大学Ｄ（女性①）・共学大学Ｃの調査の際に女子大学Ｄの社
会科学系学科の「女性とリーダーシップ」の授業の受講生（女性②）に対して
も質問紙調査を行い，女子大学Ｄ（女性①）と比較した結果である。自己効力
感（ 5 ％水準），読書冊数（ 1 ％水準），女子大学の必要性（ 1 ％水準）の 3 項目
において，女性②のほうが女性①よりも有意に高い数値を示した。この 2 グ
ループの比較で顕著なことは，後者の自己効力感の値が有意に高く，そのこと
が将来のリーダーシップ発揮の自信を高めた点である（回帰分析）。将来のリー

表7-5　女子大学D（女性①）・女子大学D（女性②）の比較

	女子大学D（女性①）N＝51		女子大学D（女性②）N＝20	
	平均値	標準誤差	平均値	標準誤差
① 自己効力感	26.12	(0.416)	28.26	(0.801)
② 大学でのリーダーシップ発揮度	2.67	(0.119)	2.85	(0.191)
③ 将来のリーダーシップ発揮度	2.67	(0.072)	2.60	(0.152)
④ 大学教員からの期待度	2.41	(0.098)	2.25	(0.176)
⑤ 大学教員による学業面の支援	2.94	(0.095)	2.95	(0.114)
⑥ 就職目標達成の自信	3.00	(0.091)	2.69	(0.151)
⑦ 大学生活満足度	3.02	(0.091)	3.15	(0.150)
⑧ 授業外の1日平均勉強時間	1.78	(0.100)	1.80	(0.172)
⑨ 過去1カ月の読書冊数（教科書，雑誌以外）	2.22	(0.129)	2.90	(0.161)
⑩ 日本社会における女子大学の必要性	2.98	(0.073)	3.50	(0.121)

（注）　⑧，⑨は回答の選択肢の番号の平均値であるため実際の数値と異なる。

ダーシップ発揮度に関して，質問紙では，「将来，あなたが何らかの分野／職場においてリーダーとしての役割を担うことになると仮定した場合，どの程度リーダーシップを発揮する自信がありますか」という聞き方をした。ここでいうリーダーシップの概念は，企業経営者が発揮するようなリーダーシップを指すのではなく，学生が将来，家庭や企業・組織の様々な部署にいることを想定して，自己リーダーシップおよび自己管理，自己責任，主体性に基づく心的態度を通して他者に影響を与えることを指している。

　「女性とリーダーシップ」授業による自己効力感の増強効果に関しては，その結果が授業効果によるものかその他の要因によるものか，調査協力者20人の結果から結論づけるのは時期尚早であるかもしれない。このグループに関しては，本来リーダーシップの資質が高かった学生が受講したということも仮定できるだろうし，他の授業と比べてかなり多くの課題が課せられた授業に最後まで残った学生は意欲的で向上心が強かったとも仮定できるだろう。ただ，受講生一人ひとりが学期末に授業を振り返ったコメントから，授業で行った世界的女性リーダーたちの資質分析から感化を受け，それをもとに自らを振り返り将来の目指すべき自己像を模索する作業によって意識が高まったことが報告されている。リーダーシップ育成は，アメリカの女子大学に学ぶ教育方針7カ条の

６番目の方針である。女性のリーダーシップ育成を教育目標にかかげている女子大学は日本にも何校かみられるが（『朝日新聞』2008年９月15日付），日本の女性リーダーシップに関する研究蓄積は浅く，女性リーダー育成プログラムのコンテンツも未開発の状態である。今後女子大学の存在意義を高めていく上で，女子大学全体でリーダーシップ育成に本格的に取り組む必要性を示唆している。

　なお，日本社会でリーダーシップを発揮する女性が少ないことに関連しては次のことも考慮に入れる必要がある。女性のライフコースを４通りの選択式で尋ねた質問で，定年まで就労を続けることを選択した女子学生は，女子大学Ａで33.7％，共学大学Ｂ女性で43.2％，共学大学Ｃ女性で26.8％，女子大学Ｄ女性①で40.4％であった。この調査結果は，就労女性の６割が結婚・出産を機に退職する現状に変化をもたらすものとは考えにくい。日本の企業においてリーダーシップを発揮する立場にある管理職の女性割合が極端に低い主要因の一つは，女性の平均勤続年数が短いため昇格の要件に該当する女性の人材が限られることが指摘されている（橘木，2008b）。社会においてリーダーシップを発揮できる女性育成の課題として，女性リーダー育成プログラムの開発に加えて，女性の就労に関する意識改革を目指したキャリア教育の充実と，女性のライフコースをめぐるジェンダー教育が今後重要性を増すと思われる。女子大生の将来のライフコース選択を左右する最大要因は在学する女子大学の教育方針であるという知見（中西，1998）から，各女子大学はそれぞれの教育理念を再確認し，教育目標とカリキュラムの整合性を図り，その教育効果を検証していくことが，今後女子学生に対する教育力を高める上で必要不可欠であると考える。

5　女子大学の教育効果が示唆する女性高等教育の可能性

　女子学生一人ひとりが自分の可能性を最大限開花させるためには，自分が定めた目標は必ず実現できるという強い自己効力感をもつ必要がある。その自己効力感を高めるものが，大学での様々な活動を通した小さな成功体験の積み重ねであり，あの人にできるなら私にもできるというロールモデルの存在であり，教員から信頼され期待され支援されることであり，様々な個人属性により感じ

る心理的限界から自己を解放するジェンダー教育や人権教育である。第4節の自己効力感の影響源に関する回帰分析による考察から，学生に対する期待値が高い教員ほど学生に対する学業面での支援を惜しまず，支援を多く受けた学生ほど自己効力感が高まり，その高められた自己効力感が，将来の自分の就職目標を達成しリーダーシップを発揮する自信を強めることが認められた[9]。

　以上の考察から，女子大学のほうが女性に対して教育効果が発揮できると考えられる要因は，女性の能力開発に必要な自己効力感の影響源（能力への信頼，ロールモデル，様々な経験）と学業面，キャリア面，個人面の支援を，女性に特化して与えることができるからである。これらの自己効力感への影響源と支援を最大化すれば教育効果が最大化する可能性が高まる。同様に共学大学においても，女子学生・男子学生の分け隔てなく，自己効力感の影響源と支援を最大化することで，教育効果を最大限高めることが可能になると推測できる。繰り返すが，女子学生に対しても男子学生に対しても等しく能力と可能性を最大限に認め，それらを引き出すべく支援していくことが求められているのである。スウェーデンの教師は教員養成課程で，教壇に立つ時は「性別，人種，国籍，年齢とかいう観念を，家に置いて」くるようにという指導を受ける（笹谷，2000，293頁）。教員は潜在意識の中に，学生をジェンダーやその他の個人属性に対するバイアスのフィルターを通してみる傾向がないか省察する必要があるだろう。そして，女子学生に対しては，ジェンダー，階層，民族，学歴，年齢，性的指向などの属性に対する偏見から自分自身を解放し，自分に限界をもうけず，自己の可能性と夢を精一杯追求してくれることを願っている。

　最後に，前節で社会にある組織内には社会のジェンダー構造が縮図となって反映されることを指摘したが，男女共同参画推進以前の女子大学においても，教職員の職階構造には男女格差が現れ，その時代の社会が望ましいとした女性像に応じた女子教育がなされてきた。一方現在，各女子大学の取り組みにみられるように，各界で男女共同参画できる女性の育成を目指した教育実践が進められている。男性優位女性劣位の社会構造が反映されにくい女子大学には，女性エンパワーメントのための学内環境を提供できるという利点がある。女子大学の構造を有利に活かして，女性の能力を開発し社会貢献できる女性の人材を

コラム

隠れたカリキュラム

　学校教育の中には，ジェンダー・バイアスのかかったカリキュラムが存在している。これを，「隠れたカリキュラム」という。習慣や制度，教師の言動など教育実践を通して子どもたちに伝達されている隠れたメッセージのことである。

　例えば，その具体例の一つに出席簿があげられる。近年は，性別に関係なくアイウエオ順になっている「男女混合名簿」も増えているものの，以前は多くの学校で男子が先で女子が後の名簿が使用されていた。幼稚園から高校まで，ずっと男子の名前が先に記載された名簿を使用していると，自然に「男子が先で女子は後」という隠れたメッセージが伝達されてしまう可能性がある。

　その他，「隠れたカリキュラム」の具体例としては，①「くん」「さん」などの男女別の呼び方，②生徒会等の「長」は男子，「副や書記は女子」，③「さすが男だ」「女のくせに」等の「らしさ」を強調する言葉で指導する，④式典や行事の際に男女別に整列し，序列が生じる場合は男子優先の習慣，⑤教科書に出てくる物語の主人公や登場人物には男性が多い，⑥ランドセルや上履きなどの色，等々……。

　筆者の前任校で担当していた「ジェンダー」の講義で，レポートを書いてもらったところ，「私は，かつての男子高校が共学になった高校の卒業生で，母校始まって以来の女子の生徒会長でした。私が立候補すると，OB から『どうして女子が生徒会長に立候補するのか？』といった内容の投書が学校に寄せられたそうです」という内容のものもあった。

　一方で，筆者の元ゼミ生が卒業論文執筆のために，福岡県内の女子大（総学生数約3000名）で1年生から4年生の学生約100名を対象として行った自記式アンケート調査法による調査（回収率87％）の結果によると，「今までの学校で男女混合名簿だったことはありますか」という設問に対し，「はい」と答えた学生は，66％にのぼっていた。また，「いつ男女混合名簿を経験しましたか」という設問に対しては，「小学校」と回答した学生が54％で最も多く，「中学校」が39％，「高校」は7％であった。

　しかし，残念ながら，「隠れたカリキュラムという言葉を知っていますか」という設問に対し，「はい」と答えた学生は0％だった。

参考文献
三宅義子（2001）『叢書 現代の経済 社会とジェンダー 第3巻 日本社会とジェンダー』明石書店／岩村菜津美（2011）『学校教育におけるジェンダー・バイアスに関する一考察——女子大学生へのアンケート調査を通して』筑紫女学園大学短期大学部現代教養学科平成23年度卒業論文。

（川島典子）

増やしていくという点において，女子大学の存在意義が再認識されるだろう。では，社会がジェンダー平等に近づけば，女子大学は必要ではなくなるのかという疑問が残る。女子大学は女性の地位を引き上げるためのものという視点に立てば，ジェンダー平等な社会が実現すれば，女子大学は必要ないという考え方ができるだろう。しかし，多様な特性をもつ高等教育機関を併存させるという視点に立てば，進路の選択肢の一つとして女子大学を存続させる必要があるという考え方もできる。今後も女子大学が共学大学とともに存続していくために，組織構造上女性のエンパワーメントに向いているという女子大学の利点を活かして，高い知力，気力，意識，自信をもつ男女共同参画型の女性を今までより多く世に送り出していくことが期待される。

> [付記]　初版における本章は筆者が発表した論文（三宅，2009）と研究ノート（三宅，2010）および2010年11月に行った筑紫女学園大学女子教育研究会での講演をもとに加筆，修正を行ったものである。第2版では，第1節と第2節で加筆を行い，その他の部分で微細な修正を行った。

注
(1)　例えば，女医第1号の荻野吟子やそれに続いた高橋瑞子，民間初の幼稚園を設立した野口幽香，大妻学院創立者の大妻コタカ，伝道に身を捧げたアイヌの歌人バチェラー・八重子，サンダース・ホームを設立した沢田美喜などがあげられる（円地，1981）。
(2)　大学審議会は，2001年の中央省庁再編後，文部科学省に設置されている中央教育審議会の中に大学分科会として統合された。
(3)　本格的な高等教育政策の一環としてではないが，1999年に男女共同参画社会基本法が制定されて以来，内閣府男女共同参画局による男女平等を推進する教育の取り組みは拡大し，全国の大学で女性学や男性学，ジェンダー研究の講座が開設され講座数も著しく増加した。また文部科学省の科学研究費助成事業の研究分野においてもジェンダー研究の領域が新たに加えられた。
(4)　2014年12月時点では，委員32名のうち女性は9名，うち大学関係者6名，うちジェンダー研究専門家はいない（少なくとも公表された肩書からは特定できない）（文部科学省，2014）。
(5)　人間開発指数（Human Development Index）は国連開発計画（UNDP）による指数で，出生時の平均寿命，平均就学年数および予想就学年数，1人当たり国民総所得（GNI）を用いて算出されている。
(6)　高等教育在学率の単位はパーセントで，在学率は，中等教育に続く5歳上までの人口を

分母とし，高等教育機関の在学者数（全年齢）を分子として計算されているため，100％を超える場合がある。

(7)　この調査はあくまでも試行的に行ったものであり，調査対象者の数（N）が少なく，調査対象校も限定された範囲からのデータである。調査対象校と調査対象者を増やし，サンプルを無作為に抽出した場合，この調査とは異なる結果が出る可能性があることを付け加えておく。

(8)　「言葉の調査」の満点は800点で，595点から800点までが高校3年レベル（最高レベル）とされている。

(9)　これらの考察は各回・各組の調査において相関係数（Spearman）が主に中程度（0.4＜｜r｜≦0.7）以上の変数間で順序回帰分析を行い，各回・各組に共通してみられた因果関係に基づくものである。

引用文献

『朝日新聞』2008年9月15日付「存在意義探る女子大」。

エリオット，L.／竹田円訳（2010）『女の子の脳　男の子の脳──神経科学から見る子どもの育て方』NHK 出版。

円地文子監修（1981）『近代日本の女性史　第九巻　学問・教育の道ひらく』集英社。

旺文社（2010）大学受験パスナビ　http://passnavi.evidus.com/search_univ/　2010年2月8日アクセス。

尾嶋史章・近藤博之（2000）「教育達成のジェンダー構造」盛山和夫編『日本の階層システム4　ジェンダー・市場・家族』東京大学出版会，27-46頁。

小野博他（2005）「日本の大学生の基礎学力構造とリメディアル教育──IT 活用学力支援研究」『NIME 研究報告』第6号，1-142頁。

金子幸子・黒田弘子・菅野則子・義江明子（2008）『日本女性史大辞典』吉川弘文館。

木村涼子（2000）『学校文化とジェンダー』勁草書房。

黒羽亮一（1993）『戦後大学政策の展開』玉川大学出版部。

小山静子（1991）『良妻賢母という規範』勁草書房。

坂本辰朗（1999）『アメリカの女性大学──危機の構造』東信堂。

笹谷春美（2000）「ジェンダー視点を導入したスウェーデンの教師教育」亀田温子・舘かおる編著『学校をジェンダー・フリーに』明石書店，287-305頁。

サドカー，M.・サドカー，D.／川合あさ子訳（1997）『「女の子」は学校でつくられる』時事通信社。

サックス，L.／谷川漣訳（2006）『男の子の脳，女の子の脳』草思社。

政府統計の総合窓口（2014）http://www.e-stat.go.jp/SG1/estat/GL08020103.do?_toGL08020103_&tclassID=000001055994&cycleCode=0&requestSender=dsearch　2015年1月20日アクセス。

橘木俊詔（2008a）『女女格差』東洋経済新報社。

橘木俊詔（2008b）「なぜ女性活用策がうまくいかないのか」橘木俊詔編著『現代女性の労働・結婚・子育て──少子化時代の女性活用政策』ミネルヴァ書房，1-33頁。

内閣府男女共同参画局（2014）『平成26年版　男女共同参画白書』。

中西祐子（1998）『ジェンダー・トラック──青年期女性の進路形成と教育組織の社会学』東洋館出版社。

バンデューラ，A.／本明寛・野口京子訳（2001）『激動社会の中の自己効力』金子書房。

ベイン，K.／高橋靖直訳（2008）『ベストプロフェッサー』玉川大学出版部。

三宅えり子（2009）「女子大学と共学大学における女子教育力の比較研究──試行的調査から」『同志社女子大学学術研究年報』第60巻，同志社女子大学，19-30頁。

三宅えり子（2010）「女子大学と共学大学における女子教育力の比較研究──試行的調査その2のデータ分析」『同志社女子大学総合文化研究所紀要』第27巻，同志社女子大学，137-148頁。

三宅えり子（2013）「男女共同参画社会における女子高等教育の今日的課題──同志社女子大学のあゆみを事例として」『現代社会フォーラム』第9号，同志社女子大学現代社会学会，16-38頁。

文部科学省（2014）大学分科会委員名簿　http://www.mext.go.jp/b_menu/shingi/chukyo/chukyo4/meibo/1354171.htm　2015年1月21日アクセス。

Bandura, A. (1977) "Self-efficacy: Toward a unifying theory of behavioral change," *Psychological Review*, 84, pp. 181-215.

Bandura, A. (1997) *Self-efficacy: The exercise of control*, W. H. Freeman and Company.

Hackett, G. (1997) "Self-efficacy in career choice and development," Bandura, A. *Self-efficacy in changing societies*, Cambridge, Cambridge University Press, pp. 232-258.

Hackett, G. and Betz, N. (1989) "An explanation of the mathematics self-efficacy—Mathematics performance correspondence," *Journal for Research in Mathematics Education*, 20 (3), pp. 261-273.

Jerusalem, M. and Schwarzer, R. (1992) "Self-efficacy as a resource factor in stress appraisal processes," R. Schwarzer (ed.) *Self-efficacy: Thought control of action*, Hemisphere, pp. 195-213.

Lenroot, R. K., Gogtay, N., Greenstein, D. K., Wells, E. M., Wallace, G. L., Clasen, L. S., Blumenthal, J. D., Lerch, J., Zijdenbos, A. P., Evans, A. C., Thompson, P. M. and Giedd. J. N. (2007) "Sexual dimorphism of brain developmental trajectories during childhood and adolescence," *NeuroImage*, 36, pp. 1065-1073.

Lent, R. W., Brown, S. D. and Larkin, K. C. (1984) "Relation of self-efficacy expectations to academic achievement and persistence," *Journal of Counseling Psychology*, 31 (3), pp. 356-362.

Nevill, D. D. and Schlecker, D. I. (1988) "The relation of self-efficacy and assertiveness to willingness to engage in traditional/nontraditional career activities," *Psychology of Women*

Quarterly, 12, pp. 91-98.

Tidball, M. E., Smith, D. G., Tidball, C. S. and Wolf-Wendel, L. E. (1999) *Taking women seriously : Lessons and legacies for educating the majority*, Phoenix, Arizona, Oryx Press.

Wolf-Wendel, L. and Eason, B. (2007) "Women's Colleges and Universities," B. Bank (ed.) *Genderand Education An Encyclopedia*, Vol. I. Westport, Praeger Publishers, pp. 235-242.

Women's College Coalition (2014)　http://womenscolleges.org/　2015年 1 月20日アクセス。

World Economic Forum (2014)　*The Global Gender Gap Report 2014*, World Economic Forum.

（三宅えり子）

第8章 中国におけるジェンダー

1 「男尊女卑」社会の変遷

近年，儒教思想による抑圧と，その抑圧からの解放過程であるとされてきた中国女性史像が見直され，中国における新たなジェンダー論の研究成果が現れつつある。

一般的にこれらの優れた研究は，領域横断的研究であることが多い。最も注目すべきは，1980年代，国外の文化人類学におけるジェンダー研究が中国に入ってきたことである。特に，アメリカの女性人類学者 M. ミードの「男らしさ」，「女らしさ」の影響は強かった。その後中国の女性たちは，「男女平等」の真の意味を「女性が単に男性と同じになるのではなく，女性自身に合う標準を決め，女性自身を守る権利をもつことである」ととらえ，自発的，自覚的に守られるべき女性の権利を確認し，保護を訴えるようになった。

近年，女性学者たちは，政治，経済，文化，教育，家庭生活における新たな女性問題に対して，女性の権利を要求し，その結果，法律条項が改正され，法律上では，女性の権利が守られるようになった。

ところで，一般的・歴史的には，「男尊女卑」という思想に基づいた儒教の考え方は，中国の伝統社会を支えてきた論理として知られている。その論理は，中国人女性の社会的地位を決定づけ，女性の基本的な役割，存在価値などにも深く反映されてきた。

しかし，近現代の激動の時代の中で，女性の社会における地位は大きく変化をしてきた。中華人民共和国が建国され，改革開放がなされた後，中国の農村部と都市部における女性をめぐる教育，結婚，就業，参政などが変遷することによって，女性の社会的地位は変化しつつある。

本章では，こうした過去の中国女性の生き方，纏足等の歴史を辿ることを通して，封建社会における女性の社会的地位，社会的価値観などを歴史的・構造的に解明しながら，主に，近現代以降の，教育と就業・家庭という視点から女性の地位の変遷を検討し，その経緯や，要因を明らかにしてみたい。

2　儒教思想による女性の位置

〔1〕伝統的な儒教思想の女性論

　二千年を遥かに超える歴史的価値を有して継続し，中国の基本思想である儒教の思想は，中国社会に根づいてきた。その考えでは，修身，斉家，治国，平天下を達成するため，「三綱五常」を強調している。

　「三綱」とは，君臣・父子・夫婦の間の秩序を守るという道徳であり，「五常」とは，仁・義・礼・智・信の5つの道義である。いずれにしても儒教は，人の守るべき君臣，父子，夫婦の道と仁義礼智信，いわゆる身分の尊卑を根本とした思想を正統とし，人として常に重んずべき道を説く。そこで，中国の歴代支配者は，国家を支配する権力を維持するため，女性の教育を重視していた。

　「礼教」は女子教育の根本的な指導思想になっており，「三従四徳」はその思想の核である。『儀礼・葬服』の中で，「三従」とは，女性は生家では父に従い，嫁いでは夫に従い，夫の死後は子に従う。夫が死んでも再婚せず，あるいはそのあとを追って死ぬ "節婦烈女" という三従のシステムのことを指す。「四徳」については，後漢（25～220年）の女性歴史家で，曹大家と呼ばれている班昭が『女誡』の中で，詳細に述べている。「女性には四つの徳が必要。一には婦徳，二には婦言，三には婦容，四には婦功。婦徳とは，必ずしも才智がとびぬけていることではない。婦言とは，必ずしも口達者なことではない。婦容とは，必ずしも顔形がきれいなことではない。婦功とは，必ずしも手先が人より器用だということではない。清らかで謹み深く，貞節を守って折り目正しく，ことをなす時は恥を心得，動静が法にかなう。これを婦徳という。言葉を選び説き，悪語は口にせず，時にして初めて述べ，人に嫌われることがないことを婦言という。体が汚れればよく洗い，服飾はいつもさっぱりし，挙措動作が端正で

重々しく，浴するに時を以ってし，塵垢まみれの恥をさらさぬことが婦容である。専ら紡ぎ織りに励み，戯笑を好まず，潔らかに酒食を調え，うやうやしく客に奉ずる。これを婦功という」と。『女誡』は儒教の立場から嫁ぎ先での女性の行動を，辞と7つの篇に分けて女性の躾について説明している。『女誡』は，女子の儒教教育を提唱し，当時の社会の方向性を示している。また，経学の家に生まれた者であった本人自らの体験より，「14歳で曾家に嫁ぎ，40年余りの間いつもびくびくし，離縁されたりしはしないか，叱責されはしないか，父母に恥をかかせ，夫の家や実家に迷惑をかけはしないかと，いつも心配していた」と述べ，とにかく，「儒教」の教えを実践したことを教えたものである。女性の生き方，また「夫は再婚してもよいが，妻は再婚してはいけない」という「貞節」の提唱から「貞婦」，「列女」など正史の中に列伝された。歴代の支配者も貞操観念のある女性を奨励し，「節婦」いわゆる夫亡殉死の烈婦への旌表(顕彰)や列女の旌表をも行っていた。

　　班昭は後漢の時代にあって，学問の世界で知的活動を行った女性の第一人者である。兄班固の未完の『漢書』を補うべく和帝に召し出されたのも，当時の学者・馬融に『漢書』の学を講じたのも，後宮の先生として前漢・劉向の「列女伝」をもとに皇后等を教えたのも，班昭であった。なお，『女誡』における，女子の儒教的人格を習得させる目的で唱えられた「女子教育論」は，後世，「三従」，「四徳」，「男尊女卑」論や「女子は才がなくとも徳あれ」などの論理的な発想出典となり，「良妻賢母」の基準とされた。それは又，女性の社会的地位を決定づけ，女性の基本的な役割，存在価値なども深く反映されている。それに基づいて，中国は完全に男性が家庭，社会をコントロールすることとなり，男尊女卑の社会をつくり出した。女性を男性に依存させ，従属的な地位に追いやったのである。

　　即ち，中国の女性は二千年余りにわたった封建的な教育，思想上においては綱常礼教に縛られることとなった。また，纏足(纏はまきつけるの意)は女性の体を虐待し，さらに女性の自由を奪い，女性の行動を制限し，社会的な活動，仕事などの参加もできなくしてしまった。

　纏足の起源については，夏商から五代・宋まで多説があったが，一般には10世紀の南唐の李煜が足の細い女性を好んだことから始まったとする説が有力である。五代十国時代の南唐の頃から始まったと『輟耕録十，道山新聞』に伝えられている。すなわち，南唐の王李煜の愛妃窅娘は，帛（白いねりぎぬ）を以って足指を曲げ，新月のような形に包み，高さ六尺ばかりの金蓮台の上でみごとに舞った。

　『宋史・五行志』は，「理宗の朝，宮女は束足で小さくて細い」と宮廷の女性が纏足していると記述している。北宋末から南宋にかけて，纏足は盛んとなり，北から南へ広がり，一種の社会風習になった。『芸林伐山・候鯖録』も「京師婦人の服装と足は天下一」と載せている。京師は北宋の都・汴京（今の開封）のことだが，南宋のときに，都は臨安（今の杭州）に移され，纏足の風潮も南に広がり，一時期「臨安足」と呼ばれた。この纏足のことは元代の曲詞・雑劇，例えば，関漢卿の『牡丹亭』，王実甫の『西廂記』の中にたびたび出ている。

　纏足というのは，４，５歳，遅くても７，８歳の女の子に，骨がまだ柔らかい足の指にマッサージをほどこし，弓のような形に曲げて撓めた上，幅約9 cm，長さ約180 cm くらいの綿あるいは絹の布を，足の裏より甲へ，甲より指へ，指より足の裏に8の字の形に縛る。親指以外の4本指はすべて親指の下に巻き込まれ，形を整えるため，糸で布を縫いつけ，それから，小さな靴を無理やり履かせる。昼は，その子を支えて家で歩く練習をさせ，夜になると，布を取り替え，そのたびにきつく巻きつけ，また，両足を長く薬草の水薬につけて，毎日同じように繰り返すと，だんだんと皮肉が腐る。足の骨も短く曲がった状態となり，これを数年間やり続けると，指を曲げ終わり，次に指を踵に引き付け，足の甲と脛の延長とが一直線となった「三寸金蓮」と美称される弓形の足ができるようになる。

　この纏足は，ほとんど母親が行うが，娘が痛みに耐えかねて泣き叫ぶため，多くの母親は親戚の夫人や専門とする女性に頼んでやらせた。纏足された幼女はその痛さで，足を抱いて，夜，眠れずに泣き続け，昼間，食欲もなく，様々な病気にもかかった。民間には「一対の小足，一缸（大粒）の涙」ということ

わざがあった。この苦痛を伴う残酷な纏足は，幼女の血と涙，あるいは命をかけたものであった。[(3)]

　その結果として，身体動作が不自由になり，女性は家庭に閉じ込められることとなる。というのは，纏足の施術期間は長く，4段階の施術に3年くらいかかる。激痛を伴うのは，足指を折り曲げる第2，第3の段階であるが，激痛期を除いても，施術中の2年間は痛む。その後も，縛り続け，3日に1度消毒することなどが生涯にわたって行われなければならない。女性にとって「枷」，「鎖」のようなものであった。

　ところで，纏足は主に漢民族の中で盛んに行われていた。地域からみれば，南部より北部のほうで流行した。それは，纏足は北部から始まったという歴史的な原因のほかに，長江以南は米の産地で，女性が農作業をするのが習慣になっていたからである。市街地においては一般に行われたが，村落ではあまり普及しなかったのである。また特殊な身分，比丘尼・女道や満・蒙・チベットなど少数民族の女性は纏足の習慣がなかった。

　上述したように纏足は弊害が甚だ大きいので，纏足の習慣のない満州族が征服者であった清代には何度か禁令が出された。例えば，清の太宗は1638年に「八旗は他国（漢民族の明代）の衣服・束髪・纏足を真似する者を重罪として罰する」とし，清の皇帝順治から康熙まで，全国に「纏足禁止令」を発布，「違法者の父親と夫を処罰する」[(4)]と布令した。また，西太后は，1902年，満州人と漢人の結婚の許可と纏足禁止令を出し，政令による終止符が打たれたが，実際には，これらの禁止令もあまり効果がなかった。

　ここでの八旗は，元来，満族の巻狩の制に基づいたもので，のち，清朝の軍事・行政組織になった。全軍を8つの軍団に分け，軍の旗印は4色，黄・白・紅・藍を正旗という。へりをとったのを鑲旗としこれに4色を組み合わせて八旗と呼ぶ。清の太祖は軍隊組織の統一を図って八旗制とした。のち満族八旗に準じ，漢軍八旗も創立したが，満族八旗は旗人として世襲の特権をもっている。太宗の「八旗纏足禁止」は満族の八旗を指している。

　なお，纏足のほか，当時の山西の大同には「晾脚会（りょうきゃく）」という，小足をみせ，その小ささを競争する風習があった。毎年4月初め，女性たちは皆腰掛けをもっ

て街に坐り，足を出して皆にみせる。男性はゆっくり観賞ができるが，触れることは禁止である。また，河北宣化と蔚城・邯鄲の「賽脚会」，甘粛蘭州の「晾脚節」，河南汝州や広西などの地域の「三寸金蓮」（小足のこと）の競争祭が続々現れている。この競争によって，纏足の風潮はさらに広がってしまった。また，女性たちが自分自身が封建社会の犠牲者であることを自覚していなかったことは，いかに旧思想が人々の脳・体にまで浸透していたかを示している。

　上述したように，女性には儒教倫理の束縛だけでなく，纏足という身体の束縛もあったのである。纏足は女性たちの労働能力を失わせ，同時に男性への依存性を深めさせた。女性は常に劣位におかれていたのである。具体的には女性は次のような状況におかれていた。

　①経済的独立の喪失

　女性は社会の一切の職業に就くことができず，労働する権利ももてなかった。また女性は家産の相続権ももてなかった。

　②婚姻の自由の喪失

　宗法制度の下では婚姻の目的は一族のための子孫繁栄と財産継承にあった。婚姻の決定権は完全に家長に握られ，「父母の命，媒酌の言」は遵守しなければならないとされた。また女性の貞操観念への要求は厳しく，夫が存命のうちは貞操を守らなければならないのはもちろん，夫の死後も妻は再婚することができず，「貞女は二夫にまみえず」とされていた。

　③教育を受ける権利の欠如

　「女性は才のないのが徳である」と考えられ，その教育も男尊女卑の封建宗法思想と倫理道徳観念を強化し，夫権を護持するための「良妻賢母」教育であり，文化教育を受ける権利を奪われ，自立することはできなかった。

3　女性地位の変遷

［1］纏足の廃止

　近現代において，女性地位の変化は，まず纏足の廃止と教育から始まった。

　纏足解放の試みは，初期には女子学校を舞台に展開された。運動の主要な担

い手はプロテスタントの宣教師であった。女子学校は1850年代から設立される
ようになったが，1860年代になると纏足を明確に禁止する学校が現れはじめる。

　1880，90年代には，教会では士大夫の間に影響を及ぼそうという姿勢が強ま
り，福音から社会福祉に重点が移される。教派の会議で纏足が取り上げられ，
纏足反対の会が各地でつくられるようになるのもこの頃である。「天足会」は
1895年4月にイギリス人リトル夫人（Alicia Little）ら欧米人女性を中心に組織
された。従来の教会の運動とは一線を画し，キリスト教徒であるか否かを問わ
ず，中国の纏足女性すべてを対象とした。活動内容は政府高官への働きかけ，
印刷物の出版，講演会の開催，新聞への投稿などであった。従来の「大足」に
代わって「天足」という言葉をつくり，纏足解放後の女性の理想像を提示した
点は天足会の大きな貢献であった。

　一方では，中華民国が1912年1月に成立後，孫文の臨時大総統の名による革
新的なブルジョワ的民主主義に基づく改革が推進された。具体的には，(1)アヘ
ンの禁止，(2)纏足の禁止，(3)過酷な刑罰の禁止，(4)人身売買や賭博の禁止，(5)
賤民身分からの解放，などである。さらに，1915年には陳独秀によって上海で
『青年雑誌』（1916年に『新青年』と改題された）が創刊された。この雑誌の創刊
は「青年の思想を改造し，青年の教養を高め，自主的・進歩的・進取的・世界
的・実利的・科学的な社会を創ろう」が目的になっている。[5]

　1917年に，胡適の「文学改良芻議」をベースとした白話（口語）運動が同誌
で展開され，1918年，魯迅の白話小説『狂人日記』が掲載された。このような
社会の変動とともに，旧文化・旧道徳の打破および文学改革という新文化運動
が始まった。これにより，儒教倫理に縛られている女性解放の問題が浮上する
こととなったのである。男女交際の自由・教育の男女平等・女性の経済的独
立・封建的婚姻観の打破などの新文化運動で盛んに議論されていた女性解放の
問題が社会に浸透することとなる。また，纏足廃止運動が起こり，民間にも纏
足反対の動きが起こってきた。悪習であると位置づけ，罰則制度を設け，追放
運動が行われた。[6]

　1930年頃になると，纏足解放の啓蒙がようやく浸透し，纏足が確実に下火と
なる。纏足禁止が地方政府行政の業績をはかる重要な基準となった。「外国人

にみられることは国の恥である」という纏足禁止を勧めるスローガンが使われるようになったのである(7)。

　以上のように，新文化運動以降，女性の位置づけが変化し，女性と国家の命運が結びつけられ，また，女子教育の必要も強調された。この頃，ヨーロッパ思想を中国に紹介して登場したのが著名なジャーナリスト，梁啓超（1873〜1929年）である。彼は「論女学」の中で，「女性は才がなくとも，徳あればよしという言い分は，全く荒唐無稽な考え方である。……字を知らず，本を読めない女性が賢淑な人間になれるわけがない。そうであるとすれば，わが国を滅ぼすことと同じことになる」と述べ，同時に，日本の女子教育を模範として紹介している。「西洋全盛の国といえばアメリカであるが，東洋の新興国といえば日本である。男女平等論はアメリカで盛行したが，実行したのは日本である。日本の女学校の授業科目は約十三ある。一は修身，二は教育，三は国語，四は漢文，五は歴史，六は地理，七は数学，八は理科，九は家事，十は習字，十一は図画，十二は音楽，十三は体操である。わが国は女学校を振興することが焦眉の急となっている(8)」と呼びかけた。

　女子教育の主旨について梁啓超は，1899年に書かれた『倡設女学堂』の中で，「夫の仕事を手伝い，子どもに教えることができるように……」という「相夫教子」，「賢妻良母」（日本では良妻賢母(9)）と「救亡図存」のために女学校をつくろうと主張した。女子校を創設するため，彼は自ら「女学堂試辦略章」を擬定した。それらは「事務人員章程（規程に相当）」，「学生募集章程」，「学規」，「卒業・修了規則」などとなっている。とにかく梁啓超の女性教育論は民国以後の女子教育に大きな影響を与え，女子教育発足の基礎を定めたのである。中国の教育家舒新城は『近代中国女子教育思想変遷史』の中で「近代中国教育史において，正式に賢妻良母の養成を女子教育の目的とする提唱者は梁啓超をもって始めとする(10)」と述べている。

② 女子教育の勃興と発展

　従来，中国の女性は男子と平等に教育を受ける権利をもたず，女子の教育は男性と厳しく差別されていた。『礼記・内則』の中では「男は学校で学び，国

家をもって志とする。女性は家のために学び，四徳をもって志とする」と，明確に男女教育のあり方が示されている。女性教育思想の形成は，秦・漢において，儒学の勃興とともに，倫理道徳の規範である礼教を系統的に完成したものである。古代の女性教育は社会，家族というかたちで行われ，その思想，風俗は国家から郷村まで人々の心に浸透している。数千年の長期にわたって維持されてきた女性教育の中で，女性は無視されていたのではなく，逆に歴代の支配者は皆，理想的な賢妻良母をつくりだすことに力を注いでおり，国の指導思想の浸透，庶民の従順，社会の安定を狙った。

　女子教育の教材は，主に経，史，子，集等の典籍が理論の根拠として使われ，中国の伝統的な婦徳，容儀，貞節，才学，品徳などを教育の主旨としてつくられたものである。それによる女性の教育は単純に家庭を守る教育だけでなく，封建的国家を維持する役割であることのほうがさらに重大な意味をもっていたのである。

　他方，1300年余りの長きにわたって存続してきた出世の試験としての「科挙制」はもっぱら男性の特権である。女性は，教育の現場から排除されてしまった。

　中国の女子学校教育の形成については，およそ3つの時期に分けることができる。いわゆる，西洋人による教会女学校，清末の維新派による女学校および清末政府による国立女子学校である。

［第一期　教会女学校］

　1842〜1843年の第1次アヘン戦争の敗北により，清朝は「中英南京条約」および附件としての「五口通商章程」，「中米望厦条約」，「中仏黄埔条約」などを，また1856〜1860年の第2次アヘン戦争で「天津条約」，「北京条約」を締結させられた。これらの条約の中には，宣教師による中国国内での布教活動と学校創設の特権も含まれていた。当時，中国にやって来た西洋の女性宣教師は，主に五口商埠で開港を迫られた5つの港，広州・福州・アモイ・寧波・上海に加え香港の地にいた。彼女たちは宣教しながら，教堂に附属する女子学校も開いた。中国初の女学校は外国人，キリスト教会によって創立されたのである。1825年に，イギリス女性グラント女史によりシンガポールに開かれた女子学塾がすで

にあったが，中国においては，1830年代，アメリカ宣教師 E. ブリッジマンにより広東で創られた女子学塾がそれであった。

1844年にはイギリスの東方女子教育協進社（Society for Promoting Female Education in the East）のアルダーシー女史（Aldersey）によって寧波に女学校が開かれた。その後，教会学校が続々と設立され，1847年から1860年にかけ，12カ所の教会学校ができた。[11]なかでも，アメリカ人により上海で創設された「裨文女塾」（1850年）と「文紀女塾」（1851年），天津の「淑貞女子学校」（1853年），福州の「育英女書院」（1859年）などの教会女学校が最も有名であった。[12]こうして，中国最初の女学校が欧米人によって続々と創立されたのである。

これにより封建的な中国の社会において，女子の世界に大きな変化が起こった。まず，入学の条件として不纏足を掲げ，婚姻による退学を禁止するといった規定が盛りこまれた。また，教会では早くから不纏足を呼びかけ，教会関係者の連携によって，不纏足会や天足会が各地につくられた。教会とミッション系の学校は，たゆまぬ努力により，中国女性解放の道を切り拓いていったのである。

表 8 - 1 から，この教会女学校は宣教のほか，主な授業は家事，女紅（手仕事）と上海方言での読書になっていることがわかる。

1877年にはプロテスタント系で121カ所，収容女子学生2010人という統計があり，1902年には4000余の女学生が教会の女学校に学んでいたという。

教会による女子学校には，これらのほかに女子医学院もつくられている。1879年，広東にアメリカ長老教会がつくった博済医院の医療班には最初 2 名の神学院の女子学生が学んだが，これが女子医学院創立の嚆矢である。また，教会では金雅妹，石美玉，何金英などをアメリカの医科大学に留学させた。[13]

上述したような教会女子学校は，中国近代女子教育に新風を吹き込み，西洋文化が中国の伝統文化に大きな影響を与えることになった。欧米の資産階級の女性解放理念を中国社会に導入したことで，遅れた中国の女子教育の先導役を担うこととなった。[14]

［第二期　中国女学堂の創設］

中国人創立による初めての女子学校は，康有為や梁啓超らの変法派によって

表 8 - 1　教会寄宿学校の時間割表

	時　間	教　育　内　容
午　前	6：00～7：00 7：00～8：30 8：30～8：50 9：00～12：00	朗読：上海方言で「四福音書」を読む 朝食・宿舎の掃除 祈　祷 上海方言で朗読・写経
正　午	12：00～	食　事
午　後	13：00～14：00 14：00～16：30 17：00～	刺　繍 裁　縫 夕食・課外活動 晩祈祷

（出所）　顧（1981）228頁より作成。

1898年 5 月31日上海に開設され，女子学校は上海城南高昌郷桂墅里にあるため「桂墅里女学会書塾」と命名されたが，「経正女塾」あるいは「経氏女塾」とも呼ばれている。のちに清政府に対し学校の公印を申請するため「中国女学堂」と改称した。学校の管理は40人による董事会という組織が担当したが，最高責任者は維新派，経元善と夫人の経営になっている。経営経費は主に寄付金に頼っていた。

　「中国女学堂」の弁学主旨は，1897年に決定された「女学会書塾開館章程」によれば「新たな女性経道を開拓，民智を高め」と規定され，「女徳を養成，健康にして優れた賢母，賢婦を育成する」という教育方針となっている。[15] 学科は数学，医学，法学，師範学など 4 科に分けられ，授業科目は中国文化と西洋文化の 2 種類であった。中国文化科の教材は，『女孝経』，『幼学須知句解』，『内則衍文』，『女四書』，『唐詩』，『古文』，『儀礼』，『詩』，『書』，『記載内則』，『女誡』，『女訓』および『女講経』，『閨範』，『論語』など儒学に関するものになっている。その目的は孝，敬，礼，教，慈，勤，譲，学など 8 つの女徳基準を生徒に学ばせ，崇高な婦徳をもつ賢妻良母を養成するためであった。[16]

　一方では，西洋文化に関する科目，算術，地理，英文，絵画，医学のほか，写経，体操，琴学なども導入されている。学堂の創立者はやはり中国伝統文化の影響から免れることはできなかったことがうかがわれる。学堂の規則第 2 条の中に「儒聖の教誨を厳守し，学内には孔子の位牌を備えるとともに，男女別

を厳守。校内の総務主任から教員や職員に至るまで，すべて婦人とする。男子は立ち入り禁止。生徒は8〜15歳の『良家』出身の女の子，奴婢出身の子は受け入れない。」と定められていることからも容易にうかがえるであろう[17]。

「中国女学堂」開校の初年度の生徒数は当初は少なかった。前期は盛静英，経玉娟，鄧宝蓮，金蘭貞ら16名であったが，後期は20名増えて36名に達した。2年目は70名を超えた[18]。

女学校は女子教育の宣伝をするため，『女学報』という中国語の校刊誌をつくるだけでなく，英文の『*The Chinese Girls Progress*』という月刊誌も発行，「中国婦女知識伝播社」という婦人組織までもつくられた。しかし，この「中国女学堂」は2年も経たず，1898年の戊戌変法改革運動の失敗により，1899年に閉校してしまった。中国女学堂の存在は短かったが，女性が学校で教育を受けることができるという先駆的な役割を果たしたのである。

20世紀初頭，欧米，特に日本への「留学熱」が社会的な風潮になり，西洋の民主思想，文化，とりわけ女性解放運動が，二千年あまりにわたって維持されてきた保守的封建主義の中国に新鮮な空気を吹き込んだ。地方でも各省が，相次いで女子学校を創設する動きが出てきた。

これらの女子学校は，すべて民間人や開明紳士，愛国人士によってつくられた私立学校である。また，女性自ら創立した学校もあった。しかし，これらの女子学校は1907年の学堂章程発布に至るまで未だ法律上では正式に認められていなかったのである。

[第三期　「女子小学堂章程」と「女子師範学堂章程」]

中国の「教育近代化」のスタートとなっているのは，「欽定学堂章程」と「奏定学堂章程」の発布からである。両章程とも，女子教育についてはあまり重視していなかったが，それからの中国教育の発展，女子教育の設立などの基礎を築いたことは間違いない[19]。

1907（光緒33）年3月8日，「女子師範学堂章程」，「女子小学堂章程」が頒布された。これは中国女子教育を全国的に規定した最初の法令として注目されるばかりではなく，女子の学校教育を国家が認めた点で，三千年来の中国教育史上，画期的なものであったといえる。「女子師範学堂章程」39カ条，「女子小学

表8-2　女子初等小学校科目および週時間数

科目＼学年	修身	国文	算術	体操	女紅	時数合計
第1学年	2	12	6	4		24
第2学年	2	12	6	4		24
第3学年	2	12	6	4	2	26
第4学年	2	12	6	4	2	26
時数合計	8	48	24	16	4	100

表8-3　女子高等小学校の科目および週時間数

科目＼学年	修身	国文	算術	歴史	地理	格致	図画	女紅	体操	時数合計
第1学年	2	9	4	2	2	2	1	5	3	30
第2学年	2	9	4	2	2	2	1	5	3	30
第3学年	2	9	4	1	2	2	1	6	3	30
第4学年	2	9	4	1	2	2	1	6	3	30
時数合計	8	36	16	6	8	8	4	22	12	120

堂章程」26カ条の，2種類の学校とそれぞれの学校規定を定め[20]，その設置の主旨は，「女子師範学堂章程」の「学科制度の女子師範学堂教育総要」によれば，「中国の女徳は，歴代がそれを尊ぶ。およそ女性としての道，主婦としての道，母親としての道については教典や儒学者の本の中にたくさん書いてある。

　今，女子師範生はまずそれを勉強し，常に貞静，順良，慈淑，節約などの美徳に従い，中国従来の礼教を忘れず，社会の風化を維持する[21]」ことにある。この2つの女学堂章程が，女子教育が正式に国家の教育体系の一部となり，官立女子学堂を開く端緒となった。

　表8-2，8-3の通り，女子教育の特徴は，女性の一般的な基礎教養と家庭教養の知識を身につけることにある[22]。

　一方で，男女共学において，小学校から大学に至るまで，あらゆる全国各級，各種の学校が一斉に男女の限界を打破したのは，それより後の1927年，国民革命軍の成功以後のことであった。1930年度，全国に5万6851人の女子中学生と高校生がおり，それは全中高生の14.94％を占めていた。1933年の民国教育部高等教育司の統計から分析してみると，国立大学の在籍数は合計で1万3173名，

うち男子が1万1339名，女子が1834名で，女子は13.92％でしかない。省立大学の在籍数は合計で4458名，うち女子生は205名でわずか4.60％である。私立大学の在籍数は合計で9465名，うち女子生は1276名であり，13.48％である[23]。

　教育の男女平等で最も注目を浴びたのは，女性への大学の門戸開放であった。大学の門戸開放が次第に世の風潮となるにつれ，女子の中等教育も変革の必要に迫られるようになった。教育の男女平等の獲得は，一部の大都市で男女差別を行う伝統勢力を打ち破る大変意義あるものであった[24]。

　女性が社会や自分自身と格闘し，新しい社会への使命感溢れる姿で生まれ変わり，歴史の全体像を再構築しようと努力してきたのである。

4　今日における女性地位の変化・女性像

1 建国後の女性地位の変化

　1949年10月1日，中華人民共和国が建国された。封建的な婚姻制度の女性に対する差別と抑圧を取り除くため，1950年に最初の法律「中華人民共和国婚姻法」を公布，親による結婚の強制，男尊女卑，子女の利益無視などの封建主義的な婚姻制度を徹底的に廃止し，男女の婚姻の自由，一夫一妻，男女平等，女性と子女の合法的利益保護などの新しい婚姻制度を実施するとともに，全国で「婚姻法」の宣伝・貫徹の大衆運動を大規模に展開した[25]。「婚姻法」の公布，宣伝，実施によって，男女平等と婚姻自由の思想が人々の心に根づき，おびただしい封建的な婚姻関係が解かれ，女性の地位が大いに向上した。

　1980年と2001年の2回にわたって，1950年に制定されたもとの「婚姻法」が改定された。2001年の中華人民共和国婚姻法では，「婚姻自由，一夫一妻，男女平等の婚姻制度」を強調し，「夫婦双方は就労，就学および社会活動に参加する自由がある。一方が他方に対し，制限と干渉をしてはならない」，「夫婦双方は各自の姓を名乗る権利がある」（中国人夫婦は普通別姓である）と定められている[26]。また，「民法通則」，「婦女権益保障法」，「母嬰保健法」によって，女性の権利が法律上保障されている。

　しかし，都市と農村の間には，自分の意志に基づく婚姻の普及度について，

明らかな差がある。全国婦女連合会（全国婦連）と国家統計局の2001年統計によると，女性の結婚の，都市部では20.1％，農村部では36.5％を親が一切をとりしきっている。1994年には，親がとりしきる結婚の割合は，都市部では4.98％に下がったが，農村部では，28.98％にのぼる。[27]

　また，全国婦連，国家統計局が行った全国の家庭内女性の状況における調査では，女性のみが決定権をもつ割合と夫婦一緒に物事を決める割合の合計は1990年の50.1％から，2001年の67.4％の伸びにとどまった。[28]

　結婚相手の選択には変化もみられる。80年代には，女性は，一般的に，職業，学歴，容姿に関心をもち，一部分の女性が結婚相手を選ぶ基準として，3高（高学歴，高収入，高身長）であった。現在では，「経済条件」への要求の高さも反映されている。「配偶者の収入」について，男性の63.1％は，「お互いの収入がいくらか気にしない」と回答したが，女性の多くは，配偶者の収入が自分より高くあることを期待しており，「男性は家を準備してから結婚すべき」との回答には，女性の70.8％が「そう思う」と回答，男性の42.8％を上回った。40代以下の女性は，男女平等の教育を受けて，男性と同じように働き，経済的に男性に依存しないのが当然だと思っている。また，最近の女子大学生は，男性に対して社会的成功を強く求める傾向があるのに対して，男子学生は，女性に「人柄のよさ」や「共通の趣味」を求め，女性の「社会的成功」をほとんど期待していない。[29]

　このように，配偶者の選択基準には，ジェンダーの非対称性がみられる。都市部では，結婚相手をみつけられず，デートの時間がなくて，結婚ができない若者が増えている。また，高学歴の女性は結婚が難しい。結婚相手を選ぶ方法は，昔からある男女の付き合いや人からの紹介から，結婚相手募集の広告，ネット恋愛も若者の間で流行している。

　1949年以降，土地改革で，農耕地を手に入れた女性は農業に従事し始め，女性は中国の歴史上本格的に，家庭外労働に参加することとなった。今日においても，共働きが当たり前の中国では，夫の家事参加は，まだ手伝う程度にとどまる。改革開放政策が始まるまで，女性は，国家が整備する託児所などの育児施設や親などに育児の支援を頼み，仕事と家事の両立を維持させてきた。女性

は，家の外では労働者であると同時に，家事・育児・介護など，家庭責任を負っている。

　一方，両親に代わって祖父母が孫の世話をすることもよく見られる。特に上海，北京，広州の3大都市において，子どもの預け先を「祖父母」とした家庭は49.9%で最も多かった。なかには，平日は子どもを祖父母宅に預けっぱなしにし，週末だけ引き取るケースも少なくない。しかし，農村では，圧倒的に女性が家事を負っている。農村の社会保障の不備で，老親の介護も主に家族に頼る状況にあり，農村女性の家事負担は，都市女性よりはるかに重い。

［2］ 就業と「婦女回家」（女性は家庭へ帰れ）論争

　1949年に中華人民共和国が建国された後，男女平等や平均主義などの政府の方針によって，男性は外，女性は内という観念は変わりつつある。それは，政府が女性の社会的労働への参加や，経済的自立を奨励する方針を打ち出したことに端を発する。「天の半分は女性が支えている」ということに示されているように男女平等は，中華人民共和国では建国以来，国家の根幹となっており，女性の社会進出，就職も著しく盛んになった。

　まず，文化大革命による貧困で荒廃した中国を立て直すべく，鄧小平が1978年から1985年にかけて唱えたのが「先富論」である。いわゆる，「先に豊かになれる者から豊かになれ。そして落伍した者を助けよ。」というスローガンによって政策は社会主義市場経済化という目標の下に整序され，中国の社会構造そのものの急激な変化を展開するにいたった。

　国有企業の改革に伴って，効率の高い労働力配置が求められ，余剰労働力は，整理・自宅待機・配置転換・早期退職などの対象となった。全員労働契約制や契約化管理の進展により，定員を超えた労働者を職場作業から外す「下崗」（レイオフ）が起こり，各方面において「競争」が生じ，労働に関しても「分配制」から自己就職選択というシステムへの移行が進んだ。

　1988年から，余剰労働力の削減により，国有企業の生産効率を上げる企業内の改善政策の下で，女性は家庭への回帰という「婦女回家」が求められた。1994年における都市部の「下崗」した労働者数は360万人，そのうち，女性が

62％を占めている。[33] 「下崗」させられた女性の再就職問題など，中国の女性労働問題は，世界の女性労働問題と共通する課題を有するほかに，中国独自の問題をも抱えていることはいうまでもない。[34]

80年代初めから80年代中期，中国では，女性の仕事，家庭，結婚などに対する考え方が著しく変化した。中国社会に「専業主婦」の概念は浸透していないため，ほとんどの家庭が共稼ぎである。共稼ぎといっても，パート的な軽い仕事よりも本格的な仕事をもっている人のほうが多く，彼女たちは総じて働き者である。[35]

当時，「婦女回家」論に対し各方面から反対意見が出された。女性が経済的独立を失うことで，女性の社会的地位や男女平等が崩れるのではないかということが反対意見の根拠である。これは，マルクス主義における婦女解放論の「男女平等はその経済的基盤にある」という考えが，広く認識されつつあるなか，「婦女回家」論は，それに逆行する考えであるとされた。

こうした背景があり，女子労働力阻害の原因は何か，真の男女平等とは何かといった命題に関し，女性に対して国家建設の方針を示し，政策に女性が協力することを求める婦女連の機関誌『中国婦女』が，「女性の前途？」というテーマで1年間にわたる特集を組んだ。ここでは，余剰労働力を整理して，女性労働力を排除することも必要であるという立場と，女性の就業の継続によって男女平等を守ろうとする立場の双方によって，活発な議論が交わされた。

この「婦女回家」論争は，2000年に再び始まった。論争には，幅広い人たちが参加し，インターネットを通しても活発な意見が交わされた。以上の二度にわたる「婦女回家」論争の背景には，政治，経済，社会状勢がある。

政治的には，社会主義イデオロギーが社会から後退することに伴って，社会主義的な女性観を主張する意見を維持することが困難となっており，経済的には，市場経済が，女性労働は高コストであるため，人員整理の対象としている現実がある。また，社会的には，市場経済により多元的な価値がもたらされる一方で，社会の底に沈潜していた伝統的性別役割分業がいまだにあることがみてとれる。

「婦女回家」論への反対や女性下崗労働者への就職支援，また近年現れた

「女書」：女性たちが作った文字

　中国湖南省の南，江永県の人口2万人ばかりの小さな村には，女性だけが読んだり書いたり，歌うことのできる「女書」が残っている。長く，妖字として退けられていたが，開放政策の進んだ1980年代に公になった。

　中国といえば，数千年前から実に5万語に及ぶ表意文字（漢字）を創出し，日本語にも大きな影響を与えた。超優秀な宦官たちが作り出した漢字文化圏である大陸の片隅に，女書はどうして存在できたのだろう。「信じられない！」という驚嘆を頼りに，日中の女性研究者とともに現地を訪ねたのは1994年だった。

　2日がかりでたどり着いた村。女書は一見すると漢字のように見える。しかし，誰も読めない。一方で，この村に伝わる刺しゅうの柄にも似ている。そして，女書を習ったという年配の女性たちだけが，この文字を読んだり書いたりできる。

　心，女，娘，好き，母，父，草，花，鳥，哭く，陪う，などを意味する女書約2000が採字されている。いずれも身の回りの暮らしや心情を表現する字が多く，日々の生活の中で作り上げられた文字であることを連想させる。

　現在，女書がいつ，どのように形成されたかは解明されていない。しかし，現地で村々を訪ねて取材しているうちに，女書を生み出した風土というべきものに強く魅かれるようになった。

　ひとつは，その小さな村には漢族と少数民族・ヤオ族がほぼ半々に暮らしているという点だった。他の村は漢族のみである。歴史を振り返ってみれば，中国大陸は膨張する漢族が南へ西へと周辺を圧迫していく過程であったから，その大勢の中で，この村の民族構成比率には見過ごせない意味があると思う。

　漢族とヤオ族の女性たちが同じ村で暮らすうち，漢族の女性は漢字を，ヤオ族の女性は刺しゅうを，互いに教え合い，双方の記号を自在にアレンジして女書を作り出し，秘密の交流を楽しんだのではないか。

　女書を読めるという年配の女性が，こう話した。「女書を習いなさい，女書を知っている女の人は幸せそうだから，とお父さんが勧めてくれた」。

　年齢の近い女の子たちが実の姉妹以上に仲良く助け合って育つ結交姉妹の風習，その親友の嫁ぎ先に届ける三朝書には，彼女を励ます言葉が女書で綴られた。異郷の女性たちは秘かにその書を読んで，癒やされ，励まされていたのではないか。

　女に学問は要らぬという長い歴史の中にあっても，文字を自らのものとして共存して生き抜いた女性たちがたしかに存在したと想像すると，痛快である。

参考文献

細見三英子（2007）『中国「女書」探訪』新潮社。　　　　　　　　　　（細見三英子）

「充電族」や専業主婦願望の出現といった現状は，ただ単に女性の経済的自立を保ち，男女平等社会を実現することだけでなく，女性が数多くの人生の選択肢を獲得することのできる選択性再評価の必要性をも示唆しているように思う。

5　鍵をにぎる「教育」

　上述したように，女性解放運動では，初めて「婚姻自由」，「女子教育」などが主張され，家での女性の地位の向上，社会的地位の向上および高等教育を受ける権利などが強く要求された。しかし，この女性の解放運動に参加する女性は，教育を受けている大都市の女性にとどまっている[36]。

　西洋諸国の女性解放運動は，女性が主体的に起こした行動である。中国の女性が主体となって女性解放運動の状況を改善するためには，女性がいかに自分自身の権益意識を強め，法によって女性の権益を守るだけではなく，中国の全体的な考え方を変えるようにしなければならない。

　教育レベルを高めることは，意識をレベルアップすることにも繋がる。したがって，均等な教育を普及させることが重要と考えられ，そのことによってすべての女性の意識を高めることが最も重要な課題であると考えられる。今後，中国におけるジェンダー研究が新たな展開を迎えると筆者は信じている。

注
(1)　『後漢書・列女伝第七十四，曹世叔妻』1045頁。
(2)　『程子遺書』巻22・『近思録』巻 6 ，125-176頁。湯浅（1981）。
(3)　高（1995）86-87頁。
(4)　『清史稿・太宗本記二』中華書局，1977年。
(5)　姫田（1982）259-261頁。
(6)　中華全国婦女連合会（1995）72頁。
(7)　小野（1978）170-186頁。
(8)　『飲冰室文集』第一冊「論女学」43-44頁。
(9)　『乙丑重編』第一集第 4 巻，48頁。
(10)　『婦女雑誌』第17巻 3 号。
(11)　陳（1962）346-358頁。

(12) 舒 (1961a) 797頁。

(13) 『万国公報』光緒 5 年 9 月，台北華文影印本第三十冊民国57年。

(14) 陳 (1983) 56-57頁。

(15) 「女学会書塾開館章程」『女学報』第 9 期。

(16) 「女学会書塾開館章程」『女学報』第 9 期。

(17) 田 (1996) 133頁。

(18) 擬 (1899)。

(19) 舒 (1961a) 中冊，381頁。

(20) 舒 (1961b) 下冊，801頁。

(21) 舒 (1961b) 下冊，812頁。

(22) 中国第二歴史档案館 (1996) 719頁。

(23) 多賀 (1972) 209頁。

(24) 「今日中国女性的三得三失」『女青年』第 9 巻第 2 期，3 頁，1930年 2 月。

(25) 熊 (2005) 189-198頁。

(26) 劉 (2009)。

(27) 沙 (1995) 79頁。

(28) 全国婦連，国家統計局 (2001)。

(29) 全国婦連，国家統計局 (2001)。

(30) 『北京晩報』2008年 7 月15日付。

(31) 『鄧小平文選』1982-1992年 全 3 巻，人民出版社，1994年。

(32) 林・蔡・李 (1997)。

(33) 『中国婦女報』1995年11月15日付（第 3 版）。

(34) 黄 (2002) 32頁。

(35) 陳 (2003)。

(36) 国家統計局人口和社会科技統計司，2004年。

引用文献

小野和子 (1978)『中国女性史』平凡社。

擬鸞 (1899)「上海創設女学堂記」『万国公報』第125冊。

高洪興 (1995)『纏足考』中国社会民俗史叢書，上海文芸出版。

黄海存 (2002)「家を出て行く日本女性　家に帰る中国女性」『人民中国』。

顧長声 (1981)『伝教士與近代中国』上海人民出版社。

国家統計局人口和社会科技統計司，2004年。

沙吉才 (1995)「1994年，城市和農村由父母包弁婚姻的統計」『当代中国婦女地位』北京大学出版社。

舒新城 (1961a)『中国近代教育史資料集』中冊，人民教育出版社。

舒新城 (1961b)『中国近代教育史資料集』下冊，人民教育出版社。

全国婦連，国家統計局（2001）『第二期中国婦女社会地位抽様調査主要数据報告』。

多賀秋五郎（1972）『近代中国教育史資料・民国編中』日本学術振興会。

中華全国婦女連合会（1995）『中国女性運動史1929-49』論創社。

中国第二歴史档案館（1996）『中華民国史档案資料匯編』第三輯，江蘇古籍出版社。

陳啓天（1962）『最近三十年之中国教育史』文星書店。

陳景磐（1983）『中国近代教育史』人民教育出版社。

陳方（2003）『失落与追尋　世紀之交中国女性価値観的変化』中国社会科学出版社。

田正平（1996）『従湖北看中国教育近代化』広東教育出版社。

姫田光義ほか（1982）『中国近現代史　上巻』東京大学出版会。

湯浅韋孫（1981）『中国倫理思想の研究』同朋社。

熊郁（2005）「中国婦女的婚姻家庭地位」『中国女性的過去，現在与未来』北京大学出版社。

劉衛（2009）『《中華人民共和国婚姻法》農村適用回答手册』経済科学出版社。

林毅夫・蔡昉・李周（1997）『充分信息与国有企業改革』上海人民出版社・上海三聯書。

『中国婦女報』1995年11月15日付（第3版）。

『後漢書・列女伝第七十四，曹世叔妻』上海古籍出版社，1987年。

『程子遺書』巻22・『近思録』巻6。

『清史稿・太宗本記二』中華書局，1977年。

『飲冰室文集』第一冊「論女学」台湾中華書局印行，1961年。

『乙丑重編』第一集第4巻，中華書局出版，1926年。

『婦女雑誌』第17巻3号，1928年。

『万国公報』光緒5年9月，台北華文影印本第三十冊，民国57年。

『北京晩報』2008年7月15日付。

『鄧小平文選』1982-1992年，全3巻，人民出版社，1994年。

「女学会書塾開館章程」『女学報』第9期。

「今日中国女性的三得三失」『女青年』第9巻第2期，1930年2月。

（崔　　淑芬）

<table>
<tr><td>第9章</td><td>韓国におけるジェンダー</td></tr>
</table>

1 韓国の概況

1 朝鮮半島の中の大韓民国

　大韓民国（Republic of Korea，以下，韓国とする）は，朝鮮半島の南部に位置する，面積 9 万9313 km², 人口およそ5022万人（2013年現在）の国家である。東は日本海に面し，西は黄海を挟んで中国，南は海峡を挟んで日本と接している。国土の大部分は温帯に属しており，首都のソウルは日本の新潟とほぼ同じ緯度（北緯37度）に位置している。国教はないが，仏教とキリスト教の信者がそれぞれ人口の 4 分の 1 程度を占めている。

　建国は1948年 8 月15日である。1910年から45年まで日本による植民地支配を受けていた朝鮮半島は，日本の敗戦による解放後，半島全土を範囲とした独立国家を建国することができなかった。冷戦の影響を受け，ソ連が半島北部を，アメリカが南部を占領したためである。激しいイデオロギー対立のなか，アメリカの協力の下に建国されたのが韓国である（ちなみに，朝鮮民主主義人民共和国の建国は同年の 9 月 9 日である）。

　1950年 6 月25日に勃発した朝鮮戦争は，米ソの対立が朝鮮半島において顕在化したものである。戦線は朝鮮半島を縦断，国土の大半が焦土と化し，物的・人的に甚大な被害を与えたのち，1953年 7 月27日に休戦協定が結ばれた。休戦協定締結の際に定められた北緯38度線の板門店を基準とする軍事境界線が，現在も韓国と北朝鮮を分かつ境界となっている。

　朝鮮戦争がその後の韓国社会に与えた影響は大きい。休戦後の韓国は北朝鮮とその背後に存在するソ連・中国の脅威を常に意識せざるをえない国際情勢の中で復興を企図していくことになる。政治の分野では休戦後ほとんどの時期で

軍人出身者が大統領を務める軍事政権であった。しかし，80年代に大学生を中心とした民主化運動が全国各地で行われ，87年の「民主化宣言」により，大統領選挙の直接選挙制が実現，93年に金泳三が大統領に就任することで軍事政権は終了した。98年に就任した金大中は「太陽政策」という名の対北朝鮮宥和政策をとり，2000年6月には初の南北首脳会談を平壤で開催，その功績が称えられ同年に韓国人初のノーベル賞（平和賞）を受賞した。北朝鮮宥和政策は金大中の次に大統領に就任した盧武鉉政権にも継承されるが，07年に行われた大統領選挙では対北強硬路線をとる李明博が当選，12年の大統領選挙では同じ党の朴槿恵が当選，現在に至る。

　経済の分野では，61年に軍事クーデターによって政権を掌握した朴正熙が，日米との関係強化を図り徹底した近代化政策を実施，70年代から80年代にかけての「漢江の奇跡」といわれる急激な高度経済成長の礎を築いた。その後，96年にOECD（経済協力開発機構）加盟を果たしたものの，翌年に東南アジアから波及したアジア通貨危機の影響を受け，一転して経済危機に陥り，IMF（国際通貨基金）から緊急支援を受ける。しかし徹底した構造改革の結果，99年末には経済成長率を再び回復軌道に乗せることとなった。経済成長の背景には，IT革命の積極的な推進，例えばインターネットのインフラをいち早く整えることで，ネット系のベンチャー企業の成長を促したという側面が見逃せない。そのため，2000年前後には多くのIT実業家が誕生している。近年では海外市場への進出を本格化させ，自動車産業でヒュンダイ，液晶テレビに代表される電子産業でサムソンやLGといった企業が世界市場での影響力を強めつつある。

　文化・社会の分野では，88年にソウル五輪が開催され，当時としては史上最大の160の国と地域から参加があった（北朝鮮は不参加）。また，建国後輸入が厳しく制限されていた日本の文化製品についても段階的開放政策がとられ，2000年以降徐々に日本のアニメや映画，J-POPなどが合法的に手に入るようになる。02年には日本と共催でサッカーW杯が開催され，国際社会における韓国の存在感を高めるとともに，民間レベルでの日本との交流の活性化を促した。また，国際映画祭への出品やK-POPブームにみられるように，文化製品のグ

ローバル展開を積極的に行っているのも昨今の特徴である。

　以上のように，北朝鮮との関係というセンシティブな問題は抱えつつも，前世紀までに高度経済成長と民主化を達成し，グローバル化が進む世界の中で，政治・経済・文化あらゆる面での国際化を指向しているのが現在の韓国である。

2 韓国社会とジェンダー

　韓国では長らくジェンダーについて語ることは女性問題について語ることと同義であり，この傾向は現在でも強い。とはいえ，ジェンダー問題＝女性問題という構図は何も韓国に限ったことではなく，多くの地域で，特にジェンダーという概念が社会に広まる萌芽期にはよくみられる傾向である。その理由として，ジェンダー概念が社会に広がる主要な契機が女性運動の発展であることがあげられる。韓国でもジェンダー概念の広がりに寄与したのは80年代から始まる女性運動であった。

　また，ジェンダー研究についても韓国内・韓国外の研究者を問わず，女性を研究対象としたものが多い。例えば，日本の研究者による韓国研究の例でみても，文化人類学や社会学，歴史学など領域こそ多様であるが，テーマは女性の役割規範を主としたものがほとんどである。[1]

　しかし，ジェンダー問題について考えるときに女性の視点に着目するだけでは不充分なことは，これまでのジェンダー研究が明らかにしてきたことである。そこで，本章では女性の現状に触れつつも，主に男性に焦点を当てて，韓国のジェンダーについて考える素材を提供することにしたい。

3 男らしさの二面性

　今では信じ難いかもしれないが，戦後から80年代まで多くの日本人が描いていた韓国へのイメージは「華やかさ」とは無縁の「暗く」，「怖い」社会であった。長く続く軍事独裁政権，学生運動を主体とした流血を伴う民主化闘争，過激にも思える反日的な態度・言動，冷戦構造のイデオロギー対立の中で北朝鮮と韓国のどちらを是とするかで多くの議論が交わされていたことなど，原因としては多くのことが指摘できる。こうしたイメージの中で描かれる韓国の男性

像は「男尊女卑」,「家父長的」,「暴力的」,「権威的」など否定的なものが中心であった。

　一方,「冬のソナタ」以来の韓流は,日本における韓国男性のイメージを大きく変えることに貢献した。日本に輸入されたドラマや映画に登場する男性俳優や K-POP の歌い手たちは,柔和な笑顔を絶やさず手厚いファンサービスを行うことで多くの日本人ファンを獲得し,「情が深い」,「優しい」といった韓国男性の新たなイメージを形成していった。現在の日本における韓国男性は,過去の否定的なイメージと現在の肯定的なイメージが交錯する地点におかれているようである。

〔4〕 本章の目的

　本章の目的は現代韓国のジェンダー問題について,いくつかの側面から考えることである。構成は以下の通りである。まず,次節で政治の領域におけるジェンダーについて述べ,第3節で統計データをもとに韓国社会が男性優位の傾向にあることを把握する。使用するデータは出生率に関するものと,犯罪に関するものである。第2,3節を通して,男女の地位の不均衡な状態が描き出されると考えている。第4節では,家庭内での男性(長男)役割,第5節では韓国社会のジェンダー格差に大きな影響を与えている徴兵制度について述べる。第4,5節を通して,男女の非対称性と男性が権力を維持することを支えている文化的・社会的基盤が明らかになる。第6節では,社会に影響を与えると同時に社会からの影響も受けるカテゴリーとしてメディアに注目する。具体的にはいくつかの映画を素材として韓国の男女の描かれ方をみることで,社会における男性観の多様性について考察することにする。最後の第7節はまとめである。本章を通して,マスメディアから輸入された情報だけではみえづらい現代韓国社会のジェンダー問題について,考える機会を提供することができればと考えている。また,巷に溢れる韓流と嫌韓の言説の狭間で隣国イメージの形成に揺らぎが生じている方も少なくないのではないだろうか。本章がそうした人々への思考の一助となることを願ってやまない。

2　政治における女性参与

　韓国は大統領を国民の直接選挙で選ぶ政治体制をとっている。任期は5年。軍政期の長期独裁政権への抵抗感から，再任は認められていない。現在の朴槿恵大統領は初の二世，初の女性大統領である。ここでは韓国の統計庁が刊行している『2014統計で見る女性の生[2]』を参考にしながら，データからうかがえる男女間の格差について述べていくことにする。

　同書ではいくつかの統計が女性の社会参加の指標として用いられている。その一つが，経済活動参加率である。2013年は女性が50.2％，男性が73.2％，差異が23である。2000年からの推移をみると，男女ともに毎年1％以内の増減を繰り返しており，13年間で女性が微増（48.8％から50.2％），男性が微減（74.4％から73.2％），結果，男女差もわずかに縮小（25.6から23）している。ただし，参加率が年によって増減があるのに対して，参加率の男女差は2009年を除いては前年よりも縮小しており，今後もある程度までは縮小傾向が続くことが予想される。

　縮小傾向が続くことが予想される根拠となるのが大学進学率の男女差である。韓国では2009年以来，女性の進学率が男性を上回る状態が続いており，しかもその差は年々広がっている[3]。大卒女性の経済参加率は64.6％と女性全体の平均を大きく上回っており，今後も女性の進学者が増加していけば，将来的に経済活動に参加する率は高くなることが予想される。

　賃金は男女ともに上昇している。しかしながら，男性を100とした場合の女性の賃金は68.1にとどまっており，深刻な格差がみられる（ちなみに，2000年には64.7であった）。勤務時間の比率についての最新の統計は記載されていないが，2011年の段階で男性100に対して女性が95.5であったことを考えると大きく変わっているとは考えにくい。賃金格差の原因としては，全就業者に占める非正規雇用の割合が男性に比して多いこと（2013年の割合は，男性が26.5％に対して女性は40.6％）や，同一の職務・勤務形態であっても賃金格差が存在することが指摘されており（佐々木，2009），何らかの男性優位の社会構造の存在をうかが

わせる結果となっている。

　一方，法律に目を向けると，80年代の民主化運動を契機に活性化していた女性運動と時の政権が手を結ぶことで，先駆的な法律がいくつか制定され，改正を重ねている。この動きは93年の金泳三政権誕生以降により活発になった。一例をあげると，男女雇用平等法の制定（87年，95年改正），乳幼児保育法の制定（91年，04年改正），性暴力特別法の制定（93年，97年改正），女性発展基本法の制定（95年，02年改正），家庭暴力防止法の制定（98年，04年改正）などである[4]。韓国の場合，こうした政策立案は社会の意識の変化に先んじてトップダウンで行われ，政策が実施されることで人々の意識に影響を与えていくことが通例である。そのため，政策や法律は日本に比べると飛躍的な早さで決定されていく。しかし，春木（2006）が指摘するように，こうした一見政府主導にみえるトップダウン式の政策運営は，政府が先見的に取り組んでいるのではなく，関係する市民団体（女性運動団体）からの提言を受けて行われることが大半である。つまり，一部の団体が政府に積極的にはたらきかけることが，政策決定の引きがねになるということである。こうした過程を経て実現される政策は，多くの人々にとっては目新しいものであり，社会に受け入れられるまでにはそれなりの時間がかかる。そして，新しい政策が時間をかけて受け入れられていく過程で，政府とのつながりが強い市民団体が新たに先駆的な要求の実現を政府にはたらきかけていくという，循環的な構図が成り立っているのである。一見政府の先見性の証しのようにみえるトップダウン式の法改正であるが，その背景には市民団体が存在しているのである。

3　統計からみるジェンダー問題

［1］出産率と男女差

　本節では，統計データを用いて，出産と犯罪のジェンダー問題について考察する。まずは，出生における男女差である。2013年の韓国の合計出産率[5]は1.19であった。韓国の合計出産率は，2005年に最低の1.08を記録して以降，1.1から1.2台を前後している[6]。性比をみると，女児100人に対して男児の割合は

105.3人である。1990年の性比が女児100人に対して男児116.5人であったことを考えると男児選好の意識はほぼなくなったようにみえる。男児選好意識の典型として指摘されてきた第3子以降の性比は，1990年が193.3，2000年が144.2，2005年が128.5，2010年が110.9，そして2013年が108.1と急激に縮小してきたことがわかる。

先述した『2014統計で見る女性の生』では自然な出生性比は103から107とされており，第3子についても，ほぼその数値に近づいている。よって，韓国で長年に渡って指摘されてきた男児選好，および積極的な生み分けは，ほぼなくなったとみてよいであろう。この原因についてはあらためて詳細な分析が必要であるが，ともあれ出生比の数値の変化は，人々の意識や行動が変わり得ることを明確に示している。

(2)　性犯罪からみるジェンダー問題

次に，性犯罪のデータから分析してみる。性犯罪の中でも強姦は主要犯罪として位置づけられている。

『韓国の社会指票　2013年版』によると，2012年に確認された全犯罪（103万8609件）のうち主要犯罪（窃盗，殺人，強盗，強姦，未成年への性的虐待，暴行・殺害）[7]は50万9548件で，そのうち強姦は2万1346件，割合は全体の犯罪の中では2.1％，主要犯罪の中では4.2％である。こうしてみるとそれほど多い印象はないが，主要犯罪は，窃盗（29万3074件）と暴行・殺害（19万1352件）で9割を超えており，強姦はその次に多い犯罪となっている。また，同年の日本の強姦件数をみてみると，1265件であり，強制わいせつ，公然わいせつ，わいせつ物頒布等類似の犯罪件数を足しても1万2888件である。国によって統計の類型に差があることを考えても，日本と韓国の人口を考慮すれば，韓国の強姦の件数が日本に比べて著しく多いことがわかる。また，性犯罪は表面化しない事例が多いことを考えると，実際の数はもっと多いことが予想される。紳士的な振る舞いの韓国人男性がいる一方で，暴力的・性差別的な男性もまた少なからず存在していることが，統計にはあらわれている。

4 家族における男性の役割

韓国の女性は，できれば自分の結婚相手が長男でないこと，しかも本家筋の長男でないことを願っている。もちろん，恋愛感情の前には属性など取るに足らない要素であり，結婚の決定的な障害になっているわけではないが，それでも「なるべく長男は避けたい……」というのが，大多数の女性たちの偽らざる本音であるといえる。その理由は，家族内で長男であるがゆえに課されるいくつかの役割にある。

代表的なものとして，祖先祭祀がある。チェサは，4世代前までの祖先の命日に合わせて行われるもの，秋夕という名節や新年など暦（陰暦）に合わせて年に3〜5回行われるもの，陰暦10月または3月に5世代以上前の祖先に対して墓地で行われるものがある。チェサでは大量の酒と豪勢な供物が用意され，祭られる対象となる人物の近親や子孫が大勢集まる。長男に期待されている役割は，この儀礼を滞りなく取り仕切ることである。ところが，上述したようにチェサの対象となる祖先の範囲は非常に広範囲に及んでおり，特に本家筋の長男の場合，毎月のように誰かのチェサを実施しなければならない。しかし，時間的にはもちろん金銭的にも大きな負担となるため，最近では内容の簡素化を図ったり，複数のチェサを同時に行うことで回数を減らしたりして，負担の軽減を図ろうとする流れにある。それでも，特に直系につながる祖先のチェサについては，きちんと実施することが期待されており，チェサが依然として韓国社会の中で大きな位置を占める儀礼であることに変わりはない。チェサをどうこなすか，というのは若い夫婦にとって非常に大きな課題となっているのである。また，近年では宗教上の理由からチェサを拒否する夫婦もあり，儀礼を維持したい親族との間で衝突が起こることもある。

さて，先に述べたように，チェサを取り仕切ることは長男に期待されている役割であり，親族もそれを期待している。しかし，チェサの中でも大きな位置を占める豪勢な供物を準備するのは，他ならぬ「長男の嫁」の役割である。親戚の女性や姑が手伝うことはあるが，長男自身が手伝うことはまずないし，周

りもそれをよしとしない。あくまで長男に期待されている役割は儀礼を滞りなく取り仕切ることであり，儀礼の成功に不可欠な供物を準備するという役割は長男ではなく長男の嫁に期待されているのである。そして，この役割は長男の嫁であれば当然の責務とされ，たとえ上手にこなしたとしても親族たちの賞賛を得ることはない，日の当たらない役割である。つまり，チェサは嫁の協力がなければ成り立たないにもかかわらず，表舞台に立つのは長男のみなのである。長男の嫁は自身と血縁関係がない祖先と親族のために，多大な努力と気を遣ってチェサの準備に励むことになるが，表立って評価されることはほとんどない。これが，韓国女性が長男と結婚することを忌避する大きな理由の一つである。

　ほかに，舅・姑との同居と介護の問題がある。昨今の超高齢社会への移行によって徐々に老人ホームなどの施設が整いつつあるものの，まだまだ家族主義の強い韓国では，老親は息子（特に長男）夫婦にその介護を期待していることが多いし，長男も両親の面倒をみることは当然と考えている場合が多い。しかし，男性は労働に従事することが当然視されており，結局介護をするのは嫁の役割なのである。もちろん，価値観が多様化し福祉サービスが発展しつつある現代社会において，長男の嫁であっても自身の親との同居が可能になる場合や，舅や姑が自ら介護サービスを受ける事例も増えつつある。しかし，それはあくまでケースバイケースであって，実際に男性の両親に会ってみるまで，もしくは結婚するまで，あるいは介護が必要となるまでどうなるかはわからない。よって，リスクを避けたいという意識がはたらき，韓国女性が長男との結婚を忌避する要因となっている。

　以上のように，長男に特有の役割とみられるものも，実際にはそれを支える妻の存在があって初めて成り立つものが少なくない。しかし日の目をみるのは男性で，女性は多く裏方として影の労働に甘んじることになる。ここには明らかに韓国社会の男性優位・女性劣位の関係を読み取ることができよう。長男はいち早く結婚することが求められているが，相手が長男であることを積極的理由として結婚に踏み切る女性は少数派であるという，結婚に対する意識の相違は，こうした男女の役割規範の差異に由来しているのである。

5　兵役がもたらす男女間の権力関係

　韓国には「納税」,「教育」,「勤労」,「国防」の4つの義務が憲法で規定されている。このうち,国防の義務の一つとして存在するのが,成人男子によって任われる兵役である。兵役は,原則すべての男性を対象に18歳から30歳までの間,およそ2年間の服務を義務づける制度である。この制度が韓国の男女を決定的に分断するものとして機能している。

　兵役中の生活は,厳格な規律で統率されたほぼ男性だけの集団生活である[8]。他者との集団生活を経験する学校が個人の人格形成に大きな影響を与えるのと同様,特定のある時期,限られた期間に経験される軍隊生活も個々の男性の人格形成に大きな影響を与えるであろうことは想像に難くない。韓国社会では軍隊経験のない男性は一人前とはみなされない風潮があり[9],兵役の経験ということが,自他ともに「男性」という性別とそれに付随する「男らしさ」,「男の役割」を強烈に意識させる契機となっている。また,服役時の経験談は酒席における男性同士の会話の定番ともいえるテーマであり,兵役での辛い経験の記憶の共有という行為を通して,男性同士の絆は深まっていく。

　兵役が与える男性への精神面での影響についてはいくつかの指摘がなされている。春木（2000；2007）は,「家族主義の強化」,「女性蔑視,DV,ミソジニー（女性嫌悪）の原因をつくる」,「軍隊に行かされたという被害者意識」,「目上に対する服従,序列意識,権威受容」,「情緒的能力の発展」などをあげている。また,チョ（1997）は,特にマイナス面に注目して「男性優越意識のふきこみ」,「権力志向性の助長」,「性の娯楽化と女性蔑視の視点の獲得」を指摘している。この3点は,伊藤（2003）が指摘する男性の「男らしさ」へのこだわりの三指向性と合致するものである[10]。

　以上のように男性の人生に大きな影響を与える兵役であるが,それが与える社会への影響という面からみると,兵役は男性だけでなく女性にも影響を与える制度であることがわかる。つまり,兵役という国家の制度が男女の差異（男性の優位性）を維持する（担保する）装置となっているということである。

　原因の一つとして，先に指摘した兵役が男性に与える精神面での影響がある。特にチョによる指摘は，女性を男性より劣る存在として認識させるということを意味している。伊藤の類型とも合致するこうした支配的な「男らしさ」を獲得することによる悪影響は，第3節で紹介した強姦件数の多さに端的に表れている。

　もう一つの原因として，兵役が男女差別を助長する制度であるにもかかわらず，兵役に行かざるをえない性である男性に憐憫の感情をもつ女性が少なくないということがあげられる。男性がもつ「行きたくないのに行かされた」という被害者意識は，少なからぬ女性たちの共感を呼び，彼女らに「哀れな存在」として男性を意識させることになる（権，2006，228頁）。これにより，軍畢男性[11]が様々特権を得ることが社会的に正当化され，軍畢男性と女性，軍畢男性と兵役を経験していない（できなかった）男性との間に，強固な権力関係（軍畢男性を優位にそれ以外の人々を劣位におく構造）が構成される。兵役は，軍畢男性の被害者意識を担保として，社会において彼らが権力を有することの（逆にいえば，女性や軍畢でない男性が従属的立場になることの）正当性を維持しているのである（佐々木，2013，2014；春木，2011）。

6　メディアが表象するジェンダー：映画からみる韓国社会

1　映画が写し出す韓国のジェンダー問題

　人々のジェンダー意識を構成する上で，メディアの果たす役割は大きい。また，人々の意識の総体として描かれるのもまた，メディアの特徴である。そこで，本節では大衆娯楽メディアの一つである映画に注目して，韓国社会のジェンダー問題について考えてみることにしたい。韓国における映画産業は，スクリーン・クォータ制[12]により韓国産の映画を保護することで発展してきた。2000年代初頭までは日本で韓国の映画が上映されることは少なく，ごく一部を除いては単館上映されるのがせいぜいであったが，韓流は映画界にも飛び火し，2000年代中盤には数多くの韓国映画が日本で上映された。ここでは，同時上映された3編の映画を素材に，映画というメディアと社会との関係について考え

ていくことにする。なお、紹介する映画はいずれも日本で DVD が発売されている。興味をもたれた方は実際に鑑賞してみることをお勧めする。

② 男性性と権力：『ペパーミントキャンディー』

　『ペパーミントキャンディー（原題：박하사탕）』は、2000 年公開、日本のNHK との共同制作による映画である。映画は、一人の男性を主人公として彼の人生をさかのぼるかたちで描かれ、軍政期から IMF 危機に至るまでの激動の韓国社会とその時代時代に生きた人々の生き様を丁寧に描き出している。この映画は現代韓国史の回想という点からも興味深いが、ジェンダーの視点からみると、男性であること、そして男性のみに可能性が開かれている権力をつかみとることが、現代韓国社会で成功するために必要不可欠であるという、男女の非対称性だけではなく、男性間の多層性についても示唆している物語である。

　主人公は、IMF 危機の影響を受け凋落するが、それまでは実業家として活躍する典型的な成功者であり、前節で述べた「男らしさ」の三指向性を体現する人物であった。彼の人生をそのように導いたのは、民主化運動の時代に運動家たちを弾圧した警察官としての経験である。しかし、彼は当初から権力を握っていたわけではなかった。運動家たちを次々に拷問にかける彼であったが、数年前までは気の弱い派出所の警官であり、さらに以前は兵役時代に誤って人を殺めてしまったことを心の傷として生きる二等兵であり、元々は花と詩を愛する労働者であった。

　この映画は韓国の男性について 2 つのことを示唆している。一つめは、韓国社会で男性が成功するためには「男らしさ」の三指向性を身につけ、支配的な男性性をつかみとる必要があるということであり、二つめは、成功を維持するためには支配的な男性性を手放さないように常に緊張感をもって生活する必要があり、油断すると崖から転落するが如く一瞬にして没落してしまうということである。妻の不倫現場に踏み込み、妻と相手の男性を激しく殴打した後に自身の不倫相手と逢瀬するシーンは、男性間の権力格差と男女間の非対称性（性の二重規範）が存在することを端的に示しており、韓国社会が優越指向・所有指向・権力指向をもつ男性たちによって発展してきたことを強烈に印象づけて

いる。

3 　異端を包み込む純愛という価値観：『猟奇的な彼女』

　『猟奇的な彼女（原題：엽기적인 그녀）』は，2001年に公開され大ヒットした映画である。日本でも比較的知名度の高い映画の一つであり，観たことがある人やこの映画を観て韓国映画のファンになった人もいるのではないだろうか。主人公は常識にとらわれない破天荒な言動（猟奇的，と称される）をとる女性と平凡で優しい男性で，2人が知り合い，愛し合うようになっていく様を前半はコメディタッチに，後半は純愛ドラマ仕立てで描いたものである。

　前半は彼女の奇異なふるまいとそれに振り回される男性の姿が哀れに描かれるが，徐々に彼女の「猟奇的」な行動には，心の内に秘めた苦しみ，寂しさ，想い，当惑などが複雑に絡み合っていたことが明らかになっていき，それと平行して，猟奇的な行動は鳴りを潜め，恋愛ストーリーへとシナリオが移行していく。

　韓国映画には数多のコメディ映画が存在するが，2000年以降の作品だけをみても，『猟奇的な彼女』の主人公のように，一般社会の常識からすると奇異な行動をとるキャラクターが中心人物として登場することが少なくない。[13]しかし，主人公たちの行動の裏には決まって，そう行動せざるをえない心の傷や葛藤が存在する。そうした傷や葛藤は，主人公たちが生まれ成長してきた韓国社会との摩擦によって生じたものである。つまり，ストーリーの前半で奇異な行動をとらせることで観衆の注目を集めた存在を，ストーリーの中盤で社会の軋轢によってそうせざるをえなかった犠牲者として描くことで，最終的に現代韓国社会への問題提起を行っているのである。

　しかし，コメディ映画は社会問題の提示を主題としているわけではない。そのため，主として描かれるのは，主人公と社会との関係ではなく主人公とその相手との関係性であり，多くは恋愛の要素を含むものである。そこで描かれ，示唆される恋愛は，主人公の言動に反して，奇異なものではなくむしろ凡庸な「相思相愛の男女が一途に相手を求め合う」恋愛である。この一見平凡な恋愛物語はしかしまさしく現代社会において理想とされる純愛のかたちでもある。

しかしながら，理想が実社会において多数の人が実現している事例を示しているわけではないということに注意しなければならない。理想はそれが手に届きそうで届かない存在であるために理想とされる。近代以降の自由恋愛，異性愛中心社会の成立以来，純愛はまさに人々の理想であった。一般社会からは浮いてしまう特異な存在も純愛という理想の前では他の人たちと変わらない「普通の」人間になってしまう。多くの恋愛物語は，理想というものがもつ強大な社会的権力を体現しているのである。

〔4〕 社会的偏見に対する挑戦：『サマリア』

　『サマリア（原題：사마리아）』は2004年に公開された映画である。監督のキムギドク（김기덕）は革新的かつ芸術的な映画を数多く発表していることで有名で，他に代表作として『悪い男（原題：나쁜남자，2002年公開）』『春夏秋冬そして春（原題：봄 여름 가을 겨울 그리고 봄，2003年公開）』などがある。『サマリア』は，２人の女子高生が海外旅行に行くお金を貯めるために罪の意識なしに援助交際に励む場面から始まる。しかし，一人が援助交際中の事故で命を落としてしまう。生き残ったもう一人の女子高生は，親友を弔うためにこれまでの行為の禊を自分なりのやり方で始める。その彼女の家庭は父子家庭であり，父親の職業は刑事である。父親は娘の変化を察知し，少しずつ彼女の行為について調べていく。映画は，現代社会の頽廃を糾弾しながら父娘関係の微妙な変化を描いていき，クライマックスを迎える。

　本映画は，ジェンダーについて考える上で非常に多くの示唆に富んでおり，様々な角度から解釈することが可能であるが，ここでは特に映画の中で２人の父親が対照的に描かれている点に注目する。一人は，生き残った女子高生の父親である。男手一つで娘を育ててきた彼は，実直・誠実の象徴として描かれており，不正に対して揺るぎない正義感をもって挑む。そんな彼を支えているのは，娘に対する無私の愛情である。もう一人の父親は，娘の禊の対象として現れる，一家の大黒柱として親と妻，娘と何の不自由もなく暮らしている父親である。父子家庭は韓国社会では周縁化されており通常可視化されることのない存在である。日本と同様，母子家庭以上に社会的少数派であり，世間的なマイ

ナス評価と支援体制の不充分さから社会生活に困難が生じているケースが少なくない。一方，三世代家族の長としての父親は，現代韓国社会における父親像のプロトタイプである。本来，強い倫理観，道徳観をもって存在していなければならない彼が，映画の中では援助交際という不実を行う存在として描かれる。

実際，援助交際は援助する存在がいてこそ成立する社会問題であり，援助交際を支えているのは時間的にも経済的にも余裕のある男性が中心であることが予想される。そうした男性の多くは妻子をもち，多数派として日常生活を送っているはずである。ところが，社会問題はその当事者たちを特異な存在としてみる傾向がある。例えば，援助交際をしている女子学生は家庭に問題がある，男性の側はロリコンで性的指向に問題があり家庭不和である，といった具合にである。しかし，ある事象が「問題」となる規模にまで拡大するということは，「普通一般」にみえる人々の中に問題の当事者たちが少なからず存在しているということを意味している。

本作は「父子家庭＝欠陥のある家庭」，「三世代家族＝理想的な家庭」という社会的イメージに対して「父子家庭の父＝娘を愛する誠実な父」，「三世代家族の父＝援助交際に励む父」という姿を描き出すことで，「標準的な中年男性」が握っている権力について明らかにし，社会の目を少数派男性に向けさせることで，社会的偏見について挑発的に観衆に語りかけているのである。

7　社会的男性像と個人的男性像

本章はこれまで，様々な角度から主に男性のジェンダーについて紹介することで，韓国社会のジェンダーとそれらが生成される社会的・文化的要因について明らかにしてきた。最後に，第1節で触れた韓国男性の「男らしさの二面性」について考察することで，本章のまとめとしたい。

韓国の男性像に存在する二面性，それは「男尊女卑」，「家父長的」，「暴力的」，「権威的」という否定的な側面と，「情が深い」，「優しい」という肯定的な側面であった。これまで明らかにしてきたように，韓国では，政策や法律など制度面においては男女平等の動きが促進しつつあるものの，社会的・文化的

な面では，男性を女性より価値のあるものとみなす傾向や，男性が女性に比して より社会的権力を獲得しやすい環境にあることが明らかになった。つまり，社会構造としては，男性優位の構造が維持されているということである。男性を被害者として描出することで，社会的権力が獲得されることを巧妙に隠蔽する徴兵制という制度は，まさにその象徴といえるであろう。

　では，「情が深い」，「優しい」といった，韓国男性の肯定的なイメージはメディアが創作したものに過ぎないのであろうか。強姦件数の割合の多さは，まさに韓国の否定的な男性性の表出とみることができそうであるが，忘れてはいけないことは，男性全体の数に比べると加害者は圧倒的に少数であり，大多数の韓国人男性は犯罪に手を染めることなく日常生活を過ごしているということである。彼らの一生は，兵役という経験を除けば，日本人男性のライフサイクルとほとんど変わることがない。韓国に行って現地の人と多く触れ合ってみれば，彼らがいかに情に厚く，和やかな人たちであるか実感することができる。主張し，感情をあらわにする彼らの態度は，どちらかというと感情を覆い隠し，相手の言外の気分をいかに察するかが円滑な社会生活を送っていく上で重要なスキルとなる日本人と比べると，新鮮なものに写るであろう。距離的な近さ，外見上の近さはむしろそうした相違を際立たせて，日本人に印象づける。巷に存在する両極端なイメージは，その相違を肯定的に描いているか否定的に描いているかの違いにすぎないケースがほとんどである。よってこれからは，彼らを支える男性優位の構造を意識しつつ，彼らの情の深さや優しさに接していくことが必要となってくるだろう。つまり，社会的男性像と個人的男性像を区別しつつ，しかしそれらが関連して一人の韓国人男性を形成しているということを理解した上で，接していく必要があるということである。

　さて，韓国社会の男性優位の構造は変わらないのであろうか。これについては，10年，20年といった長い年月をかけて観察していくことが必要となろうが，変化の兆しがみえつつあることは，本章の中で示唆されたはずである。今後は，「男らしさ」のイメージが変遷するだけで男性優位の構造は継続して維持されていくのか，あるいは，男女の権力関係そのものが変化していくのかに，特に注視していくことが必要である。

コラム

男性学

　「男性学（Men's Studies）」とは，その名の通り「男性」について研究する学問である。男性学は，1960年代後半から70年代の初めにアメリカで一大ムーブメントを巻き起こした「フェミニズムの第2波」の影響を受けて誕生した「男性運動（Men's Movement）」がその起源である。男性運動は，女性が「女らしさ」という規範に縛られることで従属した生を過ごすことを強いられているというフェミニストたちの主張を，男性にも適応することで生起した。つまり，男性も「男らしさ」という規範に縛られているがゆえに抑圧された生を過ごしていると主張したのである。その後，女性運動が女性学の誕生をもたらしたのと同様に，男性運動の広がりは男性学という新たな学問を誕生させた。ゆえに，男性学は女性学と切っても切れない関係にあり，女性学と相補的な関係に位置づくことを志向する学問である。

　男性学の大きな特徴としては，「男性を『ジェンダー化した存在』と捉え，彼らを社会的・文化的に構築された『男性性』（masculinities）との関係で捉えようとする」特徴と「男女間の差異を権力や支配の問題と結び付けて捉えようとする」（多賀，2005，70頁）特徴がある。これらの視点に立って，男性学はこれまで，男性性が社会・文化・時代によって異なることや，男性が女性を支配するジェンダー秩序がどのように構築されてきたのかについて明らかにしてきた。別な表現を使うなら，「男らしさ」という言葉でイメージされるものが時代や地域によって異なること，そうした「男らしさ」のイメージがその社会のジェンダー秩序において果たしている役割について，研究を進めてきたということである。

　男性性の多様性が明らかになるにつれて，男性学は徐々に男性間の差異について注目するようになり，すべての男性がすべての女性を支配するのではなく，一部の権力を握っている男性が，その他の大多数の男性と女性を支配している構造を明らかにした。例えば，大企業で管理職を務める男性と非正規雇用の男性は，男性だからという理由だけでともに女性より社会的優位とは限らないのである。女性学がともすると男性を権力を握る存在として一枚岩的に捉えるのに対して，男性学は男性間の差異を明らかにすることでもって，社会における権力関係の重層性を伝えてきたのである。

　さて，欧米では着実に研究が蓄積されつつある男性学であるが，日本では男性をテーマとした研究こそ多数存在するものの，男性学の立場に立った研究はいまだ少ない。グローバル化が進み世界的な競争が激化する中で日本社会のジェンダー秩序を読み解くために男性学が担うべき責任は大きい。　　　　（佐々木正徳）

注

(1) 例えば，片山（1985），瀬地山（1996），春木（2006），山本（2000）などがある。

(2) 原著のタイトルは「2014 통계로 보는 여성의 삶」。

(3) 大学進学率の男女差は年々縮小傾向にあったが，2009年に女性が82.4％，男性が81.6％（全体では81.9％）となり，初めて女性が男性を上回った。2013年の進学率は，女性74.5％，男性67.4％（全体70.7％）となっている。進学率が減少している理由は2011年から調査基準が変更されたためである。

(4) 特に，金泳三政権以降の女性政策については春木（2006），伊藤ほか編（2010）が詳しいので参照されたい。

(5) 合計出産率とは，妊娠可能な年代の女性1名が一生の間に産む子どもの平均数を意味する。

(6) ちなみに同年，既婚女性のみに限定した場合の平均出産人数は2.4となっている。

(7) 未成年への性的虐待は，2000年度の統計から主要犯罪に含まれるようになった。

(8) 稀に志願兵の女性が含まれることもある。

(9) 兵役を終えた男性に対して周囲が「これでお前も男になった」と語りかける場面はしばしば目にすることができる。

(10) 三指向性とは，優越指向，所有指向，権力指向のことである（伊藤，2003，51-54頁）。

(11) 兵役を終えたことを意味する韓国語。

(12) 各映画館に年間一定の割合で韓国で制作された映画を上映することを義務づける制度。85年以来40％（146回）の水準が維持されていたが，アメリカとのFTA（自由貿易協定）交渉が進む過程で規制緩和の対象となり，06年からは20％（73回）に半減した。

(13) 典型的な例としては2005年公開の『B型の彼氏（原題：B형 남자친구）』がある。この映画の前半はさながら『猟奇的な彼女』の男性版を見るようである。2003年公開の『英語完全征服（原題：영어완전정복）』，2000年公開の『吠える犬は噛まない（原題：플란다스의개）』などもその一例として挙げられる。また，コメディではなく非常に社会性の強い映画であるが2002年公開の『オアシス（原題：오아시스）』の主人公もその類型の一つと捉えることもできよう。

引用文献

伊藤亜人・大村益夫・梶村秀樹・武田幸男・高崎宗司監修（2000）『新訂増補　朝鮮を知る事典』平凡社。

伊藤公雄（1996）『男性学入門』作品社。

伊藤公雄（2003）『「男らしさ」という神話』NHK出版。

伊藤公雄・樹村みのり・國信潤子（2002）『女性学・男性学』有斐閣。

伊藤公雄・春木育美・金香男編（2010）『現代韓国の家族政策』行路社。

片山隆裕（1985）「ジェンダーの相対性」『比較教育文化研究施設紀要』第36号。

木宮正史（2003）『韓国』ちくま新書。

木村幹（2004）『朝鮮半島をどう見るか』集英社新書。

権仁淑／山下英愛訳（2006）『韓国の軍事文化とジェンダー』御茶の水書房。

佐々木正徳（2008）「『男』であるということ——韓国のジェンダー，セクシュアリティ」片山隆裕編著『アジアから観る，考える』ナカニシヤ出版。

佐々木正徳（2009）「韓国の労働格差とジェンダー」（研究ノート）『日本ジェンダー研究』第12号。

佐々木正徳（2010）「父親運動と男性性」伊藤公雄・春木育美・金香男編『現代韓国の家族政策』行路社。

佐々木正徳（2013）「代替服務という生き方——韓国の男性性と兵役の多様性」『長崎外大論叢』第17号。

佐々木正徳（2014）「軍事文化からみる韓国のジェンダー秩序——補充役のポジションに着目して」『長崎外大論叢』第18号。

瀬地山角（1996）『東アジアの家父長制』勁草書房。

多賀太（2005）「男性学のゆくえ」保坂恵美子編著『比較ジェンダー論』ミネルヴァ書房。

多賀太（2006）『男らしさの社会学』世界思想社。

田中俊之（2009）『男性学の新展開』青弓社。

池東旭（2002）『韓国大統領列伝』中公新書。

チョソンスク（1997）「軍隊文化と男性」女性韓国社会研究会編『男性と韓国社会』社会文化研究所（韓国語文献，原題：조성숙（1997）"군대문화와 남성" 여성한국사회연구회편 남성과 한국사회, 사회문화연구소）。

鄭大均（2010）『韓国のイメージ　増補版』中公新書。

寺脇研（2007）『韓国映画ベスト100』朝日新書。

春木育美（2000）「軍隊と韓国男性」『同志社社会学研究』No. 4。

春木育美（2006）『現代韓国と女性』新幹社。

春木育美（2007）「ミリタリズム」小倉紀蔵・小針進編『韓流ハンドブック』新書館。

春木育美（2011）「韓国の徴兵制と軍事文化の中の男性と女性」韓国・朝鮮文化研究会『韓国朝鮮の文化と社会』第10号，風響社。

堀山明子（2007）「徴兵制」小倉紀蔵・小針進編『韓流ハンドブック』新書館。

山本かほり（2000）「儒教規範の中の女性」小林孝行編著『変貌する現代韓国社会』世界思想社。

尹載善（2004）『韓国の軍隊』中公新書。

参考 URL（すべて韓国語サイトだが，英語版のサイトへのリンク有）
KOSIS（国家統計ポータル）http://kosis.kr/　2014年11月30日アクセス。
統計庁　http://kostat.go.kr/portal/korea/index.action　2014年11月30日アクセス。
兵務庁　http://www.mma.go.kr/kor/index.html　2014年11月30日アクセス。

（佐々木正徳）

<table>
<tr><td>第10章</td><td></td></tr>
</table>

インドにおけるジェンダー

——ケーララ州の分権化と女性クオータ制をめぐって——

1 「静かな革命」

インドでは1992年の第73次，第74次憲法改正により導入された地方分権化策により，政治上の「静かな革命」ともいうべき変化が地域社会にもたらされつつある。地方議会議席と首長職の33.3％に女性枠が，また議席に10％の指定カースト／指定部族枠が，導入され，100万人を超える女性議員と首長が地域[1]に誕生し地方行政における意思決定に参加している。

本章は，ジェンダー主流化で重要視される女性の政治的意思決定への参加において世界的な潮流になりつつある女性クオータ制をめぐり，インドで最も進[2]んだ分権化の取り組みが行われるケーララ州を事例に，期待される「クリティカル・マス」創出の可能性と横たわる課題を検討することを目的とする。[3]

2 インドのジェンダーとジェンダー政策

1 インド概況とジェンダー

南アジア世界の中心に位置するインド（インド共和国）は，現在 IT 産業をはじめとして目覚ましい経済発展により，中国と並ぶアジアの大国となると予測されている。人口12億1019万を擁し，面積は328万7263 km^2 である。時間軸の多様性，平面軸の多様性が顕著な地域でもある。歴史的に多くの民族が流入し，ヒンドゥー教やカースト制をもたらしたアーリア人，ムスリムの侵入と支配，そしてヨーロッパ勢力の進出などに代表される。特にイギリスの植民地支配を通して再編された現代のインド世界は，文化的にも社会的にも極めて多様性に富み，地域ごとの固有性が強く示される。

13世紀以降ムスリム勢力の支配を受け，ムガル帝国による全土統治を通して両者が融合し，ヒンドゥー・イスラーム文化として現在のインド社会主要部分を構成している。さらに15世紀末以降のヨーロッパ勢力の到来と交易，その後のイギリスによる植民地支配により，変動期に入っていたインド社会は公私領域の再編と近代化を経験した。

　近現代インドの女性・ジェンダーをめぐっては，分裂したイメージが提示される。活躍する女性たちとして，植民地支配に抵抗した藩王国ジャンシーの戦列を率いた王妃ラクシュミー，民族独立運動で投獄されたガーンディーに代わり指導力を発揮した詩人サロジニー・ナイドゥ，独立後カリスマ的政治手腕を発揮した首相インディラ・ガーンディー，環境フェミニズムで世界的言説に影響を及ぼしたヴァンダナ・シヴァ，また貧しいインフォーマル部門の自営女性を組織化して労働・生活環境の改善をしてきた SEWA（自営女性協会）など多くの女性や組織があげられよう。

　これに対し劣位におかれる女性をめぐっては，幼児婚，ダウリー殺人，サティー（寡婦殉死）などスキャンダラスなジェンダー問題が指摘されてきた。[4]女性の地位向上をめぐる関心と施策は，近代期植民地支配者によるサティー禁止令（1829年）などにみられ，19世紀中盤以降はインド人知識人層による社会改革運動の課題として，被差別カースト問題などとともに重視された。20世紀初頭からは，全インド女性会議（All India Women's Conference）にみられるように，女性組織による全国規模の運動も積極的に展開されたが，民族独立運動の背後にいったん後退させられた。独立後は，それまでの教育を受けた中産階級の女性の問題関心に加えて，膨大な数にのぼる貧しい女性たちの経済的社会的地位向上が課題として取り上げられるようになった。

［2］ 女性・ジェンダー政策の推移と課題

　女性の地位に関する国家や社会における認識の大きな変化は，1975年の「国際婦人年」採択をきっかけに実施された全国性別調査報告「平等に向かって」[5]を機に認められる。その後の「国連婦人の十年」の指定，1979年の「女子差別撤廃条約」締結により，第6次，第7次5カ年計画で「開発における女性」の

観点が増し，1988年には「女性に対する国家展望計画（National Perspective Plan for Women）」が提出された。この展望計画では，意思決定への女性の参加が言及され，地方議会を含めあらゆるレベルで女性への30％の議席配分を奨励した。また1993年に，インドは女子差別撤廃条約を批准している。2001年に採択された「女性のエンパワーメントに向けた国家政策」では，女性の地位向上，開発，エンパワーメントを目標とし，さらに第10次計画では，ジェンダー予算や女性主体の計画導入，その社会的経済的エンパワーメントやジェンダー平等を採択している。さらに2005年には DV 防止法が制定された。続く第11次計画（2007～2012年）における重点事項として，女性を平等な市民としてのみならず，経済的社会的成長の担い手として初めて認識し，すべての開発プロセスにおける女性のニーズや関心を考慮することの重要性が説かれている。これを踏まえ2010年3月には女性・子ども開発省に National Mission for Empowerment of Women が立ち上げられ，省間における女性向け／女性中心のプログラムの部門間収斂を目指している[6]。このようにインドにおける開発は，女性・ジェンダーに関する配慮と，女性の経済的社会的地位向上重視が，計画年度の進展の中で比重を増していく過程といっても過言ではない。このようなジェンダー重視の潮流の中で注目されるのが，本章で取り上げる地方行政改革における女性枠を通しての女性の政治的意思決定への参加である。

［3］女性の政治参加とその課題

インドでは，国家やローカル・ガヴァナンスに関わる政策形成や実践への女性参加は極めて低調であった。わずかながら女性の参入と存在はあったが，名目的なものにとどまり，女性の政治制度に参加する上での社会的，政治的かつ経済的制約をみえにくくさせつづけた[7]。近年この傾向に大きな変化がみられ，国政レベルでは2010年3月下院と州議会に女性枠を導入する女性留保議席法案（Women's Reservation Bill）が初めて上院を通過し，下院では時間切れ廃案となったが大きな前進である。地方行政に関しては，冒頭で述べたように第73次，第74次憲法改正による地方行政改革が極めて画期的な位置づけをもち，議会における女性枠と指定カースト／指定部族枠の導入も含めて，財源，機能，機能

主体を配分し民主的分権化を保証する上で「静かな革命」と呼ぶにふさわしい出来事として位置づけられよう。

　現在州以下，市と，県，ブロック，村の三層にわたる23万1630自治体（パンチャーヤト）で，100万人を超す女性議員と7万7210人以上の女性首長が選出され，ローカル・ガヴァナンスに関わっており，国際的にも極めて独自性をもつ自治制度となっている。さらに数年前から，女性枠を現今の33.3％から50％に引き上げる州も登場し，女性が地方議会のマジョリティを占めるようになり今後の展開が注目される。

　一般に女性議員が地方行政にもたらした成果として，主に北インドを中心に以下のような報告がなされている。[8]それらは主として家庭内領域やコミュニティの改善を促すもので，飲料水や道路，福祉政策（妊婦，寡婦，高齢者，貧困層対象），住宅や電気があげられる。男性議員が，道路や灌漑，教育など社会インフラを求める傾向との間にジェンダー差が認められる。

　一方で課題として，コミュニティ，議会，政党に浸透する家父長制による職務実践の困難である。これに起因する最大の課題が代理議員（proxy）問題で，男性家族成員や男性政党議員の代わりに出馬し選出後実質的な政治は男性が行うという問題である。この他に，女性枠のローテーションで実質的に再選が困難となり，5年任期の経験が活かされない点が報告されている。

　しかし北インド3州を調査したブッチ（Buch, 2005）の最近の研究では，政治的経験や条件が不十分でありながら，女性議員の存在によりパンチャーヤトがよりよく機能しているという指摘がなされている。[9]議員数における増加だけではなく，権力関係の実質的な移行が認められ，マイノリティが初めて組織や制度の資源を用いて環境改善を可能とする点を指摘している。また，制度的パンチャーヤトという公的な意思決定領域に女性が参加したことで，家庭内，カースト，村落での女性の地位が向上したとされる。さらに女性自身の自己イメージと公的領域における自信や経験が増した。最大の影響は，多くの新人議員が教育がないことでのハンディキャップを経験し，教育の価値認識が高まり娘の教育に敏感になったという指摘も行っている。

　次節では，分権化先進州の評価を受けるケーララ州を取り上げ，筆者が調査

対象としてきたティルヴァナンタプラム県Ｓパンチャーヤトの事例からインドの女性の政治参加について考察する。

3　ケーララ州の分権化と女性の政治参加

　前節で述べたように，インドの分権化は独立後1950年代以来の導入努力により，1992年第73次，第74次憲法改正として結実し，開発とガヴァナンスへの住民参加，特に女性や被差別層の実質的な参加が可能となった。憲法改正時の強調点は自治体制づくりにあり，農業，農村電化，貧困削減，都市化計画，スラム改善など，旧来の自治範囲を大きく超えるものである。このプロセスは文字通り各州，各自治体に委ねられ極めて多様性に富んだ展開がなされている。本節では，このような多岐に展開される分権化の中でも際立った実践をしてきたケーララ州を取り上げ，ジェンダーという観点から議論を進める。

　ケーララ州は経済発展に過度に依存せず，高い社会指標を達成した開発を実現してきたことから，模範的発展として「ケーララ・モデル」と呼ばれ，国際開発研究者や実践者に長く注目されてきた。特に女性や乳幼児関連指標で，インド国内平均と著しい対照をなし，女性や年少者の福祉に有意な社会開発モデルとみなされてきた。この達成の背景に，キリスト教宣教師活動による近代化の影響，ナーヤル・カーストの母系制，植民地期藩王による開明的開発政策，不可触民カーストの地位向上運動，共産党政権による民衆を巻き込んだ多くの改革があげられる。

　この大きく喧伝されたケーララ・モデルは，70年代の土地改革を最後に主だった動きが滞る中，経済停滞と失業率の増加により90年代に入り再考に付されはじめ，これが独自の分権化導入を後押しすることになる。再考過程で指摘された問題が，ケーララ・モデルの最大特徴の一つでもあった女性や年少者の社会指標や経済指標の低下である。国内比較では，人口性差，教育や就業機会，土地所有や土地相続において女性の相対的優位を示しているが[10]，以下のような深刻な地位の低下が指摘される。まず第1に，一貫して女児優位であった出生性比の圧縮である。さらに労働力率，意思決定，土地所有名義，DV，行動の

自由度，法的リテラシー，政治参加，性別賃金，女性に対する犯罪における地位低下であり，ダウリーの浸透なども指摘され，ケーララの「ジェンダー・パラドックス」を構成している。この問題は，ジェンダー規範，つまり男女不平等を生む家父長制など社会諸制度が維持されており，これまでの社会改革が性差を是正する上で限界があったことを示している[11]。

ケーララ州の分権化は，1996年に開始された独自の分権化策（People's Plan Campaign：PPC）[12]としていち早く着手され実現している。その最大特徴は，各自治体に下ろされる開発財源の35〜40％を，計画策定の内容が決定していない地域レベルでの計画事業に事前に一括補助金として留保する点にある。また留保額の10％が，ジェンダー予算として女性向けプロジェクト（Women's Component Plan：WCP）[13]に指定されている点を特徴としている。さらに，この事業資金の70％が，グラム・パンチャーヤトに配分されることから，村落ガヴァナンスに住民の参加が促される大きなきっかけをもたらしている。

この分権化の推進において，ローカル・ガヴァナンスの実質的な意思決定主体となった三層のパンチャーヤト（県・ブロック・村パンチャーヤト）と，留保枠による女性議員の誕生が，SC（指定カースト：Scheduled Caste）・ST枠（指定部族：Scheduled Tribe）選出議員も含めて，旧来のガヴァナンスに対し新たな政策形成と普及に働く「クリティカル・マス」の創出を可能にするかが中心的課題といえる。いいかえれば，ジェンダーの主流化やマイノリティの主流化を促進し，住民参加の新たな地域コミュニティ形成につながる施策と実践に働くか否かが最も注目すべき点といえる。ジェンダーの主流化に関しては，実践的ジェンダーニーズを踏まえて，非対称なジェンダー関係の是正に働く戦略的ジェンダーニーズがいかに政策として提案され実践に付されるかという点が重視される。

4　S村のパンチャーヤティ・ラージと女性の政治参加

［1］Sグラム・パンチャーヤトと議員構成

ここでは，筆者がグラム・パンチャーヤトへの女性の政治参加について2008

表10-1　S村の概要

パンチャーヤト設立年	1960年
面　積	17.23 km^2
人口（2001 国勢調査）	36,836
男　性	18,176
女　性	18,660
SC	904
ST	39
農業従事者（2001 国勢調査）	4,540
男　性	4,169
女　性	371
家内工業従事者（2001 国勢調査）	3,169
男　性	2,005
女　性	1,164
区　数	20

（出所）　S Gram Panchayat (2009) p. 7.

年から継続調査を行っているケーララ州ティルヴァナンタプラム県S村を事例に，第2節に掲げた課題を検討したい（**表10-1**）。

　Sパンチャーヤトは，州都ティルヴァナンタプラム市に隣接する自治体である。往来の激しい高速道路に沿って都市化された商業空間をもつTパンチャーヤトと隣接するが，バナナや穀物畑が広がり，南西部に広がるヴェラヤニ湖畔では淡水漁業が営まれるなど，のどかな農村風景が隣村と著しいコントラストを成す村落である。パンチャーヤトの管理下にある施設として，農業事務所，保健所2カ所，アーユルヴェーダ薬局，役場出張所2カ所，郵便局2カ所と17の保育所が点在する。

　村落内で最大の施設は州立農業大学（教職員数672名）で，旧藩王の夏の宮殿が利用されている。州電気委員会準技師事務所の出張所や2カ所のトラヴァンコール州立銀行支店，また協同組合銀行3支店がある。ヴェラヤニ湖畔には，視覚障害者訓練NGOであるIISE（International Institute for Social Entrepreneur：本部ドイツ・ケルン市）の近代的な施設を収容する広大な敷地が広がっている。Sパンチャーヤトの主要産業は，農業，家内工業であり，7700人がインフォー

表10‐2　パンチャーヤト議員構成

区番号	議員	所 属 政 党	役 職	当 選 枠
I	A	インド国民会議派（Congress）	議　員	一　般
II	B	インド人民党（BJP）	同上	同上
III	C	インド共産党（CPM）	福祉常任委員会委員長	女　性
IV	D	同上	議　員	同上
V	E	同上	同上	指定カースト
VI	F	インド国民会議派（Congress）	同上	同上（女性）
VII	G	インド共産党（CPM）	同上	一般（女性）
VIII	H	インド人民党（BJP）	同上	一　般
IX	I	同上	同上	一　般
X	J	インド共産党（CPM）	同上	女　性
XI	K	同上	同上	一　般
XII	L	同上	議　長	同上
XIII	M	同上	副議長	同上
XIV	N	同上	議　員	指定カースト
XV	O	同上	同上	一　般
XVI	P	インド国民会議派（Congress）	同上	女　性
XVII	Q	ジャナタ・ダル党（JD）	同上	一　般
XVIII	R	インド共産党（CPM）	同上	同上
XIX	S	インド人民党（BJP）	同上	女　性
XX	T	ジャナタ・ダル党（JD）	開発常任委員会	同上

（注）　2010年選挙からⅣ区が二分割され，その一つが女性枠指定区となった。
（出所）　S Gram Panchayat (2009) p. 9.

マル部門や自営業に従事している。

　表10‐2で明らかなように，政党政治が高度に発達したケーララ州を象徴し，パンチャーヤトは各政党の村落委員会選出の議員によって構成されている。

2　女性議員と政府支援機関・女性NGOの役割

　女性枠の導入に伴い女性議員が多数誕生して以来，その政治参加における達成，可能性と課題についてNGOや研究者が各地で研究調査や支援を行ってきた。女性議員を取り巻く環境には著しい地域差があり，一般化は極めて困難であることは，第2節でも述べた。ケーララ州については，アイザークら（Isaac and Franke, 2005）が実施した一期生議員対象の大規模調査[14]が以下の課題を指摘している。まず一期生女性議員の40％にとって初めての公的業務であることか

ら，行政に関する知識・実務面での制約がある。また男性議員の拒否的態度，家父長的政党システムといった，既存の権力との問題がある。さらに家族，特に夫との関係，三重の負担（家事・コミュニティ・パンチャーヤト）などが問題としてあげられている。アイザークは，女性議員が実力を発揮する上で，こういった課題は大方予想されたものとし，ケーララ女性は識字率の高さにより，各種トレーニングを経て逆に自信を深めていると論じている。つまり，地域住民とのインタラクションにより自信が最大化され，政策策定に関する知識を増すことで急激に改善され，役人との交渉に自信をつけている，と論じている。高学歴で社会経験のある女性議員ほど短期間で自信をつける傾向があるが，識字率の低さは能力開発の阻害要因とはならない，という見方をとっている。

　以下に示すのは，同州で女性議員を支援してきた女性組織 SAKHI [15] が実施し，筆者が一部関わった，Ｓパンチャーヤトを含むティルヴァナンタプラム県三期生女性議員150人対象の質問紙調査から見出される，属性，議員当選後の変化，計画策定への参加度，課題と展望である。

　①議員属性

　多くが2005年に女性枠で議員に当選し，初めて政治を経験し，10年以上の経験をもつ議員は16％である。立候補は，多くが政党推薦によるもので，必ずしも本意からではなく，特に30〜40代にその傾向が顕著にみられる。若い世代ほど抵抗なく立候補している。受けた教育については，非識字はほとんどみられず，高学歴の女性も含まれている。職業については，ほとんどが主婦で，わずかに社会福祉職，図書館員，保育士，大学教員，自営者が含まれる。

　②変　化

　多くが，その生活が大きく変化したと認めている。外出することや，人前で話す自信がついた。新たな分野の知識や考え方を獲得できた。社会的良好な地位を獲得した。住民の問題に常に関わり，昼夜を問わず問題の現場に赴く勇気と成熟した姿勢をもてるようになった。これが住民からの敬愛につながり，深い満足感が得られた。特に再選された議員は，より多くの知識や技能が身につけられたし，また女性が直面する問題に気づき対応できるようになった，と語っている。

またネガティブな側面として，三重の負担という課題が多くあげられていた。女性議員であることで，好ましくない対応を受ける。政党や公的な場で，公的イッシューに介入しようとすると非協力的で，発言が妨げられる場合もある。パンチャーヤトで女性・ジェンダー問題を取り上げても，女性議員全員の協力を得られず，対応策の実践が困難になる。多くの知識や経験が不足していて，政策を十分実施できない，などの指摘があった。

③受けた能力開発トレーニング

主たるトレーニング提供機関は，州地方行政研究所（Kelara Institute of Local Administration：KILA）と SAKHI で，ほとんどの議員がトレーニングが有効であることを認め，継続的なトレーニングを希望していた。なお，議員が受講したトレーニングを下記に示す。

- 州地方行政研究所：パンチャーヤティ・ラージ（地方自治制度），開発プロジェクト策定など
- SAKHI：ジェンダーとパンチャーヤティ・ラージ，ジェンダー予算，リーダーシップ・トレーニングなど

④提案したプロジェクト

一般：安全な水源敷設事業，女性世帯を含む貧困層向け家屋供給，養老施設建設，農業活性化事業，バイオマス工場建設，町営医療施設など

WCP（女性向けプロジェクト）：ジャグラタ・サミティ（ジェンダー調停室）設置，クトゥンバシュリ（貧困削減事業：第5節で詳細）助成，保育施設の拡充，子ども（女子）の栄養補給，均等な男女雇用事業，など

⑤充実感

住民の問題に介入し，便宜を図ったり解決した際感謝されたときが最大であることを多くの議員が語っている。選挙区住民のニーズを汲み取り，開発事業を成功裏に実施できたときに感じた充足感が表明され，そうした職務遂行を通して，人々に認められたことが貴重な経験である点が強調されていた。

⑥参加型ガヴァナンスへの提言

議員の多くが，透明性のある民主的なガヴァナンスに責任をもつべきことを強調し，課せられた責務や権力に十分留意して行動することの重要性を説いて

いる。また給付を最も必要とされる層に配分すべきであり，政党目標より選挙区の開発ニーズに重要性をおくべきだと主張している。

　さらに女性議員として，女性のために所属政党を超えて活動するべきであるとし，女性政策により多くの予算を割くことを説いている。さらに任務をよりよく遂行するために，定期的トレーニングが欠かせない要件であること，ジェンダー平等講座については男性議員も必修とすべきであると主張している。

　このように多くの女性議員が，新たな地方自治制度により政治的能力を発揮できるようになったと答えたが，その一方での制約も語っている。その一つは，女性枠のローテーションにより，再立候補が実質的に不可能であり，任期中の経験・蓄積が無効になってしまう点である。さらにパンチャーヤティ・ラージ省によって推奨されている，党派を超えた女性議員によるジェンダー関連政策形成については，各議員に言及はされるものの，筆者の考察の範囲では実現の見通しはない。[16]

③ 2010年10月パンチャーヤト選挙結果の考察

　ケーララ州では，2010年10月に地方統一選挙が実施され，Ｓ村でも左翼統一連合から統一民主連合への政権交代があり，議員の入れ替えが認められた。また右翼政党インド人民党の議席数増加が，特に女性枠を通して顕著にみられた。

　今回は女性枠50％拡大後の最初の選挙に当たり，21選挙区のうち指定カースト女性枠も含めると11名の女性議員が選出され，議会のマジョリティを占める結果となった。前議員8名中，再選議員は4名で，1名は一般枠から女性枠で，もう2名は女性枠とSC枠で選挙区を変えて当選し，さらに1名は上位議会である郡議会に立候補し当選を果たした。[17]　その他は，すべて新人女性が選出されている。パンチャーヤト首長には政権連合から会議派男性議員が選ばれ，副議長が女性議員となった。さらにパンチャーヤト常任委員会に健康・教育委員会が新設され，男性議員が委員長に任命されている。その他の2委員会のうち，福祉委員会に指定カースト女性枠で再選された女性議員が任命された。前期に女性が委員長を務めた開発常任委員会は，男性議員に占められている。

このように再選率が15％弱であった過去の選挙の実績からはるかに高い50％を達成した事実は，女性枠拡大によるところも大きいが，女性が村落ガヴァナンスの担い手たりえるという認識と評価が有権者間で進んだ結果とも捉えられよう。

5　ジェンダー政策としての WCP：
クトゥンバシュリとジャグラタ・サミティ

1　クトゥンバシュリ

　クトゥンバシュリ（Kudumbashree：州公用語マラヤーラム語で「家族の繁栄」の意）は，ケーララ州が1998年に立ち上げた女性を対象とした参加型の貧困削減策である。ジェンダー予算を体現する女性政策である WCP（女性向けプロジェクト）の中でも，最も際立った規模で展開されているプロジェクトである。そのしくみは，地域で20〜40名の女性たちが近隣グループ（Neighbourhood Group）をつくり，共同名義の貯蓄を開始する。この預金に対し銀行が残高に応じてローンを与え，女性グループに起業を促す。起業後，メンバーは生産活動から得た収入からローンを返済し，収益分配をして生活補助費とする。これは県パンチャーヤトの WCP の主要部分を構成する政策であるが，各グラム・パンチャーヤトで補助金，起業準備金やトレーニングを用意する事例も多い。当初は貧困ラインにある女性たちが対象とされたが一時停滞し，近年基準が緩和されたことから，中間層の主婦たちの参入が少なからずみられ，これによって州内世帯数の半分が関わり，その規模において極めて注目される政策となっている[18]。

　このプロジェクトのもつ意義は，第2節で触れたジェンダー予算策としてはケーララでは最大のものであり，このプロジェクトを通して女性の経済参加や政治参加の機会が与えられる点にある。筆者の調査村での小規模起業活動として，自然石鹸製造，食品加工・販売，衣服縫製，手提げ袋製造，野菜販売，食堂経営，などが稼動していた。また食料自給率を高める農業生産グループも，パンチャーヤトや農業大学の支援を受けて立ち上げが予定されている。筆者の

聞き取りをした近隣グループには，貯蓄を開始して間もないグループも多く，今後どのような起業を選択するかで活発な議論が交わされていた。クトゥンバシュリには，グラム・パンチャーヤトからさらに補助金などが支給されるので，関心ある女性たちに近隣グループの組織化を促す働きかけが女性議員を中心に積極的に行われている。課題としては，起業がどれも似通った業種に限られること，地域消費の範囲にとどまること，ローンを返済してからある程度の収入を得るまで，時間がかかることなどがあげられている。

［2］ジャグラタ・サミティ

ジャグラタ・サミティとはマラヤーラム語でジェンダー調停室を意味し，女性諸団体が WCP の主要な事業として推奨している。パンチャーヤト首長が代表を兼ね，弁護士，ソーシャル・ワーカーらから構成されるジェンダー問題調停機関である。地域住民に広報を通してその存在を周知し，問題を抱えた住民の相談を受ける。申立てがあった場合，当事者と，被申立人のヒアリングを行い法廷外調停を行う。調停が困難と判断されると，州女性委員会の調停に委ねられる。同調停室の記録では，DV を含めた婚姻関係，隣人によるハラスメントなどが主たる問題としてあげられている。WCP が必ずしも有効に活用されていない現状を踏まえ，女性団体はパンチャーヤトごとの導入を提案しているが，普及は都市や都市郊外の村落パンチャーヤトに限定されている。

［3］女性枠拡大と「クリテイカル・マス」創出の可能性

村落ガヴァナンスへの女性議員の参加が，ジェンダーの主流化を促進させる政策形成と実践に働くか否か，という課題に関しては，S村では個々の議員レベルでの積極的発言はみられるが，所属政党の制約を受け党派を超えての動きとしてはいまだ立ち上がっていない。筆者の聞き取り調査では，どの女性議員もその必要性に言及しているが，実現までこぎつけていない。[19]

ケーララ州は女性枠50％を国内でも５番目という速さで2010年に導入し，今回のパンチャーヤト選挙を通して女性議員が議会過半数を占めることとなり，今後のローカル・ガヴァナンスにもたらす効果が注目される。ちなみに議員に

女性クオータ制をめぐる国際状況

　国際社会における女性の政治参加は，その促進を重点目標の一つとした国連第4回世界女性会議（北京会議）から20年を経て全体的に拡大している。しかしクリティカル・マス（33.3％）に達する社会は少数で，国会レベルにおける女性議員の平均比率からみると，19.3％と低水準であることがわかる。列国議会同盟（IPU）の地域別最新データ（IPU, 2015）では，ヨーロッパ諸国，特に北欧諸国の女性比率が高い。アジアの平均は19.0％で，日本は9.5％となっている。

　2011年のデータを国別にみると1位ルワンダ（56.3％），2位アンドラ（53.6％），3位スウェーデン（45.0％）で，北欧，西欧を中心に高位を示す一方，途上国が上位20カ国中半数を占めている。この差異をもたらす背景として，クオータ制の存在が明らかになっている。2014年現在，日本は下院（衆議院）に限った調査では8.1％で世界127位に位置し，アジア諸国平均からみても低迷している。

　さらに地方議会におけるクオータ制をめぐる国際状況は，2011年発表の武田美智代の限定的調査によると，対象6カ国（日本，アメリカ，スウェーデン，ドイツ，イギリス，韓国：後者4カ国がクオータ制を有する）において，スウェーデンが都道府県議会で48.2％，市町村議会で41.8％と最も高い数値を示している。それに次ぐのがイギリスで地方議会で27.3％，さらにドイツの州議会レベルで17.5％，市町村議会で23.8％，アメリカの州議会で22.3％となっている。2014年の内閣府のデータ[2]によれば現在日本は市議会で13.1％であるが，都道府県議会，町村議会では約5〜6％と低迷している。前述の武田（2011）によれば韓国は比例区に50％の女性クオータ制を導入した結果，広域議会で12.1％，基礎議会で11.7％と女性議員の飛躍的増大をみた。

注

(1) 列国議会同盟（Inter-Parliamentary Union：IPU）http://www.ipu.org/english/home.htm 参照。同サイトには，国会における女性議員の比率やクオータ制の有無など関連データベースが整備。クオータ制の類型については，①憲法改正（および法律）のよる強制，②法律による強制，③政党による自発的クオータ制，がみられる（辻村，2004）。
(2) 内閣府『平成26年版　男女共同参画白書』41頁。

参考文献

辻村みよ子（2004）「政治参画とジェンダー・クオータ制の合憲性を中心に」川人貞史他編『政治参画とジェンダー』東北大学21世紀 COE プログラムジェンダー法・政策研究叢書第8巻，東北大学出版会，5-42頁／Inter-Parliamentary Union（IPU）http://www.ipu.org/english/home.htm　2011年8月アクセス／武田美智代（2011）「議会は女性に開かれているか——女性の政治参加と議会内部の課題」『レファランス』2011年11月号，157-176頁／元吉宏（2007）「韓国の基礎自治体議会——女性議員進出元年」『外国の立法』231，165-168頁。

（喜多村百合）

能力開発トレーニングを提供してきた州地方行政研究所は，選挙後，いち早く拡大トレーニングの実施を公表している。その内容には，旧来の地方行政や開発プロジェクト策定に加え，男女議員両方にジェンダー・センシティヴィティ・トレーニングが組まれており，初めての取り組みとして評価される。

6　女性の政治参加と公私領域再編の可能性

ジェンダー格差の改善に極めて重要な位置づけをもつ政治的意思決定への女性参加を，分権化策におけるクオータ制導入により果たしたインドについて，主に先進州ケーララを事例に検討してきた。クオータ制により現在ではどの地方議会も女性議員がマジョリティを占めるようになり，数の上での平等は達成されている。女性の政治参加による成果は，第1に公的領域への女性の参加が進んだ点にある。第2に私的領域や地域，つまり家族やコミュニティのニーズや問題が，生活当事者である女性議員により発見され指摘されることで改善につながったことである。これは女性議員の増加により，住民，特に女性に行政が身近となりニーズが反映されやすくなったことを意味する。さらにこれまで困難とされた再選や上位議会への進出が増加していることは，女性が地域ガヴァナンスの担い手であることの積極的評価と捉えられる[20]。さらにジェンダー予算上重要な位置づけをもつ WCP（女性向けプロジェクト）は，女性議員職同様，多くの女性たちに生産活動を含めた地域の政治的経済的参加の機会を与えている。

一方で次のような課題が横たわっている。政治における家父長制の反映としての，①議員としての知識・経験不足，②男性家族成員や政党男性候補者の身代わり，③女性の戦略的ジェンダーニーズの把握と政策形成に向けた超党派的議論の困難，④パンチャーヤト常任委員会委員長職における低い占有率，⑤女性枠が拡大されたことで，一般枠での立候補の機会の喪失，⑥三重の負担（家庭・コミュニティ・議会）である。

このように多元的かつ複合的なインド社会の権力分配における不平等是正で，分権化による政府と社会の挑戦は，数世紀にわたって形成されてきたジェン

クオータ制先進国

　クオータ制のクオータとは、「割り当て」という意味を持ち、政治の分野では、国会議員・地方議員や各種決定機関に占める男女の割合を指す。クオータ制の先進地域は、北欧諸国に多い。ノルウェーは、クオータ制発祥の地である。

　しかし、ノルウェーでも1969年当時の女性議員の割合は、わずか9.3％だった。1974年に自由党が初めてクオータ制を導入し、1985年に全国的にクオータ制が法制化される。翌1986年には初の女性首相が誕生した。2012年現在、国会・地方議員に占める女性の割合は約4割である。しかも国会で議決権のある7政党のうち、5党の党首が女性だ。女性大臣の比率も2007年には53％となり、初めて5割を超えた。現在、19名の大臣のうち10名（52.6％）が女性である。

　また、フィンランドは、女性が選挙権・被選挙権を共に獲得した世界初の国だ。以前は、フィンランドでも女性議員の比率は低かったが、1995年に、国と自治体の決定機関にクオータ制が導入されて以来、女性の政治参画が進んだ。2012年現在、国会議員総数約200名のうち43％が女性議員である。首相になった女性も2人いた。閣僚の男女比も約5割ずつで、全19名中、9名が女性大臣である。2000年に選出されたタルヤ・ハロネン大統領は、最初の女性大統領だった。

　地方議員は、首都のヘルシンキ市を例にあげてみると、市議85名のうち女性議員の割合は57％である。4人いる副市長のうち半分は女性だ。地方議員には議員報酬がないため、子育て中の女性は家事や育児との両立が難しく立候補しにくいという。そのせいか、国会議員に比べて地方議員の女性は少ない傾向にあり、地方へ行けばいくほど割合は低くなる。

　「国際女性デー2015院内集会」のデータによれば、2015年現在日本の国会議員に占める女性の割合は、衆議院9.5％、参議院15.7％である。また、内閣府の2014年のデータによると、地方議員は特別区で25.9％、政令指定都市16.5％、市議13.1％である。全ての都道府県に女性議員がいるものの、まだ4割近い町村に女性議員はいない。日本でも早くクオータ制を導入し、女性の意見を国政や地方行政に反映させなければ、真の経済再生はかなわないのではないか。

参考文献
川島典子（2013）「ソーシャル・キャピタルに着目した女性活用施策——フィンランドとノルウェーにおける女性支援施策の実態を通して」『日本ジェンダー研究』第16号、日本ジェンダー学会。

（川島典子）

ダーを含めた文化，社会制度，行動規範による制約の克服にかかっているといえる。今後，インドの女性たち——その多くが主婦たち——が，政治的経済的参加を通して「政治化」し一方で「小規模起業」をしていく過程で，ジェンダーや公私領域再編を伴った今後の社会変化が注目される。

注

(1)　指定カースト／指定部族とは，それぞれ不可触民諸カーストと後進諸カースト，および部族諸コミュニティを指す行政用語で，基本的人権の保障と差別禁止に加えて，教育や経済面で優遇する制度（留保制度）の対象となる。人口の約6割を占め，長く差別の対象となってきた。

(2)　国連経済社会委員会の定義による「ジェンダーの主流化（gender mainstreaming）」とは，あらゆる領域・レベルで，法律，政策およびプログラムを含む計画されているすべての活動で，男性および女性への影響を評価するプロセスを意味する。女性と男性が等しく利益を得て，不平等が永続しないようにするために，すべての政治的，経済的そして社会的な場において，男性の関心と経験と同様に，女性を政策とプログラムにおける策定，実践，モニタリングおよび評価の不可欠な次元に位置づけるための戦略である。究極の目標はジェンダー平等の達成にある。つまり，ジェンダー主流化とは，あらゆる政策，施策，事業等にジェンダー格差解消の視点を組み入れることを指す。

　　ILO による具体的な手法として，以下のような4つのプロセスを経ることが示されている。

　　　①女性のおかれている状況の把握，情報・統計の収集（ジェンダー統計）

　　　②結果の分析と問題点の抽出

　　　③政策の推進

　　　④政策の監査（ジェンダー監査）

(3)　物理学用語「critical mass：臨界質量」の政治学的社会学的転用で，社会変化をもたらすのに必要とされる数量（決定的多数）を指す。インドにおける政治的クリティカル・マスの議論については，Buch（2005, p. 346）を参照。

(4)　「ダウリー」とは，婚姻時の持参金・持参財を指す。近年高額化するダウリーをめぐり，花嫁が婚家から受ける暴力が社会問題化している。また「サティー」とは，夫に先立たれた未亡人が，夫の火葬の際にともに殉死する風習を指す。

(5)　この報告書は，初めて実施され整備された性別統計から，女性の社会的地位が独立当時より後退している実態を指摘した（Government of India, 1974）。

(6)　中心的課題として，①経済的エンパワーメント，②女性に対する暴力のさらなる撲滅，③健康と教育に重点をおいた女性の社会開発，④関係各省，機関や組織におけるプログラム，政策，制度やその策定過程におけるジェンダーの主流化，⑤草の根レベルにおける計

画やプログラムによる利益要請をもたらす意識高揚やアドヴォカシー活動，が掲げられている。

(7) Ramachandran (1996)；Buch (2005) 参照。

(8) Buch (2010)；Singla (2007) 参照。

(9) Buch (2010) 参照。

(10) Eapen (2007) 参照。

(11) Integrated Rural Technology Centre (2004) 参照。

(12) PPC に関しては Isaac and Franke (2000)，分権化の10年後の評価に関しては Oommen (2007) を参照。分権化と女性・ジェンダーについては Eapen (2007)，Devika and Thampi (2008)，Vijayan (2007)，喜多村 (2008) などを参照。

(13) ジェンダー予算とは，ジェンダー平等の実現を目的とし，予算策定プロセスのすべてにジェンダー視点を組み込み，収支の再構築を図り，予算をジェンダーに基づいて評価するものと定義される。ジェンダーの主流化を実現する重要な方法として，1995年の北京会議で提唱され，現在世界60カ国で導入されている。

(14) Isaac (2005) 参照。

(15) 女性資料センター（ティルヴァナンタプラム市）。州分権化策導入後，SDC CapDeck（スイス開発協力庁の「ケーララ州における分権化のための能力開発」プログラム基金による時限付き NGO）と共催で，女性議員支援を集中的に実施してきた女性 NGO。パンチャーヤティ・ラージ制，議員，ジェンダー予算，など主要なハンド・ブックやマニュアルを出版。女性議員向けトレーニングには，ガヴァナンスと開発政策，健康，暴力とジェンダーなどが含まれる。数村に女性プロジェクトとしてジャグラタ・サミティ（ジェンダー調停室）の設置と指導を行っている。質問紙調査は，2008年女性議員150名を対象に数回にわたって行われた新計画年度開発プロジェクト策定に関するワークショップで実施された。

(16) 女性議員間のネットワーキングの有効性については，タミル・ナードゥ州の女性議員連盟について Palanithurai ら (2009) が記述し実証しているが，連盟自体は設立6年後に解散している。

(17) この中堅女性議員と，元議長である女性議員の間で，最後まで党指名をめぐる確執があり注目される。

(18) WCP によるプロジェクト評価に関して，戦略的ジェンダーニーズが反映されず，他のプロジェクトが紛れ込む点を Vijayan (2007) が，旧来の性別役割分業の延長上である点を Eapen (2007) が指摘している。クトゥンバシュリに関しては，女性のエンパワーメントというより貧困削減を一義的な目的とした女性労働の活用，さらに家庭領域の州行政への包摂という批判が Devika ら (2007；2008) によりなされている。Devika の批判に対する筆者の見解は，多くの主婦層がネットワーキングと起業を通じて生活を活性化させていることから，女性議員の活動も含め，ジェンダー関係再編に働く可能性をもった「社会参加」と捉えている。

⒆ CPM 幹部の筆者のインタビューで党村落委員会に女性委員が皆無である点を指摘した後，初めて女性委員が 3 名誕生したことから，少しずつ変化はみられる。

⒇ 女性枠50％の拡大措置に関しては，女性議員による職務遂行への積極的評価とする一方で，現行枠33.3％ではジェンダー格差是正が不十分という認識も働いているとする意見もある（前ケーララ州計画委員会イアパン女史との会見から）。

引用文献

喜多村百合（2004）『インドの発展とジェンダー――女性開発 NGO による開発のパラダイムシフト』新曜社。

喜多村百合（2008）「ケーララ州の地方分権化と女性の政治経済参加」『筑紫女学園大学短期大学紀要』No. 4, 109-118頁。

喜多村百合（2011）「進むローカルガヴァナンスのジェンダー化――ケーララ州のパンチャーヤティ・ラージと女性の政治参加」『現代インド研究』第 1 号，89-106頁。

近藤則夫編（2009）『インド民主主義体制のゆくえ』アジア経済研究所。

Baviskar, B. S. (2005) "Impact of Women's Participation in Local Governance in Rural India," L. C. Jain (ed.) *Decentralisation and Local Governance*, Orient Longman, pp. 329-342.

Buch, Nirmala (2005) "Decentralisation and Local Governance," L. C. Jain (ed.) *Decentralisation and Local Governance*, Orient Longman, pp. 343-365.

Buch, Nirmala (2010) *From Oppression to Assertion*, Routledge.

Devika, J. et al. (2008) "Gendering Governance or Governing Women? Politics, Patriarchy, and Democratic Decentralisation in Kerala State," *India*, CDS Report.

Devika, J. and Binitha B. Thampi (2007) "Changing Regimes of Empowerment and Inclusion in the Public : Women and the Kudumbashree in Contemporary Kerala," M. A. Oommen (ed.) *A Decade of Decentralisation in Kerala : Experience and Lessons, Institute of Social Science*, Har-Anand Publications Pvt Ltd, pp. 175-208.

Devika, J. and Binitha B. Thampi (2008) "Gendering Governance or Governing Women? Politics, Patriarchy, and Democratic Decentralisation in Kerala State, India," Final Report. Center for Development Studies.

Eapen, Mridul (2007) "Gender Budgeting and Decentralized Governance," M. A. Oommen (ed.) *A Decade of Decentralisation in Kerala : Experience and Lessons, Institute of Social Science*, Har-Anand Publications Pvt Ltd, pp. 209-244.

Government of India (1974) *Toward Equality : Report of the Committee in the Status of Women in India*, New Delhi : Department of Social Welfare, Ministry of Education and Social Welfare.

Integrated Rural Technology Centre (2004) *Gender Profile in Kerala*, Ministry of Women & Child Development, Ministry of Human Resource, GOI.

Isaac, T. M. Thomas (2005) "Women Elected Representatives in Kerala (1995-2000) : From

Symbolism to Empowerment," L. C. Jain (ed.) *Decentralisation and Local Governance*, Orient Longman, pp. 366-416.

Isaac, T. M. Thomas and Franke, R. W. (2000) *Local Democracy and Development : People's Campaign for Decentralised Planning in Kerala*, Left Word.

Mukhopadhyay, Swapna (eds.) (2007) *The Enigma of the Kerala Woman : A Failed Promise of Literacy*, Social Science Press.

Omvedt, Gail (1998) "Disturbing Aspects of Kerala Society," BCAS. 30 (3), pp. 31-33.

Omvedt, Gail (2004) "Disturbing Aspects of Kerala Society," Ananthapuri Message Board.

Oommen, M. A. (ed.) (2007) *A Decade of Decentralisation in Kerala : Experience and Lessons*, Har-Anand Publications Pvt Ltd.

Palanithurai, P. et al. (2009) *Networking of Elected Women Representatives at Glassroots*, Concept Publishing Company.

Ramachandran, V. K. (1996) "On Kerala's Development Achievements," Dreze, J. and Sen, A. (eds.) *Indian Development : Selected Regional Perspectives*, Oxford University Press, New Delhi, pp. 205-356.

S Gram Panchayat (2009) *Facts & Figures*.

SAKHI (2004) *Gender and Decentralised Planning Kerala India*, SAKHI.

SAKHI (2009) *SAKHI Newsletter*, Volume 13, Issue 2 (in Malayalam), SAKHI.

Singla, Pamela (2007) *Women's Participation in Panchayati Raj : Nature and Effectiveness-A Northern India Perspective*, Rawat Publications, pp. 260-273.

Uma, Devi (1994) *Women, Work, Development and Ecology*, Har-Anand Publications.

Vijayan, Aleyamma (2007) "A Decade of Gender Mainstreaming in Local Governance in Kerala," M. A. Oommen (ed.) *A Decade of Decentralisation in Kerala : Experience and Lessons*, Har-Anand Publications Pvt Ltd, pp. 141-174.

Williams, Michelle (2008) *The Roots of Participatory Democracy Democratic Communists in South Africa and Kerala*, Palgrave Macmillan.

Ministry of Panchayati Raj   http://panchayat.nic.in/   2011年8月アクセス。

State Poverty Eradication Mission   http://www.kudumbashree.org/   2011年8月アクセス。

（喜多村百合）

240

第11章　ベトナムにおけるジェンダー

1　ベトナムのジェンダー分析のための4つのキーワード

　ベトナムの歴史をみると，紀元前111年に前漢によって南越国が滅ぼされて以来，中国の直接支配を受けたが，それが983年に終わった。しかし，その後も中国の影響を朝貢貿易を通じて間接的に受けてきた。その後，1859年フランスによってサイゴンが支配を受けてからフランスの植民地となった。第二次世界大戦中に日本の軍政が敷かれたが，1945年9月に独立宣言を行った。ところが戦後再びフランスの支配を受けた。独立運動の結果，北緯17度線を境として1956年南北ベトナムに分かれた。その後ベトナム戦争が勃発したが，1975年に終結して，1976年に南北統一が実現してベトナム社会主義共和国が成立した。急速に社会主義経済を推し進めたが，10年もたたないうちに立ちいかなくなって，1986年ドイモイ政策を採用して市場経済化を導入することになった。その成果として21世紀に入って，高い経済成長を実現しつつある。

　以上のことからベトナムのジェンダーを考察する上で4つのキーワードが存在することを示しておきたい。[1]第1点はベトナムが東南アジアに所属する国であり，東南アジアでは社会の基層に母系制や双系制（家母長制）がみられ，比較的に女性が男性と同等の地位をもつ世界であった。特にベトナムでも南部にいくほど，その傾向がみられた。それに対して北部は中国の影響が強く，儒教にみられる男尊女卑の考え方が広がっている。つまり父系制社会がみられる。これが第2点である。第3点は，第二次世界大戦後から今日まで社会主義体制を維持しており，社会主義の建前として男女平等を標榜し，また長期間の戦争によって女性も男性と同様に生産活動に従事していかなければ国を維持できない状況にあったことから，女性の発言力が強くなった。男女が平等とまではい

えないが，女性の地位が比較的男性に接近しているということがいえる。第4点は，ドイモイ政策実施後，経済格差が生まれており，それが男女格差を広げる動きとなってきている。以上をまとめると，基層社会としての母系社会や双系制社会，その上に儒教の男尊女卑の考え・父系社会と社会主義の発想からくる男女平等の考え，さらに市場経済化の進展による男女の格差の拡大があり，これらの4点が多重構造となってジェンダー問題に影響を与えている。この4つのポイントが時代や地域，問題領域によって，どう現れてくるかによって，ベトナムのジェンダーの特徴が示されてくる。したがって，ベトナムのジェンダーは極めて複雑な様相を呈していると思われる。

　ベトナム全体のジェンダーの状況を示す指標として世界経済フォーラム（ダボス会議）が発表しているジェンダー・ギャップ指数がある[2]。世界開発計画が発表しているジェンダー・エンパワーメント指数があるが，これはそれぞれの国の社会・経済発展の程度が反映され，ジェンダー以外の要素が入ってくるために，男女の格差がはっきりしない。それを避けるために開発された指数がジェンダー格差指数である。指数は経済，教育，健康，政治の4つの分野を対象としている。経済では労働力人口，賃金，管理職の男女比，教育では識字率，初等教育，中等教育，高等教育の男女比，健康は平均寿命と出生時の男女比，政治では議会での議員，閣僚の男女比をもとに計算されている。それによると，ベトナムは2007年には42位，2008年には68位，2009年には71位，2010年には72位と下がってきている。4年間の調査からは，確定したことはいえないが，2008年以降，国別順位が下がってきていることを示している。その原因は女性の労働力率の低下（2007年77％から2010年74％），男女の賃金格差の拡大（2007年0.71であったのが2010年0.69），閣僚の女性の割合の低下（2007年0.13が2010年0.04）である。それでも日本よりは高い位置にある。

　以下で個別の分野ごとにベトナムのジェンダー問題をみていこう。

2　政治の分野

　ベトナムは共産党の一党独裁体制が維持されている[3]。共産党員は人口の約3

％しかいない。そのうち女性は12〜13％しかいない。ベトナムの政治を動かす
中枢である共産党の中で女性はまだ少ない。政治の意思決定の場として国会が
通常あげられ，女性議員がどれだけいるかが問題とされているが，ベトナムで
は国会より共産党が政治の実権を握っており，そこでの女性の割合が少ないこ
とは，政治の場での意思決定に女性の参加する割合が少ないことを意味してい
る。かつてベトナム北部農村では村落の行政や祭礼はすべて男性によって実施
され，女性は排除されていたが，その時代の考えが今も残っていると思われる。
ここに父系社会の特徴がよく現れている。しかし，少しずつ変化がみられ，共
産党指導部である政治局には1996年になってはじめて女性が１名参加している。
それ以来１名女性が加わっている。2011年１月の第11回党大会では14名の政治
局員が決定され，そのうち女性は１名であった。女性に配慮して１名を政治局
に入れているが，それより多くはならない。共産党主席，書記長，首相の三者
の集団指導体制が続いているが，これらの地位についた女性はいない。副主席
や副首相についた女性はいる。男性が正で女性が副という感じでポストを設定
している。いいかえれば，表向きの外の政治の場では，男性が実権を握ってい
るといえよう。これまで高い地位についた女性はベトナム女性同盟でも高い地
位についていた女性であった。女性が政治的に活動できる舞台はベトナム女性
同盟しかなかったことの反映でもある。

　国会における女性議員の割合をみてみよう。[4]

第１期（1946-1960）	11名	2.7％	
第２期（1960-1964）	49名	11.6％	（北ベトナムだけでの選挙）
第３期（1964-1971）	79名	18.0％	
第４期（1971-1975）	126名	29.8％	
第５期（1975-1976）	137名	32.3％	
第６期（1976-1981）	132名	26.8％	（これ以降は統一ベトナムでの選挙）
第７期（1981-1987）	159名	21.8％	
第８期（1987-1992）	88名	17.7％	
第９期（1992-1997）	73名	18.5％	
第10期（1997-2002）	118名	26.2％	

　　　　第11期（2002-2007）　　136名　　27.3％

　　　　第12期（2007-2011）　　127名　　25.8％

　　　　第13期（2011-2016）　　122名　　44.4％

　2001年の第9回共産党大会で男女の格差を是正する政策を決議し，第12期の国会議員選挙では，祖国戦線が女性議員を3割にする方針を示したこともあって，女性議員の割合が2割を超えている。国会では立法を制定することが中心の仕事であるが，過去には共産党の政策をただ承認するだけの役割を担ってきた。最近では法案が実質的に審議されてきており，その役割は高まっている。

　女性議員の割合を高くしようと思えば可能にする仕組みがある。ベトナムでは国会議員選挙に立候補するには祖国戦線の許可を得なければならない。女性議員を増やすためには女性立候補者を増やす必要がある。クォーター制を採用していないが，女性立候補者に許可を意図的に認めれば，クォーター制を導入したのと同じ効果をもちうる。中選挙区制なので，当選者数より少し多めの立候補者に許可を与えているが，その時女性に優先的に許可をすれば，女性立候補者の数を増やすことができる。投票率は100％に近い数字であり，ある程度どの候補者が当選するか予測できる。このように女性議員を当選させることが可能な独特の仕組みが存在する。これぞアファーマティブ・アクションであり，女性議員を増やすことによって，女性を政権内に取り込み，共産党の一党独裁体制を維持するという戦略となっている。

　女性の進出で特徴的なのは司法への進出である。裁判官には3割ぐらい，検察官や弁護士も女性が2～3割を占めている。法学部には女子学生が半分を占めていること，共稼ぎが多いベトナムを考えると女性は司法分野に進出する傾向がある。というのは，司法は立法，行政，政治の分野と比べると弱い位置にある。だからこそ女性が進出しやすい。強い権力をもちたい男性は他の分野に進出するので，司法が女性進出に向いた分野となっている。しかし，ドイモイ政策の採用によって，法治国家を目指しているベトナムでは司法部門の強化が求められており，今後は状況が変わる可能性を秘めている。

　行政分野をみると，2009年で女性大臣は12.5％，女性副大臣は9.15％，局長クラスで12.2％となっている。行政では男性が長の地位にあって，女性が副の

地位にある。ということは男性が指導権を握っていることになる。

3　労働の分野

　社会主義時代は皆平等に貧しかった。まさに皆で「貧しさを分かち合う」状態であった。貧しさのために相互扶助によって生活を支えていた。つまり，配給制度によって最低限の生活が保障され，貧富の格差が出ることはなかった。この制度は「バオカップ」と呼ばれていた。しかし，ドイモイ政策が採用されてからは，貧富の格差が広がっているとされている。それに対して，ジェンダーによる格差も同じ傾向にあるのであろうか。

　労働力の男女差をみてみよう。ベトナムでは男性の場合は15歳から60歳，女性の場合は15歳から55歳までが労働力として統計の対象になっている。女性は5歳早く労働市場から引退するのが慣行となっているためである。日本ならば5歳の差は，合理的根拠がないかぎり，男女平等の原則に違反しているが，ベトナムでは合理的根拠があると判断されている。それは，女性が5歳早く年金を受給できることと，現段階で55歳を迎える女性は，若い頃ベトナム戦争で苦労したために5歳早く労働市場から引退することを認め，楽をさせてあげることができる。これは女性のこれまでの貢献に報いるものであり，合理的根拠があるとされている。

　ベトナムの労働力率は2003年の統計では男性75.8％，女性68.5％で，若干女性が低いだけである。これはベトナムの女性は男性とほぼ同様に働いていることを意味する。年齢別の労働力率をみると，きれいな台形になっており，日本のM字型のように，出産・子育ての時期に労働市場から引退するということはない。これは祖父母や父母，その他の血縁者から子育ての手伝いを得ることが可能だからである。ベトナムではまだ公的な子育ての施設は十分に普及していないが，血縁者による相互扶助の仕組みが生きている。

　産業別の労働力をみてみると，2006年の統計では，第1次産業55.34％，第2次産業18.86％，第3次産業25.8％となっている。ベトナムは農業部門の従事者が最も多いが，しだいに減少しつつある。それでも過半数を超えている。

これに対して，第2次産業および第3次産業の従事者が少しずつ増加している。

　「ベトナム雇用動向2009」によると，2007年の女性の雇用状況は，賃金労働者45.9％，自営業者34.8％，家内労働者61.1％，その他26.2％という構成になっている。[7] 自営業者と家内労働者の中には農業やそれの手伝いで働いている者，第3次産業の中でインフォーマル・セクターで働いている者が含まれている。例えば，都市部では天秤棒を担いで物売りをしたり，道端で物を売ったり，食べ物を売ったりしている人たちである。この人たちは不安定な収入しか得られない。女性の労働力率は男性と同じぐらいであるが，その内容をみるとインフォーマル・セクターのような不安定な仕事に従事している女性が多く存在する。

　男女の賃金格差をみてみよう。国連開発計画の人間開発報告書（Human Development Report）の2006年版をみると，1991年から2004年までの女性の賃金は男性の71％で，160カ国中で12位である。2009年版でも2007年段階での女性の賃金は男性の69.4％となっている。国際労働機関の2010年総会のときに提出した報告書「Gender Equality at the Heart of Decent Work」によれば，2005年段階で女性の賃金は男性の70％である。日本と比べると，格差は少ないが，格差は厳然と存在する。

　後述するように，ベトナムは低賃金政策を採用してきたが，ドイモイ政策によって社会主義市場経済化を進めた結果，2000年代中頃以降，7～8％の経済成長率を達成している。その一方でインフレ率も上がる傾向を示している。当然国民の間で賃金を上げる要求が強まってきている。それが最もよく現れたのは2008～2009年にかけてストライキ件数が急増したことである。ベトナムでは社会主義国にもかかわらず，ストライキが一定の手続きを踏めば可能である。しかし，実際には組合員の一部が組合の意向とは関係なく勝手にその手続きを踏まないでストライキに入っているために，山猫ストライキであり，違法なストライキとなっている。[8] 組合は社会主義体制を維持するために重要な役割を担っており，生産性を低下させるストライキを先導することはありえないからである。政府はインフレによって生活が苦しくなってきていることを考慮して最低賃金を上げてきている。

　2011年10月実施の最低賃金から外資系企業と国内企業との格差をなくして，同じ額の最低賃金額が適用になった。それまでは外資系企業の最低賃金額が高くなっていた。これは外資系企業と国内企業とで差をもうける二重格差制度を訂正したことになる。新しい最低賃金額を以下に掲げる。

	2013年	2014年	2015年
地域Ⅰ	235万ドン	270万ドン	310万ドン
地域Ⅱ	210万ドン	240万ドン	275万ドン
地域Ⅲ	180万ドン	210万ドン	240万ドン
地域Ⅳ	165万ドン	190万ドン	215万ドン

　この最低賃金で生活できるであろうか。ベトナム人は朝食にフォーを食べている。フォーはハノイでは8000ドンぐらいしている。それを毎日3食食べるとすると，それだけで1カ月72万ドンする。家族4人いると288万ドン必要になる。夫婦共稼ぎでも最低賃金額ならば，ハノイでは310万ドンの収入にしかならない。これでは生活は厳しい。そこで労働者は2つないし3つの仕事をかけもちせざるをえない。技能レベルの低い単純作業を繰り返す労働に従事している者に最低賃金が適用になっているが，この場合，夫だけの収入では生活できないので，妻も働かざるをえない。専業主婦という存在は，夫が企業経営や専門職・管理職として高収入をあげているという例外的な場合にしかありえないことになる。[9]

　女性労働についての法規制をみてみよう。[10]平等と保護の関係がどうなっているかに注目して検討してみよう。1994年労働法典第109条から第118条までに女性労働の定めが規定されている。母性保護のために，妊娠7カ月から生後12カ月までの子どもを育てている女性を残業，深夜労働，遠隔地での勤務を禁止している。妊娠7カ月に達した女性には賃金を満額保証して軽易な業務への転換，労働時間を1～2時間短縮することを認めている。12カ月までの子どもを育てている女性に60分の授乳時間を有給でとることができる。産前産後の休業を有給で4～6カ月間認める。その期間は業務内容，地域の特性によって決められる。多胎妊娠の場合は2人目から30日が追加される。この間は給与が100％支給される。さらに，それ以上の休暇をとりたい場合は，無給で産後休暇をとる

ことができる。産後休暇2カ月後，医師の診断で健康に悪影響がない場合には，職場復帰ができる。妊娠中の危険有害業務への従事を禁止している。鉱山の地下や水中での業務も禁止されている。就労内容が胎児に悪影響を与えると医師が判断すると，女性労働者側で一方的に労働契約を解除できる。生理中の女性は有給で1日に30分間の休みをとることができる。女性の更衣室，浴室，便所の設置が義務となり，多数の女性が雇用されている場合には，保育園や幼稚園の設置やそれに必要な費用の負担が雇用主に求められている。

　雇用平等に関する規定は次のものがある。女性への差別禁止と尊厳や名誉を棄損する行為の禁止，募集，雇用，昇進および報酬の平等な取り扱い，結婚，妊娠，出産，12カ月以下の子どもを育てていることを理由とする解雇の禁止が定められている。

　女性優遇措置も定められており，男女ともに適するポストに女性を優遇すること，女性を多く雇用する場合の減税措置がある。

　労働法典の規定だけみれば，日本と比べても母性保護，女性労働の保護が厚くなっている。平等も保護も雇用主に求められている。これは社会主義国の男女平等の建前を法律に定めたものと思われる。しかし，問題はそれらが法律どおりに実施されていないことである。例えば，妊娠，出産には企業側の負担が増えるために，妊娠すると退職勧告をして強引に退職させてしまうことがある。それでも女性の労働力率がM字型にならないで台形になっているのは，インフォーマル・セクターや農業に従事したりして何らかの収入を得る活動を行うからである。女性の就労意欲が非常に高いからである。職場生活と家庭生活の調和（ワーク・ライフ・バランス）を求めることも基本政策とされているが，生活のために2～3つの仕事をもっている場合が多く，仕事と家庭の両立も難しい状況にある。

4　教育の分野

　ベトナムは識字率が高いことで知られている。2003年の段階で，男性は95.5％，女性は91.4％となっている。男性と比べて女性の識字率が低いことは

男女の格差があることを示しているが，その格差が小さい点に特徴がある。

　なぜ識字率が高いのか。それは漢字を使わず，ローマ字を使って文字を表現しているためである。ベトナム語の発音をローマ字で表記する方法は「クオックグー」（国語）といわれている。ローマ字表記を編み出したのはカトリックの宣教師で，17世紀の中頃には体系化されていた。その頃はキリスト教布教の手段として使われていた。これを普及させたのが19世紀後半のフランス植民地政策であった。フランスはベトナムを統治するために，フランス語の普及とベトナム語のローマ字表記の普及に努めた。第二次世界大戦まではベトナムの約9割の人は非識字者であったが，1945年9月の独立宣言以後，ベトナムはローマ字表記を公用語としたことから急速に識字率を高めることができた。このベトナム語は短期間で習得しやすいためである。このおかげで教育制度の普及を進めやすくなった。

　現在の教育制度は5‐4‐3‐4制が採用されている。初等教育での就学率は2001〜05年の統計では，男子91％，女子97％と女子のほうが高くなっている（ユニセフ『世界子ども白書　2007』）。中等教育では男子72％，女子67％，高等教育では男子11％，女子9％となっている。上級学校にいくほど男子のほうが高くなっている。

　ベトナムでは教育の量的拡大だけでなく，質的向上も課題となっている。教育で問題となっているのが，少数民族の女子教育である。少数民族は貧困層が多く，子どもに教育を受けさせる場合，男子を優先し，女子をあとまわしにする傾向がある。その結果，学校を途中でドロップアウトするのは女子が多い。少数民族はキン族と比べて不利益を受けやすいが，特に女子が教育を受ける機会が少なく，労働力として低く評価されがちである。そのために少数民族の女子が都市部に働きにきても，未熟練労働者として低賃金で働かざるをえない状況にある。さらに教育を受けられなかった少数民族の女子は，騙されて人身売買の犠牲になる可能性が高くなっている。

　ドイモイ政策の実施後，貧富の格差が大きくなって，男女の差より貧富の格差が教育の格差を生み出している。貧困層では家計補助のために，男子より女子を働かせる家庭が多いために，女子が教育を受ける機会が少なくなる傾向に

ある。ここには男尊女卑の考えが残っている。さらに貧富の格差は教育の質にも影響を与えている。初等教育では都市ではしだいに2部授業がなくなっているが，山間部では崩れかけた建物の中で2部授業が行われている。さらに都市部では私立学校で質の高い教育が行われるが，山間部では公立学校に通うのがやっとという状況にある。貧困層の女子の教育をどうするかが今後の問題である。

5　家庭内でのジェンダー

　ベトナムでは家庭の中では女性の地位が高いとされている。儒教の男尊女卑の考え方でいけば，女性には「三従の道」と「四つの美徳」が求められている。前者は子どもの時には父，結婚すれば夫，老いたら長男に従うことを指す。後者はよく働き，よい表情，よい話し方，よい性格の4つの美徳が女性に求められることを意味している。その結果，男性は外で働き，女性は家事と子育てという役割固定の考えが強い。これは父系社会の考え方を表している。しかし，ベトナムでは近代以前でも女性に相続権が認められていたことが報告されており，女性は「家庭の宰相」として家庭内で実権を握っていたことが知られている。ここでは基層社会での双系制が示されていると思われる。

　社会主義時代には，フランスや日本との戦争，アメリカとの戦争と長期間にわたり継続した戦争のために，女性も家の中だけでなく，外で働く必要が生じた。成人男性は戦争に駆り出されたために，女性が生産活動を支えていかなければならなかった。そこで，女性も外で働き，夫婦共稼ぎをするのは当たり前となっている。それに拍車をかけたのが，社会主義政権のもとでの低賃金政策である。社会主義時代には国有企業は国の財政によって規制を受けており，従業員の賃金も財政によって決められていた。その当時国自体が貧しかったために財政も乏しく，低賃金しか払えなかった。夫婦2人の収入によって一家の生活を支えていかざるをえない。筆者がベトナム・ハノイに住んでいる頃，天秤棒を担いで物売りをしたり，道端で食堂を運営しているのは女性が圧倒的に多いのに気がついた。インフォーマル・セクターで少しでも稼いで家族を支えよ

うとする生活力の旺盛さに感嘆した経験がある。これを経済的に自立して社会進出を目指そうとする女性とみなすことができるであろうか。そうではなく，これは良妻賢母になろうと頑張っている姿ではなかろうかと思われる。[12]

　ベトナムでは結婚する場合，妻の姓はそのままで変わらない。子どもの姓は夫に合わせる。これは中国や韓国と同じである。ここでも儒教による父系社会の影響が残っている。しかし，ベトナムの婚姻・家族法は1955年に制定され，その後改正されているが，夫婦平等の原則を維持している。夫婦間の相互の協力・扶助義務を定め，重婚や不倫を禁止している。婚姻後の財産の共有制を認めており，男女で相続する権利に差別はない。制度上は男女に差がない。しかし，実態はそのとおりではない。例えば夫婦共有の財産が認められているが，実際には夫の名義となっていて，離婚の際に妻が不利になる場合がある。

　以上のように，基本的に夫婦平等の原則が定められていても，それが守られていない場合もあるが，このことが女性の家庭内での力を強めていった。公的な場では男性が力をもっているが，家庭内では女性が力を発揮している。そこで表では夫を立てつつ，妻が陰で夫を動かし，実権を握るという構図ができあがる。気の弱い夫からすれば，恐妻社会とか女性上位社会・かかあ天下といわれる状態になってくる。それは良妻賢母となることが理想とされている状況の現れと思われる。いいかえれば，女性の社会的自立が実現されているとはいえないと思われる。

　ベトナムでは，夫から妻や子どもに対する家庭内暴力が大きな問題となっている。2010年の「ベトナムにおける女性に対する家庭内暴力国家調査」によれば，既婚女性の34％が配偶者から暴力を受けている。[13]これは妻や子どもが過ちを犯せば，体罰が必要だという考えがベトナムにあるからとされている。これは家父長制の現れとみることができよう。妻の家庭内での強さがありながら，一方では家庭内暴力にさらされている。夫の酒，薬物，浮気が暴力の主な原因とされており，それが離婚原因の半分を占めている。女性の家庭内での力が大きくなっても，男性の家庭内での暴力行使を無視できない状況にあることを示している。

　家庭内暴力防止管理法が2007年11月21日成立し，2008年1月1日から施行さ

れている。[14]家庭内暴力は個人の問題であって，国や地域社会が介入すべきでないという抵抗があったが，法律制定にこぎつけた。後で述べる男女平等法の中でも「性を理由とする暴力」を禁止しているが，それをより具体的に定める法律として制定された。

子ども，女性，高齢者という弱者に対する肉体的・精神的な暴力，意図的な疎外，性的虐待，強制的な幼児婚，家族員の私物を損壊すること，家族員にもっと稼ぐことを強制すること，家族員を住居から追放すること等が家庭内暴力として禁止されている。被害者の保護，加害者への教育施設送致を含む行政処分や罰金や禁固刑の刑事罰，さらに損害賠償責任が課せられている。

紛争はまず地域社会の調停（調停組）によって解決し，それでも処理できない場合に，裁判所によって被害者との接触を4カ月未満の期間禁止する命令を出すことができる。

しかし，被害者を保護する施設は少なく，その保護が不十分である。この法律を知ってもらうための広報が十分ではないのが現状である。この法律の施行を援助するためにスペインからの支援を受けている。

ベトナムには年に2回「女性の日」がある。3月8日の国際女性の日，10月20日のベトナム女性同盟創立（1930年）の日である。この日は職場や家庭で，男性が女性に感謝の気持ちをこめて花を贈るならわしになっている。これは，フランスの影響を受けた「ギャラン」と呼ばれる男性が女性に尽くす精神を表した行事である。ただし，これが一般化したのはベトナム戦争後の1990年代以後である。経済的に豊かになってきたことと，さらにこの風習が広がったのは，花を売る業者の策略でもあるが，男性が女性の日頃の職場や家庭での貢献に感謝しつつも，女性にご機嫌うかがいをしている男性の卑屈な姿勢も感じられる。花を贈らないと女性から睨まれるのを恐れて贈っている感じもある。日頃は男性優位であるが，この2日だけは女性に感謝するという日になっていると解釈できなくもない。この日は花の値段が2倍や3倍にも跳ね上がるにもかかわらず，花を贈る習慣の中に，ベトナムの男女や夫婦の複雑な関係が示されていると思われる。

6　ジェンダー格差解消政策

　ベトナムは社会主義政権であり，男女平等の実現を国の基本方針としている。これは1992年制定の現行のベトナム憲法に男女差別を禁止する規定を定めているが，最初の1945年制定のベトナム憲法にも同様の規定が設けられていた。そのために女性の地位向上のための国家協議会を設置している。1985年に組織された「女性の10年のための国家協議会」は1993年に「女性の地位向上のための国家協議会」に組織替えされた。この国家協議会は関係する省と大衆団体の18の代表によって構成され，ベトナム女性同盟の会長が委員長となった。副委員長は外務省と教育訓練省の副大臣が就任した。これは首相の諮問機関として設置され，この国家協議会のもとに，各省に女性の地位向上委員会が組織されている。それらが女性の地位向上の政策を策定する権限をもっている。

　2000年にこれからの10年間の国家戦略が策定され，労働・雇用，教育，健康，女性の意思決定の場への参加，関係する機関での能力向上の5つの分野で，女性の権利の実現を目指すことが決められた。これは包括的貧困撲滅戦略と社会経済発展計画とに関連させられており，女性の地位向上によって社会経済の発展と貧困撲滅を目指している。具体的な行動計画が5年ごとに策定されているが，その中で，国会の常任委員会の決定によって男女平等法を制定することになった。

　男女の格差を解消するための基本法として2006年11月に男女平等法が制定された。これは2007年1月1日から施行されている。この法律制定の中心になったのはベトナム女性同盟である。これは1930年に創設され，会員約1300万人というベトナム最大の大衆団体である。祖国戦線の有力な構成組織である。大衆団体といっても，政府から財政支援が提供されており，準政府機関ということができる。祖国戦線とその構成組織は法案をつくって国会に提出する権限が1992年憲法第87条によって認められている。この点に社会主義国ベトナムの特徴が現れている。この男女平等法案の作成にはアジア開発銀行が支援をし，フィリピンの女性が顧問として女性同盟のオフィスに常駐していた。法案作成

に10カ国の法律が参照されたが，日本の男女共同参画社会基本法も参考にされたという。女性同盟の中の法政策局に22名からなる起草委員会（うち男性8名）が設置され，そこが法案づくりの中心となった。

　この法律を制定する前提として，ベトナムではまだ男女平等が実現していないという認識があった。先に述べたように，女性の地位の向上を示す事態はみられるが，まだ平等というには不十分であると認識されていた。そこで政治，経済（労働も含む），社会，家庭の4つの分野で男女平等の実現を目指した。

　この法律の内容を整理しておこう。6章44条からなっている。この法律にはベトナムのジェンダー対策の方向が示されている。この法律では基本的な事項しか定められていない。詳細は下位の規範に委ねられ，3つの政令が発布されている。

　第1章では，6つの基本原則を定めており，社会や家庭生活での男女平等，男女の差別禁止，男女平等実現のための方法，母性保護の政策，発展政策の中でのジェンダー主流化の確保，組織，家族，個人が男女平等を推進する責任を負っていることの6点を明記している。

　第2章では，社会や家庭での男女平等が定められており，具体的に政治参加の場での平等を定める。男女とも国会議員，人民委員会委員，その他の組織の役員に立候補するのは平等であること，組織内での昇進を認める資格や年齢は男女同じとすること，国会や人民委員会には女性に一定割合を保証すること，政府機関に女性を一定の割合で保証することを求めている。

　経済分野では男女とも事業を立ち上げ，経営を行うのは平等である。女性労働者を雇用する企業には税制や財政の支援を認める。農村女性には農林水産業を広げるために金銭の貸出を認めるという特別の保護を認める。

　労働分野では，募集・採用，賃金，社会保険，労働条件，昇進などでその資格や年齢を男女同じとする。しかし，積極的措置として，男女での募集の比率の設定を認めたり，女性労働者だけへの訓練を認めたり，危険かつ重労働な仕事に従事する女性のため安全な労働環境整備を課すことを認める。

　教育分野では，男女とも教育や訓練を受ける年齢は同じである。積極的措置として，36カ月未満の子どもを育てている女性の訓練には援助を与えること，

訓練を受ける場合，男女の比率を定めること，訓練を受ける農村女性には支援を行うことを定めている。

　科学技術の分野では，男女とも科学技術に接する平等の機会があり，訓練を平等に受けられるようにすることが定められている。

　文化・情報・スポーツでは，男女平等に参加し，享受できることを定めている。

　公衆衛生の分野では，介護，出産，保健所利用に関する訓練を男女とも平等に受け，HIV やエイズ，性感染症予防のための安全なセックスのために避妊の選択が平等に行われることを定める。積極的措置として，山間部の少数民族の貧しい女性が出産する場合に政府が支援を行う。

　家庭では，妻と夫は結婚や家庭責任で平等であり，共有財産，収入を使うに当たって平等の権利義務を有する。家族計画や子育ての休暇の利用を決める場合，男女平等で行う。男の子も女の子も平等に教育を受け，仕事や勉学の機会も平等に与えられる。

　第3章では，男女平等実現の手段として，ジェンダー平等の主流化を法規範の中で実現すること，そのために法規範を起草する機関がジェンダー平等主流化の責任を負うことを定める。国会はそれを監視する役割を担っている。ジェンダー平等を高めるために情報・教育・広報が重要になる。そのために出版，放送，テレビを活用し，財政措置を講じる。

　第4章では，政府，地方政府，省，人民委員会，祖国戦線とその加盟団体，ベトナム女性同盟，政治団体や社会団体，家庭，個人の責任をそれぞれ定めている。

　第5章は，本法の施行を確保するための措置を定めており，担当する行政機関の監督，指導，苦情処理，勧告の権限を規定している。違反行為には懲戒処分，行政罰，刑事罰を科す。さらに，政府機関，諸組織，個人に損害賠償を命じることが認められている。具体的にどの行為に対して，どの制裁を課すかは細則に委ねられている。違反行為の類型は規定されているが，その特徴点をあげると，女性であることを理由に学校をやめることを強制すること，堕胎を強制すること，避妊を強制すること，妊娠・出産・子育てを理由に募集を規制し

ベトナムの人身売買

　ベトナムの人身売買には典型的な2つの形態がある。一つはベトナム北部で少数民族の女性が中国に売られているケースである。もう一つはベトナムの中南部の女性や子どもがカンボジアに売られていくケースである。前者は中国が一人っ子政策と男子重視の習慣から，農村部に結婚適齢期の女性が不足しているために，結婚を理由に中国に連れて行かれて，そこで売られて売春を強要される。また，台湾男性と結婚するという名目で，違法な結婚ブローカーに台湾に連れて行かれ，そこで売られて売春を強要されるケースもある。後者は女性だけでなく，男女の子どもが人身売買の対象となっている。子どもの場合は養子縁組を装って連れ出されている。ホーチミン女性同盟の調査によると，カンボジアの約3万人の売春婦の約4割が，ベトナム女性であるという。国連開発計画の調査では約1万3000人の売春婦のうち，約7000人がベトナム女性と子どもであるという報告がある。

　なぜ人身売買が起こるのか。送り出し側と送り込まれる側に理由がある。送り出す側は貧困から逃れて豊かな国で仕事をして稼ぎたいという希望があり，そこにつけこんで，騙されたり，親の同意のもとに連れ出されていく。送り込まれる側は安価な労働力として利用し，売春のように違法な仕事をさせている。両者をつなぐブローカーは女性や子どもの人権を無視する取引の斡旋を行っている。

　人身売買を禁止する法律がすでに制定されている。例えば1999年刑法で女性と子どもの人身売買を処罰の対象としている。2000年婚姻・家族法でも女性の人身売買や女性の意思に反する外国人との結婚を禁止している。1991年児童保護法でも子どもの人身売買を禁止している。政府は人身売買を根絶するための行動計画を立てて実施しているが，国境警察の腐敗によって犠牲者がなくならないのが現実である。救済された女性を保護し，自活できるよう指導するNGOも存在する。人身売買は国境を越えて女性や子どもが犠牲になっているので，メコン流域の6カ国が協力して人身売買撲滅の国際協力がなされている。

（香川孝三）

たり，解雇することを違反行為として明記している。

　第6章は，本法施行日を定める。政府が細則を定め，ガイダンスを制定することを定める。

　以上の内容から次の特徴を指摘できよう。①男女平等に関わる基本法として広範囲の領域をカバーしている。しかし，規定の仕方が抽象的で，それだけで

は何を意味しているか理解しがたい部分がある。下位の規範である政令や省令等々によってその内容が確定される。②特定の女性には特別な措置としてアファーマティブ・アクションを認めている。農村部や山間部の女性は貧困な場合が多いので，特別に保護を認める必要がある。③家庭内暴力については特別法で対応しているが，セクハラに関してはなにも定めがない。なぜ抜けているのか不思議である。④違反行為にどのような制裁を課すのか明確ではない。この法律の制定後，国家賠償法が制定され，国家が損害賠償責任を負う時のルールができている。

　この法律を基本法としてジェンダーによる格差をなくす社会をベトナムは目指している。その実施機関として労働・傷病兵・社会問題省の中にジェンダー平等局が2008年に設置され，今後そこを通じてどのように実現していくのか注目される。ベトナムは発展途上国なので，そのためにオーストラリア，アメリカ，スウェーデン，日本などの先進国や，国連開発計画，ユネスコなどの国際機関から援助を受けている。

　以上のように，国際援助を受けながらベトナムは男女平等を目指している。制度的な枠組みはできあがっているが，今後はそれをどのように実施していくかが問われている。最初にあげた4つのキーワードは必ずしも男女平等を促進するだけでなく，それを阻害する要因にもなっており，男女平等への実現は困難を伴うことが予想される。

注
(1)　香川（2006a）56頁。
(2)　World Economic Forum (2011) Global Gender Gap Report 2011, Table 3A.
(3)　ベトナム共産党組織については白石（2000）22頁。
(4)　2009年で，県レベルで23.88％，郡レベルで23.2％，コミュニティレベルで20.11％が女性議員の割合になっている。政府はこの割合を30％まで高めることを方針としている。（Communist Party of Vietnam, National Plan of Action for the Advancement for Women 2001-2010）
(5)　祖国戦線については白石（2000）41頁。
(6)　国際協力機構編（2011）34頁。
(7)　香川（2006c）21頁。

(8)　香川（2008a）129頁。

(9)　ジェトロの2010年1月の「アジア主要都市・地域の投資関連コスト比較」によると，製造業の一般工は月額平均賃金はハノイで104ドル，ホーチミンで100ドル，中堅技術者はハノイで287ドル，ホーチミンで293ドル，マネージャーはハノイで822ドル，ホーチミンで669ドルとなっている。http://www.bk.mufg.jp/report/aseantopics/ARS228.pdf　2011年6月10日アクセス。

(10)　労働法典については木村（2003）85-92頁参照。

(11)　今井・岩井（2004）63頁。

(12)　今井・岩井（2004）158頁。

(13)　Law on Domestic Violence Prevention And Control, January 25, 2010, No. 02/2007/GH12.　http : //www. civllawnetwork. wordpress. com/ 2010/ 01/ 25/ law_on_domestic_vilence_prevention_control.phf　2011年6月10日アクセス。

(14)　国際協力機構編（2011）9頁。

(15)　The Law of Gender Equality, No. 73/2006/GH11.　http:// www.unaids.org.vn/ sitee/ image/ stories/ documents_for_resources/law_on_gender_equality.pd　2011年6月10日アクセス。

引用文献

今井昭夫・岩井美佐紀編（2004）『現代ベトナムを知るための60章』明石書店。

香川孝三（2006a）『ベトナムの労働・法と文化』信山社。

香川孝三（2006b）「ベトナムの第4次男女平等法案」『日本ジェンダー研究』第9号。

香川孝三（2006c）「在ベトナム日本大使館公使として触れたベトナム法と社会（1）──男女平等法案について」『法学教室』第313号。

香川孝三（2008a）「ベトナムのストライキと争議調整」『日本労働研究雑誌』第572号。

香川孝三（2008b）「ベトナムの女性労働者」『日本労働研究雑誌』第573号。

香川孝三（2009）「ベトナムにおけるジェンダーの視点からみる労働における格差」『日本ジェンダー研究』第12号。

香川孝三（2014）「ベトナムの最低賃金制度」『季刊労働法』第245号。

木村大樹（2003）『最新・ベトナム労働法──日本法との対比による解説』日本労働研究機構。

国際協力機構編（2011）『国別ジェンダー情報整備調査ベトナム国最終報告書』国際協力機構。http://www.jica.go.jp/activities/issues/gender/pdf/j10vie.pdf　2011年6月10日アクセス。

斉藤善久（2007）『ベトナムの労働法と労働組合』明石書店。

白石昌也編著（2000）『ベトナム国家機構』明石書店。

Lisa Drummond and Helle Rydstrom (ed.) (2004) *Gender Practices in Contemporary Vietnam*, Singapore University Press.

Le Thi (2001) *Employment and Life of Vietnamese Women During Economic Transition*, Thi Goi.

Le Thi (2004) *Marriage and Family in Vietnam Today*, Thi Goi.

Le Thi and Nham Tayet (ed.) (2002) *Images of the Vietnamese Women in the New Millennium*, Thi Goi.

Lynekkyn D. Long et al. (ed.) (2000) *Changing Gender Relations in Vietnam Post Doi Moi Era*, The World Bank.

National Committee for the Advancement of Women (ed.) (2005) *Vietnam Gender Statistics in the Early Year of 21 Century*, Women Publishing House.

（香川孝三）

あとがきにかえて
―未来を生きる皆さんへ―

　未来を生きる皆さんに，どうしても伝えたいメッセージがある。

　初版出版時，冒頭のこの一文を書いた後，ふとテレビのスイッチを入れると，NHK で「未解決事件」というドラマ仕立てのドキュメンタリーを放送していた。昭和50年代の終わりに世間を騒がせた「グリコ・森永事件」のその後を，事件に関わった記者の目を通して語るドキュメンタリーだ。テレビの画面には，筆者が司法記者として初めてついた上司（キャップ）の顔が映し出されていた。

　筆者は，「グリコ・森永事件」が一応の終結をみた翌年の1986（昭和61）年，ちょうど男女雇用機会均等法が施行された年に，全国紙の記者として社会人デビューした。1973（昭和48）年の石油ショック以降，女性記者を一人も採用していなかったその新聞社の社会部に配属された女性記者は，筆者一人きりだった。

　同期の男性記者たちは，すぐに支局に出されたのに，女性記者は宿泊施設が整っていないからという理由で支局に出してもらえない。最初の半年の主な仕事は，遊軍（内勤）でコピーとりと電話番をすることだった。「この仕事はな，女には務まらへん」，「女なんかいらん。いじめたおしたら辞めるんちゃうか？」。そう言われ続ける日々が，しばらく続いた。それは，半年後に司法記者クラブに出され，他社の記者たちとともに働くようになってからも変わらない日常の出来事だった。熾烈な女性差別に耐えかねて社を去った筆者は，その後，男女雇用機会均等法が施行された年に採用された多くの女性が企業を辞めざるを得なかった事実を知ることになる。

　職を失った筆者は，故郷に帰り，結婚して 2 人の男児をもうけた。やがて，長男が小 5，次男が小 2 になった39歳の時に一念発起して京都にある母校の大学院の試験を受け，約百マイルの道のりを 6 年間通い続けることになる。大学院への進学は，学部時代から強く望み続けたことだった。しかし，学部卒業当時は，「女が大学院なんかに行ってどうするんだ」と言う父の猛反対にあい，

果たせなかった夢でもあった。

　1934（昭和9）年生まれの筆者の父は，「男は外で働き妻は家を守るもの」と信じて疑わず，母に家事・育児の一切を任せ，自分は夜遅くまで猛烈に働いて高度経済成長を支えた人である。旧民法に記された「家は，最初に生まれた男児によって継承されなければならない」という古い概念に縛られてもいた。それゆえ，長女の筆者は，「おまえは，どうせ嫁にやる身だから」と言われ続けて育てられた。長男の弟とは，普段の躾や大学院進学等に関する経済的負担においても差異があった。今にして思えば，そんな父への反発と，記者時代の女性差別の経験が，後に筆者がジェンダーの研究を志す大きな動機になったように思う。

　大学院では，女性が介護地獄に苦しむことがないための方策として「介護予防」の研究を行い，その結果，45歳の時に大学教員の職を得た。筆者はまさに，M字型就労の最初の底の部分で専業主婦と子育ての経験をし，2番目の山の平均的な年齢にあたる39歳で大学院に入り，後のセカンドチャンスをつかんだことになる。しかしその後，父が脳梗塞で倒れ，右半身麻痺・全失語症になったため，遠距離介護を続けながら仕事をし，結局，離職せざるを得なくなった。筆者だけでなく，現在，介護によって離職する者のうち7割は女性である。

　このような女性のライフコースにありがちな，雇用差別や昇進差別，長男の嫁に課せられる非人間的な風習，介護地獄と介護による離職，男女の役割分担に関する古い認識，教育上の性差など，教科書通りのジェンダー・ギャップを自らの経験を通して話すことから筆者の講義は始まった。

　この本を執筆した研究者たちが，未来を生きる皆さんに伝えたかったことが3つある。第一に，ジェンダーに関する過去の歴史や現実を知ってもらいたかった。具体的には，日本における社会保障，雇用，介護，子育て，教育等の現場におけるジェンダー・ギャップの歴史的経緯と現状を，まず把握してもらうべく章を編んだ。第二に，未来を生きていく皆さんが，女性も男性も希望をもってともに生きていけるようにするためにはどうしたらよいのかということを考えられる話題を提供したかった。具体的には，コラムにおいて「ウーマノミクス」や「日本版ネウボラと父親の育児参加」等について執筆している。

　第三に，欧米や北欧だけでなく，今まであまり明らかにされていなかった周

辺諸国におけるジェンダー，つまりはアジア諸国のジェンダーについて知って
ほしかった。具体的には，お隣の韓国，経済成長著しい中国（いずれも北アジ
ア），インド（南アジア），さらにベトナム（東南アジア）についてふれている。
歴史的・社会的・文化的背景によって形成された性差がジェンダーだとするな
らば，まず私たちは日本が歴史的に影響を受けてきた近隣諸国のジェンダーに
ついて知るべきだと考えたからだ。

　また，本書では，できるだけ男性の筆者にも加わって頂くよう心がけた。
ジェンダー・ギャップのない社会を構築していくためには，女性だけでなく男
性の立場からもジェンダーについて考えていく必要がある。さらに，各章担当
者，およびコラムの執筆者の専門分野は，ジェンダー，女性学のみならず，社
会学，社会福祉学，教育学，比較文化人類学，経済学，メディア論と多岐にわ
たっている。それも本書の特徴の一つである。社会科学の研究手法として用い
られる量的調査を多変量解析によって分析した章もあれば，インタビューや事
例研究を中心とした質的調査による研究，さらに文献研究もあり，学部生だけ
でなく，大学院レベルの研究の参考文献としても使用可能である。

　本書は，2012年の初版出版後，この度重版させて頂くことになった。第2版
には，最新の情報も加えている。元々，本書は，前任地でジェンダーの講義を担
当するにあたり日本だけではなくアジア地域のジェンダーに関する情報を入れ
た教科書を編纂しようと編み始めた書であった。だが，結果的には大学の教科
書としてよりも書店で購入して下さった方の方が多かったということは驚きで
あり，一般の読者の皆様に少しでも気持ちが届いたかと思うと，非常にうれし
かった。大学図書館や男女共同参画支援センター等でも多く採用して頂いている。

　また，初版出版の年に，女性活用施策を成長戦略の核とする第2次安倍政権
が成立し，本書の第2章で論じた「女性が経済や社会保険制度に貢献できるよ
うにするためには，育児支援を強化し，北欧なみに育児休暇を3年にして育児
休暇中の給与補償を7割～8割にする必要がある」という主張が，非常に短い
スパンで現実のものになったことにも驚いた。わが国は，長く続いた不況の時
代である失われた20年を経て，すでに人口減社会を迎えている。今後，出産可
能年齢にある女性の雇用を創出しなければ，過疎化の進む地方から順に全国の

約半数の自治体が崩壊しかねない状況にあることが，2014年に出された増田寛也元総務相らの民間機関がまとめた試算によって明らかになったことは記憶に新しい。この衝撃的な予測が警笛を鳴らす危機を乗り越えるためには，やはり女性の活躍支援を行っていく必要があり，都市部においても地方でも女性の雇用創出と継続支援に努めなければならないだろう。

　もちろん，様々な女性の選択を阻む気はなく，自分もかつては経験した専業主婦になる選択を阻むものでもない。自らに専業主婦の経験があるだけに，家庭内の仕事の大変さや尊さもよく知っているつもりだ。本書の執筆者のなかには筆者を含め，専業主婦経験のある研究者もいる。このように，様々なライフコース上の選択を鑑みた上で書かれていることも，本書の特徴の一つであろう。

　昨今の学生諸子のなかには，就職試験に落とされる度に，「専業主婦になりたい。その方が楽だから」と言う者も多い。しかし，決して専業主婦が楽だとは言い切れず，現行の制度のままでは老後の年金等の面でも不利であり，貧困化しやすいこと等を，本書を読んで理解して頂ければありがたい。理解した上で，貧困化を防ぐ予防策を学んでほしい。

　一時廃案になったものの女性活躍推進法案が提出され，女性の管理職の割合を増やす目標が掲げられて，児童手当の金額も上げられる等，2012年春の初版時から2014年末までのわずか3年弱の間に，女性をめぐる状況は大きく変化した。そこで，この度の重版にあたっては，第2版として版を組み直している。特に，「税と社会保障の一体改革」の柱に子育て支援がすえられたこと等から，第2章の「社会保障におけるジェンダー」は，大きく変更して紙幅を増やした。また，第3章の「雇用問題におけるジェンダー」も，女性をめぐる雇用環境が激変したために，筆を加えて頂いた。その他の章も，データは最新のものに変更して頂き，新たな先行研究を盛り込んでいる。

　第2版の共編著者は，三宅えり子同志社女子大学教授に，新たに御願いした。また，出版にあたっては，ミネルヴァ書房の梶谷修氏に大変お世話になった。深く感謝申し上げる。

　筆者は，再編集の作業を，このまま何の対処もしなければ，県庁所在地以外はほとんど消滅するかもしれないと予測された故郷の地・山陰で行った。年明

けとともに一面の雪景色になり，オレンジ色の庭の柿の実が白い世界にはえるのを，ながめながらの編集作業だった。その柿の実は，次男が2歳の時に食卓で食べた柿の種を庭に植えたところから芽が出て，花が咲き，やがて樹となって実をつけたものだ。現在，次男は20歳を超え，大学生になっている。

　大人は誰も食べた後の柿の種から芽が出るなんて思いもよらなかった。ましてや子どもの背丈を超えるほどに成長し，実が生る等とは思ってもいなかったのである。それでも柿は風雪を耐え忍び，成長し続けて実をつけた。ジェンダー・ギャップを克服する道のりも，この柿の木のようなものだと筆者は思う。

　まだまだ，現実は厳しい。しかし，めげないで常に前を向いて歩んでゆこう。誰かが踏み分けて新しい道をつくらなければ，明るい未来は創造できない。

　この「あとがきにかえて」の執筆中に，筆者は，突然の心臓発作で父を喪った。旧民法下の概念を引きずって生きた父の死は，筆者にとって一つの時代が終わったことを意味する。最後に父に会ったのは，バレンタインデーの日だった。父は，プレゼントしたチョコを毎日，一粒ずつ愛しみながら食べてくれていたという。ケースに残った数粒のチョコを手にした時に，ちょうど届いた友からのメールを見て，筆者は，あふれる涙をとめることができなくなった。

　「あなたのお父さんは，あなたのことが大好きでした。男の弟さんだけが可愛がられていたということは決してありません。あなたは，自分が女性に生まれてきたことを否定して生きる必要はないのです……」。父の最期の床には，女性も男性も自らを否定することなく肯定して幸せに生きることができる社会の実現を目指して編んだ本書の初版本が置かれていた。

　私たちは，世界のなかのアジアのなかの日本に生きている。現在，大学生の皆さんが，グローバルな未来を生きる時に必要な男女共通の認識とは何であるのかを，この本は語りかけてくれるだろう。若い皆さんが，社会の中枢となって活躍する年代に達する頃，本書に書かれた諸々の課題が，すでに古い過去の出来事となっていることを願ってやまない。

2015年2月

川島典子

索　引

執筆者紹介 (所属，執筆順，＊は編者)

岡本民夫 (同志社大学名誉教授，はしがき)

西尾亜希子 (武庫川女子大学共通教育部教授，第1章，第6章)

岩田正美 (日本女子大学名誉教授，第1章コラム)

＊川島典子 (福知山公立大学地域経営学部教授，第2章，第3章コラム，第4章コラム，第7章コラム，第10章コラム，あとがきにかえて)

松並知子 (同志社大学フェミニスト・ジェンダー・セクシュアリティ研究センター嘱託研究員，第3章)

冨田安信 (同志社大学社会学部教授，第3章コラム)

大塩まゆみ (龍谷大学社会学部教授，第4章)

今井小の実 (関西学院大学人間福祉学部教授，第5章)

中村艶子 (同志社大学グローバル・コミュニケーション学部教授，第5章コラム)

佐伯順子 (同志社大学社会学部教授，第6章コラム)

＊三宅えり子 (同志社女子大学現代社会学部特任教授，第7章)

崔淑芬 (筑紫女学園大学文学部教授，第8章)

細見三英子 (ジャーナリスト，第8章コラム)

佐々木正徳 (立教大学外国語教育研究センター教授，第9章)

喜多村百合 (筑紫女学園大学文学部教授，第10章)

香川孝三 (神戸大学名誉教授・大阪女学院大学名誉教授，第11章)

《編著者紹介》

川島典子（かわしま・のりこ）

　同志社大学大学院文学研究科社会福祉学専攻博士後期課程単位取得満期退学，同総合政策科学研究科博士課程後期退学，博士（政策科学）。筑紫女学園大学短期大学部専任講師，新見公立大学健康科学部地域福祉学科准教授，同志社大学ソーシャル・ウェルネス研究センター客員フェローなどを経て
　現　在　福知山公立大学地域経営学部医療福祉経営学科教授
　専門分野　社会福祉（ジェンダー，社会福祉政策，社会保障，子育て支援，介護予防）
　主　著　『ソーシャル・キャピタルに着目した包括的支援』（単著）晃洋書房，2020年。『地域福祉政策論』（編著）学文社，2019年。『地域福祉の理論と方法』（編著）学文社，2013年，他

三宅えり子（みやけ・えりこ）

　スタンフォード大学大学院教育学部比較・国際教育学専攻博士課程修了（Ph.D.）
　現　在　同志社女子大学現代社会学部特任教授
　専門分野　比較・国際教育学/ジェンダー研究（教育とジェンダー，リーダーシップ）
　主　著　*The Dean in the University of the Future*（分担執筆）Munchen, Mering, Germany, Rainer Hampp Verlag, 2014. 「アメリカの大学はどのように女性をエンパワーするのか」『学術研究年報』第67巻，同志社女子大学，2016年。「日本の高等教育政策とジェンダー」『学術研究年報』第69巻，同志社女子大学，2018年

シリーズ〈女・あすに生きる〉㉓

アジアのなかのジェンダー　第2版
——多様な現実をとらえ考える——

2012年5月20日　　初　版第1刷発行	〈検印省略〉
2015年5月10日　　第2版第1刷発行	
2020年6月30日　　第2版第2刷発行	

定価はカバーに
表示しています

編　著　者	川　島　典　子
	三　宅　えり子
発　行　者	杉　田　啓　三
印　刷　者	坂　本　喜　杏

発行所　株式会社　ミネルヴァ書房
607-8494　京都市山科区日ノ岡堤谷町1
電話代表　（075）581-5191
振替口座　01020-0-8076

© 川島・三宅ほか，2015　　冨山房インターナショナル・清水製本

ISBN 978-4-623-07353-5

Printed in Japan

よくわかるジェンダー・スタディーズ

——木村涼子／伊田久美子／熊安貴美江 編著　Ｂ５判　242頁　本体2600円

エッセンスを見開きページでわかりやすく紹介。注や図表を豊富に掲載した初学者のための入門書。

ライフコースからみた女性学・男性学

——乙部由子 著　Ａ５判　194頁　本体2500円

●働くことから考える　女性・男性労働を取り巻く社会的環境や法律など，最新のデータを駆使して解説。

「育メン」現象の社会学

——石井クンツ昌子 著　4-6判　320頁　本体3000円

●育児・子育て参加への希望を叶えるために　育メン現象の実態を解明し，国際比較を通して今後の方途を探る。

ライフスタイルからみたキャリア・デザイン

——吉田あけみ 編著　Ａ５判　242頁　本体2800円

夢に向かって歩くべき道筋を思い描けるよう，人生キャリアを考える枠組みや情報を平易に解説する。

ライフステージから学ぶ法律入門

——吉田　稔／北山雅昭／渡邉隆司 編著　Ａ５判　280頁　本体2800円

生まれてから死ぬまで，人生にまつわる法律をライフステージに沿って学べる新たな入門書。

———— ミネルヴァ書房 ————

http://www.minervashobo.co.jp/